ANK REINDERS

ATLAS
DER
GESANGSKUNST

BÄRENREITER

KASSEL · BASEL · LONDON · NEW YORK · PRAG

Originaltitel: Atlas van de zangkunst
© 1993 Uitgeverij Bosch & Keuning, Baarn, Niederlande
Übersetzung aus dem Niederländischen von Heinz Kimmerle

2. verbesserte Auflage 2000
© 1997 Bärenreiter-Verlag Karl Vötterle GmbH & Co. KG, Kassel
Umschlaggestaltung: Jörg Richter, Bad Emstal-Sand
Innengestaltung und Satz: Dr. Rainer Lorenz, Kassel
Belichtung: Kontrast, Kassel
Druck: Clausen & Bosse, Leck
Printed in Germany
ISBN 3-7618-1248-5

INHALTSVERZEICHNIS

Einleitung 7

Der Weg, den die Solostimme gegangen ist, ist allmählich breit und sicher geworden. Dieser Weg war anfangs ein kaum erkennbarer und wenig begangener sich dahin schlängelnder Pfad. Je mehr er gebraucht wurde, desto mehr führte er geradeaus, wurde er breiter und begehbarer. Es wurde ein breiter, vertrauter Weg, von dem abzuweichen man nach vielen Jahren nur noch selten verführt wird.

Ganze Generationen von Sängern haben daran gearbeitet, den Weg für spätere zu ebnen und zu befestigen. Es wurde deutlich, auf welche Weise man am sichersten darauf gehen konnte und wo die gefährlichen Kurven oder Engpässe lagen. Schließlich ging der Weg im wesentlichen geradeaus, wurde übersichtlich, und man konnte wahlweise links, rechts oder in der Mitte gehen.

Fachleute haben mit großer Fachkenntnis festgestellt, wie dieser Weg zustandegekommen ist, welches Baumaterial für seinen Unterhalt, seine Verschönerung und Befestigung gebraucht wurde, und was nötig ist, um ihn weiterhin gut instand zu halten.

Ich habe mir die Aufgabe gestellt, die Pläne und Entwürfe für den Bau dieses Weges in seinen verschiedenen Etappen in die Sprache der Sänger zu übersetzen, und hoffe, damit zumindest ein Steinchen beizutragen zu seiner Begehbarkeit.

Im 20. Jahrhundert sind nur wenige Bücher über die Gesangskunst geschrieben worden, in denen auch *Übungen* enthalten sind, um beim Singen ein bestimmtes Können zu erreichen und bestimmte Schwierigkeiten zu überwinden.

Aus diesem Grund habe ich hier und da eine Aussage mit einigen Noten illustriert und auf Bitten meiner Studenten einige Seiten mit täglichen Übungen aufgeschrieben. Jeder Gesangspädagoge kann dazu seine eigenen Variationen erfinden.

Durch das Singen dieser kleinen Übungen wird man kein Sänger werden, ohne Lehrer geht es nicht; er muß die komplexe Struktur des Singens erklären. Er gibt Antwort auf die Frage: „Wie hat man sein Instrument einzustellen, wenn man zu *singen* beginnt?"

Singen ist wie ein Sport, den man nicht ohne Anleitung erlernen kann. Ohne Anleitung geht es schief. Jemand, der mit verkehrter Armhaltung Tennis spielt, bekommt einen „Tennisarm", durch verkehrten Gebrauch der Muskeln bekommt man Muskelschmerzen; jemand der auf falsche Weise singt, bekommt Halsschmerzen und wird heiser. Man kann nicht Tennis spielen, schwimmen, hoch springen, Billard spielen oder singen, ohne sich auf zureichende Weise darauf vorzubereiten. Deshalb plädiere ich für eine optimale Ausbildung der Chordirigenten, die Amateur-Singstimmen anleiten, und für Gesangsunterricht für jeden, der singen will.

Was ist erforderlich, um „Sänger" zu werden?
1. Stimme, 2. Musikalität, 3. Intelligenz, 4. Gefühl für Sprachen, 5. Gefühl für Text, für Poesie, 6. Ausstrahlung, Kontaktfähigkeit.

Zu den beiden ersten Punkten sind kurze Erläuterungen nötig:
ad 1. Stimme ist da oder ist nicht da. Wenn der Veranlagung nach eine gute Stimme vorhanden ist, dann besteht die Möglichkeit, sie zu entwikkeln. Eine prächtige Stimme gibt sich deutlich zu erkennen, aber wer sie besitzt, muß noch lernen, damit umzugehen, sonst geht auch die beste Stimme zugrunde.
ad 2. Musikalität ist ein Bündel von Fähigkeiten, die nicht erlernbar sind. Dies wird im praktischen Teil näher besprochen.
Die Kombination einer schönen Stimme mit fehlender Musikalität kommt ebenso oft vor wie die von Musikalität mit einer Stimme, die nicht zum Singen geeignet ist. Im letzteren Fall sollte der Student sich besser fragen, *welches Instrument* er *singen* lassen will.
Singen besteht nicht nur aus Stimmbeherrschung. Gesangsunterricht benötigt eine breite Grundlage. Deshalb müssen folgende Themen besprochen werden:
– Die Atemmuskulatur und ihre Funktion
– Die Eigenschaften des Stimmweges (tractus vocalis, Ansatzrohr)
– elementare Akustik
– Eine kurze Übersicht der Musikgattungen Oper, Oratorium, Lied und ihrer Geschichte
– In Verbindung mit 1.- 4. Die Auffassungen und die Arbeitsweise einer Reihe wichtiger Pädagogen des 17. bis 19. Jahrhunderts.

Im historischen Teil wird manchmal der Einleitung in einen Gegenstand mehr Aufmerksamkeit gewidmet als dem Gegenstand selbst, weil es nicht meine Absicht war, erneut einen Text zu schreiben, der bereits vielfach vorhanden ist.
Das Kapitel „Pädagogen" folgt auf das Kapitel über die Oper, weil die Stimme sich in Verbindung mit den Erfordernissen entwickelt hat, die von der Oper aus an die Stimme gestellt wurden. Das Oratorium war eine Nebenlinie, und das Lied entwickelte sich erst viel später, als die Stimmtechnik *und* die Literatur reif dafür waren.
Mit der Ausnahme von FRANZISKA MARTIENSSEN-LOHMANN werden die Gesangspädagogen des 20. Jahrhunderts nicht besprochen. Wer von ihnen wird bleiben durch gute Ergebnisse auf pädagogischem Gebiet oder durch die Entdeckung einer neuen methodischen Denkweise? Diese Frage kann vielleicht in einigen Jahren beantwortet werden.

Diese Kapitel sind für alle geschrieben, die an der *Stimme,* der *Gesangskunst* und der *Geschichte des Singens* interessiert sind. Das bedeutet, daß

8

vom Musikliebhaber eine durchschnittliche Vorkenntnis in Musik und Musikterminologie erwartet wird, aber auch, daß der Fachstudent einen guten Teil seines *Examenstoffes* darin finden kann. Durch den Aufbau des Buches war es nicht zu vermeiden, einige Aspekte mehrfach zur Sprache kommen zu lassen.

Nachdrücklich soll betont werden, daß es nicht meine Absicht war, bestehende Auffassungen zu entwerten; es wird keine grundsätzlich andere Struktur des Gesangsunterrichts angeboten. Das einzige Ziel, zu dem diese in jahrelanger Arbeit gesammelten Informationen vorgelegt werden, ist: Die bestehenden Werte durchschauen zu lernen und – soweit sie haltbar sind – mit dem heutigen Wissensstand zu unterbauen.

Ank Reinders

ERSTER TEIL

THEORIE

1. KÖRPERHALTUNG UND ATEM

> *Es ist einfacher, eine ,bildende' und ,kreative' Methode*
> *in Gebärden auszudrücken als zu lernen,*
> *wie das Instrument von Natur aus funktioniert.*
> (R. MILLER IN: NATS BULLETIN 39/2, 1983)

Seit jeher hat man versucht, das Singen zu beschreiben. Weil man beim Singen wenig sieht und viel fühlt, hat man Dinge gesagt, die vor allem damit zu tun haben, was man fühlt, aber nicht damit, was wirklich geschieht.

Daß es möglich ist, auch ohne ausreichende Kenntnis der Anatomie und Physiologie des menschlichen Körpers schön zu singen, haben viele Sänger bewiesen, wie zum Beispiel LILLI LEHMANN. Auch sie hat neben vielen guten Dingen vieles gesagt, was wir von unserem heutigen Kenntnisstand aus korrigieren müssen. Ihr Buch *Meine Gesangskunst* (1902), das etwas anspruchsvoll beginnt mit ,Was ich will', zeigt, daß sie der Meinung war,

(1.) daß die untersten Rippen wie Säulen unter dem Zwerchfell stehen (also senkrecht); und

(2.) daß jeder Ton an einer bestimmten Stelle im Kopf erfahren werden muß.

Trotzdem ist Lehmann als Sängerin und Pädagogin berühmt gewesen, und vor allem ihre Ansicht von den Tönen, die im Kopf erfahren werden, ist von vielen Autoren, die über Gesangskunst schreiben, übernommen worden. Heute wissen wir, daß längst nicht jeder Sänger beim Singen hoher Töne etwas in seinem Kopf spürt und daß diese Vibrationsgefühle nichts mit der Erzeugung des Tons als solcher zu tun haben.

HABERMANN (1978) sagt: *„Solche Behauptungen sind in mehrfacher Hinsicht ... physikalisch wie physiologisch nicht zu halten"*; und PANCONCELLI-CALZIA (1961) (Zitat v. GIESSWEIN): *„... daß derartige Behauptungen nur gute pädagogische Fiktionen sind, stimmphysiologisch sind sie aber unhaltbar."*

Die wichtigen Sänger, die JEROME HINES in *Great Singers on Great Singing*

(1978) zitiert, sangen, wie wir annehmen, mit gut koordinierten Muskeln, aber die meisten von ihnen werden sich darüber keine Rechenschaft abgelegt und sich alles Mögliche dabei vorgestellt haben.

KÖRPERHALTUNG

Um gut zu singen, muß man gut atmen; und um gut zu atmen, ist eine richtige Körperhaltung erforderlich – womit noch nicht gesagt ist, daß jeder, der gut steht, auch gut singt. Gut zu stehen braucht nicht zu bedeuten: *aufrecht* stehen, sondern so, daß alle beim Singen gebrauchten Muskeln auf natürliche Art und Weise funktionieren können. „Locker stehen" ist ein etwas merkwürdiger, aber deutlicher Rat für den Sänger.

Eine gute, bewußte Haltung kann für eine sängerische Leistung ausschlaggebend sein. Die Haltung des Kopfes – aufrecht, aber doch entspannt – sorgt dafür, daß der Kehlkopf, ein durch Muskeln und Bänder im Gleichgewicht gehaltenes Organ, frei hängt. Unsere Stimme ist Teil eines Systems, das größer ist als nur das stimmliche System: Probleme in dem gesamten System können die Stimme behindern.

Ein Sänger braucht eine *umfassende* Körperbeherrschung, um sich vollständig und treffend ausdrücken zu können.

„Schlecht stehen", einen Teil des Körpers ungenügend oder überhaupt nicht zu gebrauchen, kann korrigiert werden, indem die gesamte Körperhaltung korrigiert wird. Wenn ein Teil des Körpers sich weiterhin weigert mitzumachen, muß die Hilfe eines Therapeuten hinzugezogen werden. Lehrer der Alexander- oder Caesartechnik, Yoga- oder Mensendiecklehrer und, nicht zu vergessen, Logopäden können bei einem Sänger, der in seinem Fach Schwierigkeiten mit seiner Körperhaltung hat, wahre Wunder vollbringen.

Die Körperhaltung ist häufig Ausdruck einer psychischen Verfassung; und in dieser Hinsicht hat wohl der eine oder andere bestimmte Hemmungen. Manchmal muß der Gesangslehrer seinem Schüler klar machen, daß er sein zukünftiges Fach anders angehen muß: Streitbarer oder weniger aggresiv, respektvoller oder mutiger, mit mehr Selbstvertrauen oder weniger Selbstüberschätzung – kurz, daß er eine andere Einstellung finden muß. Eine veränderte geistige Haltung kann mehr Energie geben oder auch – bei zu energischem Betragen – Entspannung bringen. Nicht nur die äußerliche Haltung des Kopfes ist wichtig, sondern vor allem auch die geistige Haltung. Jemand, der innerlich gespannt zur Gesangsstunde kommt, wird nicht entspannt singen können.

Haltungsübungen stehen in COBLENZER und MUHAR: *Atem und Stimme* (1976, Übungen 5-14).

Um zu verstehen, wie der Mensch atmet, ist es notwendig, etwas über die Organe im menschlichen Körper zu wissen, die bei der Atmung gebraucht werden. Diese Organe werden zunächst als solche beschrieben (Anatomie), danach in ihrem Funktionieren kurz dargestellt (Physiologie).

ANATOMIE

Die *äußeren Atmungsorgane* sind der Rumpf (Wirbelsäule und Rippen) und die abdominalen Muskeln.

Die *inneren Atmungsorgane* sind die Luftwege: die Nasengänge, die Luftröhre (Trachea) und ihre Verzweigungen bis in die Lunge sowie das Zwerchfell.

Gelenke und Bänder bilden den *passiven* Bewegungsapparat des gesamten Körpers, die Muskeln den *aktiven*.

Abb. 1

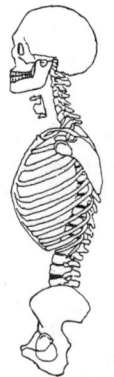

DER RUMPF (s. Abb. 1)

Die *Wirbelsäule* besteht aus 33, manchmal 34 Wirbeln und Bandscheiben. Diese Strukturen sind durch Bänder und Flüssigkeit in sich gut beweglich. Bänder (Ligamente) sind Bindegewebe um ein Gelenk herum oder Verbindungen zwischen zwei Gelenken. Durch die Beweglichkeit kann der Mensch sich tief nach vorn beugen, ein wenig nach hinten strecken und weit nach rechts oder links beugen.

Der Rumpf besteht aus zwölf paarig angeordneten *Rippen*, die ein elastisches Gehäuse für die Lungen bilden. Sie sind an den oberen Rückenwirbeln befestigt und biegen sich nach vorn wie der hängende Griff eines Eimers. Die sieben obersten Rippenpaare umschließen die Lunge und sind vorn am Brustbein (Sternum) befestigt. Das achte, neunte und zehnte Rippenpaar ist an der Vorderseite unten zusammengewachsen, aber sie reichen nicht bis an das Brustbein. Mit den Zwischenrippenmuskeln können sie ganz gut nach außen und nach oben bewegt werden. Das elfte und das zwölfte Rippenpaar ist auch nicht mit dem Sternum verbunden, sondern nur an der Wirbelsäule befestigt. Beide sind so kurz, daß sie kaum eine Rundung aufweisen.

Das Wirbelsäulensystem, dessen nach hinten weisende Spitzen das *Rückgrat* bilden, trägt Kopf, Rumpf und Arme.

Der Schultergürtel besteht hinten aus den Schulterblättern, die sich an der Rückenseite nicht berühren, und vorne aus den mit dem Brustbein verbundenen Schlüsselbeinen.

Der Schultergürtel liegt nur lose auf dem Brustkorb und ist sehr beweglich (damit man die Schultern hochziehen kann).

Der *Beckengürtel* ist ein massiver Ring mit weit ausladenden Knochenflächen an beiden Seiten (Hüftbein). Das Zentrum dieses Beckengürtels ist am untersten Teil der Wirbelsäule befestigt. Der vordere Teil des Beckengürtels heißt Schambein.

Die Atemmuskeln sind (s. Abb. 2 bis 4):

(1) Zwerchfell (*Diaphragma*) (s. Abb. 2)
(2) Zwischenrippenmuskeln (*Musculi intercostales*) (s. Abb. 3a)
(3) Gerader Bauchmuskel (*Musculus rectus abdominis*) (s. Abb. 4.1 und 4.2)
(4) Schräge Bauchmuskeln (*Musculi obliqui*) (s. Abb. 4.3 und 4.4)
(5) Quer verlaufender Bauchmuskel (*Musculus transversus*) (s. Abb. 4.5)

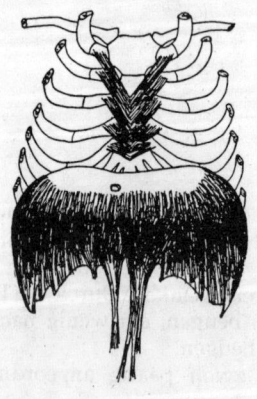

Abb. 2

Das *Zwerchfell* ist der wichtigste Einatmungsmuskel. Es wölbt sich von der Innenwand der unteren Rippen aus in zwei Kuppeln nach oben und ist in der sehnigen Mitte leicht abgeflacht (Abb. 2), weil in der Mitte das Herz darauf liegt, und zwar dort, wo das Zwerchfell das Brustbein berührt. Dadurch braucht sich das Herz beim Atmen nur minimal mitzubewegen. An der Rückseite ist das Zwerchfell mit der Wirbelsäule verbunden und an den Seiten mit den untersten Rippen. Von dort verläuft eine starke Muskelpartie nach unten, wo diese in die schrägen Bauchmuskeln und den „rechteckigen" Lendenmuskel übergeht. Diese Muskeln und Fasern insgesamt bilden die menschliche Flanke, die bei der „Atemstütze" erheblich angespannt werden kann.

In der Sehnenplatte des Zwerchfells befinden sich Öffnungen, durch die die Speiseröhre (*Oesophagus*), die untere Hohlvene (*Vena cava inferior*) und die große Körperschlagader (*Aorta*) laufen. Die letztere hat ein Durchmesser von etwa zwei bis drei cm und ist somit die dickste Schlagader im Kreislauf.

Im Brustkorb liegen die *Lungen*. Man unterscheidet einen rechten und einen linken Lungenflügel. Die Ausformung der Lungen ist der Form des knöchernen Brustkorbes angepaßt; die Lungenbasis ist auf beiden Seiten konkav ausgebildet und ruht auf dem Zwerchfell (Seidner und Wendler, 1982). Die Lungen bestehen aus schwammartigem Gewebe (Lungenbläschen), umgeben von zwei „pleurae" (Lungenfellen), zwei ineinander liegenden Säcken von spiegelnder Haut, die durch etwas Flüssigkeit funktionell miteinander verbunden sind (man denke an eine Plastikfolie auf einer Glasplatte). Die äußere „pleura" ist an den Rippen befestigt, die innere drückt, über die Flüssigkeit gleitend, gegen die äußere. Aufgrund dieses Gleitmechanismus kann sich die Lunge in der Brusthöhle maximal erweitern. Die funktionelle Verbindung der äußeren Pleurae mit den Rippen führt dazu, daß das Lungengewebe ausgespannt bleiben kann und immer ein halber Liter *Restluft* darin verbleibt.

Die Lunge ist passiv. Sie *wird* mit Luft gefüllt, sobald der Brustkorb sich erweitert. Der Lungeninhalt beträgt bei einem erwachsenen Mann etwa vier Liter, bei einer Frau je nach Körperbau etwa ein Liter weniger. Die schmalen Lungenspitzen liegen hinter den Schlüsselbeinen und berühren die obersten Rippen. Zwischen den beiden linken und den drei rechten Lungenlappen liegt das Herz.

Die *Zwischenrippenmuskeln* sind zwei sich kreuzende Muskelschichten zwischen den Rippen, die vor allem die drei untersten „losen" Rippenpaare in Bewegung bringen können: Die äußeren Zwischerippenmuskeln können die Rippen bei der Einatmung heben, die inneren sind aktiv, wenn sich bei der Ausatmung die Rippen wieder nach unten bewegen (s. Abb. 3).

Über die genaue Aktion und Gegenaktion dieser Zwischenrippenmuskeln weiß man noch nicht genau Bescheid.

Abb. 3

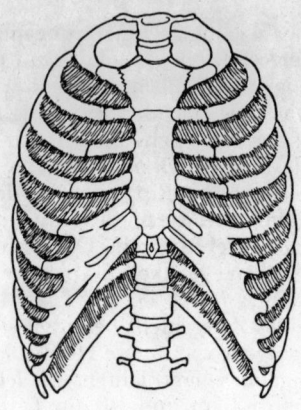

Abb. 4

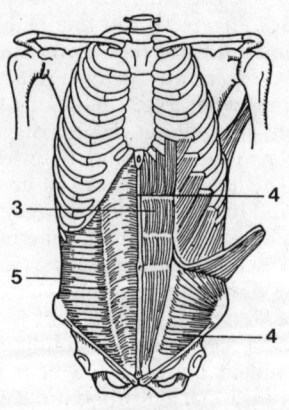

Der *gerade Bauchmuskel* ist so breit wie eine Hand mit einer starken weißen Sehne in der Mitte: der *Linea alba*. Dieser Bauchmuskel verläuft in senkrechten Schichten vom Schambein aus nach oben bis zum Brustbein, wo er ein wenig schmaler ist. Wenn er sich, von unten anfangend, zusammenzieht, drückt er den Bauchinhalt zusammen. Dieser *Musculus rectus abdominis* ist ein wichtiger Haltungsmuskel (s. Abb. 4).

Die *inneren schrägen Bauchmuskeln* verlaufen vom Schambein und Beckenbein aus fächerförmig nach oben auf die Rippen und den geraden Bauchmuskel zu. Darüber liegen die *äußeren schrägen Bauchmuskeln*, die von den unteren Rippen aus schräg auf das Schambein und auch auf den geraden Bauchmuskel hin verlaufen. In der Lendengegend kommen sie mit den Rückenmuskeln zusammen. Auch diese inneren und äußeren schrägen Bauchmuskeln drücken, wenn sie sich zusammenziehen, die Därme zusammen und sind, auch durch ihr Zusammenwirken mit den – nicht einzeln aktivierbaren – Rückenmuskeln, ebenfalls Haltungsmuskeln.

Der *quer verlaufende Bauchmuskel* verläuft mit seiner waagerechten Faserrichtung durch alle anderen Muskelschichten hindurch. In Anbetracht seines Baus kann dieser Muskel durchaus als der wichtigste Bauchmuskel gelten (SCHUTTE, Ms. 1986).

Bei normalem Stehen und normalem Singen kann der Sänger nicht anders, als alle Bauchmuskeln gleichzeitig zu gebrauchen.

Der *Musculus pyramidalis*, der von manchen Pädagogen für wichtig gehalten wird, ist ein unbedeutender Muskel im unteren Teil des geraden Bauchmuskels, der auch manchmal fehlen kann. Weil er *hinter* dem Schambein liegt, kann man ihn nicht benutzen.

Zusammenfassend kann man sagen, daß die wichtigsten Muskeln, auf die der Mensch mit seinem Willen einwirken kann, beim *Einatmen* die folgenden sind:

(1) Das *Zwerchfell*: es senkt sich;

(2) Die *äußeren Zwischenrippenmuskeln*: wir geben den Befehl, die Rippen anzuheben.

Um im Ruhezustand *auszuatmen*, genügt es, die soeben genannten Muskeln zu entspannen. Aber um einigermaßen laut zu sprechen oder zu singen, braucht man folgende Ausatmungsmuskeln:

(1) Den *geraden Bauchmuskel*

(2) Die *inneren und äußeren schrägen Bauchmuskeln* und den *quer verlaufenden Bauchmuskel*. Sie werden gemeinsam angespannt.

(3) Die *inneren Zwischenrippenmuskeln*

Zu den wichtigsten Muskeln im *Rücken*, die beim Ein- und Ausatmen mitwirken, gehören:

(1) Der *lange gerade Rückenmuskel* (Longissimus thoracis), der am Rückgrat entlang verläuft.

(2) Der *breite Rückenmuskel*. Dieser verläuft von den Rückenwirbeln aus nach oben zu den Schultern und kommt in den Flanken mit den schrägen Bauchmuskeln zusammen. Er hält uns aufrecht; ohne diesen Muskel wäre der Körper wie eine seitlich abgeknickte Blume.

Auch die (Muskeln) können nützlich sein, die nur dastehen und warten.
(VENNARD, S. 23).

Wenn wir nun die *Physiologie der Atemmuskeln* besprechen, geht es um die Frage: Wie werden diese Muskeln gebraucht?

Das Zwerchfell spielt beim Gefühlsausdruck eine wichtige Rolle – lachen, schluchzen, gähnen – und bei der allerersten Lebensfunktion: atmen. Wenn wir gut ausgeatmet haben, ist das Zwerchfell der *erste* Muskel, der die neue Einatmung verursacht, indem er sich zusammenzieht. Das Zwerchfell senkt sich (bei einer Tiefatmung um etwa 4 cm), wodurch neuer Sauerstoff in die Lunge strömen kann.

Damit wir einatmen können, weicht die Bauchdecke für einen Augenblick nach vorn und unten aus, so daß die Bewegung des Zwerchfells nach unten ungehindert stattfinden kann. Die Rippen, vor allem die drei „falschen" Paare, werden durch ein Kommando vom Gehirn des Sängers aus, der sich so gern „weit" halten will, von den äußeren Zwischenrippenmuskeln gehoben, die sich in Richtung nach oben zusammenziehen. Der Brustkorb ist nun nach unten, in seitlicher Richtung und sogar einigermaßen nach vor- und rückwärts erweitert: In der Lunge ist ein niedrigerer Druck entstanden als der atmosphärische Druck außerhalb des Körpers, die Luft strömt hinein (Abb. 5).

Nebenbei gesagt: Die Lunge verhält sich wie ein Ballon; je mehr er mit Luft gefüllt wird, desto schneller entweicht die Luft. Wir sprechen hier von positivem *Luftdruck*.

Um zu verstehen, was der Atem und also auch der Atemdruck oder Luftdruck in der Lunge bewirken, werden wir uns anschauen, wie man beim Singen zu Meßwerten gekommen ist. Füllt man ein U–förmig gebogenes Rohr von 1 cm Durchmesser mit Wasser, so daß darin – bei aufrechter Stellung – 1 m Wasser steht, und bläst man an einer Seite in das

Abb. 5

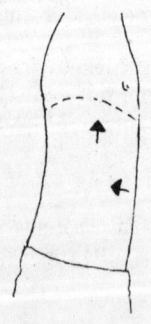
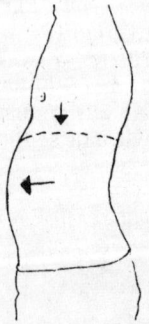

Rohr, dann steigt das Wasser an der anderen Seite. Der Unterschied kann in Zentimetern abgelesen werden, und man nennt diesen Druck *Wasserdruck* (cm H$_2$O, sprich: cm Wassersäule). In dieser Einheit wird der Druck angegeben, der beim Singen nötig ist.

Luftdruckveränderungen sind *wesentlich für die Lautstärke* des Singens: der Kehlkopf (*Larynx*) ist das Auslaßventil für die Luft in der Lunge. In dem Moment zwischen Ein- und Ausatmen, bei angehaltenem Atem, wenn die Stimmritze *offen ist,* ist der Luftdruck innerhalb und außerhalb der Lunge praktisch gleich. In der Lunge entsteht *Überdruck,* wenn das Volumen der Lunge durch Aktivität der Ausatmungsmuskeln kleiner wird, während die Stimmritze geschlossen ist. Beim Singen ist die Stimmritze innerhalb eines Schwingungszyklus' immer ganz kurz geöffnet. Dabei bleibt der Überdruck in der Lunge zum großen Teil erhalten, indem die angespannten Stimmfalten die Luft mehr oder weniger zurückhalten und so die *Lautstärke* des Tones bestimmen.

Von „Überdruck" sprechen wir in Verbindung mit dem Begriff *Atemstütze.* Passiv ausatmen, sobald die Einatmungsmuskeln ihre Arbeit getan haben, geschieht mit ungefähr 10 cm H$_2$O, aber Tenöre, die ein hohes *c* singen, kommen auf einen Druck von 80 bis 100 cm H$_2$O! (SCHUTTE, 1980)

Sänger wollen die Situation der vollständigen Einatmung so lange wie möglich festhalten. Deswegen ist es wichtig, daß das Ausströmen der Luft *dosiert* wird. Das geschieht, indem man die Einatmungsmuskeln so langsam wie möglich entspannt: der Sänger „hält sich breit". Indem die Bauchmuskeln sich zusammenziehen, bestimmen sie die Stärke und die Geschwindigkeit des Ausatmungsprozesses, bei vibrierenden Stimmfalten also die Lautstärke des Singens.

Dieses mechanische Zusammenspiel von Zwerchfell, Zwischenrippenmuskeln und Bauchmuskeln, dieses Gleichgewicht von sich anspannenden Bauchmuskeln und sich entspannendem Zwerchfell ruft die Muskelspannung hervor, die der Sänger *Atemstütze* nennt.

> *Lassen Sie die Zwischenrippenmuskeln und das Zwerchfell*
> *den Bauchmuskeln Widerstand bieten,*
> *so daß die Ausatmung so langsam und stetig sein wird,*
> *daß Sie sie kaum bemerken.*
> (VENNARD, S. 34).

Gesangstechnische Aspekte wie z. B. „Akzentuieren" werden im Praktischen Teil besprochen.

Die Einatmungsmuskeln (Zwerchfell und Zwischenrippenmuskeln) arbeiten selbständig, vom Gehirn gesteuert. Bei schwerer Arbeit und auch bei Nervosität wird man schwerer atmen als im Schlaf. Der Sänger macht jedoch ein Training durch, das ihn in die Lage versetzt, die Selbständigkeit des Atemmechanismus zu beeinflussen. Er wird bewußt tiefer einatmen, wenn er eine lange Phrase erwartet, für die er viel Luft benötigt. Zum Vergleich: Man wird einen längeren Anlauf nehmen, um über eine Gletscherspalte von anderthalb Meter zu springen als um über eine Pfütze zu hüpfen.

INTERMEZZO: AUSSPRÜCHE BERÜHMTER SÄNGER

Wie man über die soeben besprochenen Themen gedacht hat, mögen die folgenden zum Teil recht wirren Aussprüche aus *Great Singers on Great Singing* (1983) von JEROME HINES illustrieren:

MAGDA OLIVERO: *„Das Zwerchfell oben halten, den Atem oben, alles schön oben ... der Brustkorb erweitert sich wie ein Blasebalg, und dann Bumm! die Luft geht nach oben und Wuuu...! die Luftsäule befindet sich schon im Gesicht!"*

FIORENZA COSOTTO: *„Ein Ding ist sicher: daß wir Frauen beim Atmen nicht den Unterbauch benutzen sollen, denn dies ist physiologisch sehr gefährlich."*

MARILYN HORNE: *„Wenn ich einatme, kommt mein Zwerchfell nach vorne, ich finde daß ich meine Gesäßmuskeln und die Muskeln in den Beinen als zusätzliche Stütze gebrauchen muß."*

RISË STEVENS: *„Ich war gewohnt, die Stütze sehr stark im Rücken zu fühlen und direkt hier im oberen Teil meines Magens. Nicht in der Brust! Nicht die Brust heben!"*

LUCIANO PAVAROTTI (mit diskretem Tonfall): *„Sie holen Atem und bleiben in der Haltung wie auf der Toilette, bis die Phrase vorüber ist. Sie werden das vielleicht ... mit anderen Worten erklären müssen ... Sie müssen drücken wie eine Frau beim Vorgang der Geburt. Wenn Sie so drücken, kommt das Zwerchfell nach oben."*

Mit einem Seufzer der Erleichterung können wir dann bei dem Tenor NICOLAI GEDDA lesen: *„Wenn Sie einatmen, füllen Sie zuerst den unteren Teil der Lunge. Dabei bewegen sich Ihre Rippen automatisch nach außen. Die Stütze ist diese Bewegung mit der Hilfe des Bauchs seitlich unter den Brustkorb."*

An diesen Zitaten wird deutlich, daß die Sänger unterschiedliche Vorstellungen davon haben, wie sie atmen. Der eine hat das Gefühl, daß sich zunächst die Brustkorb erweitert, der andere bringt die Bauchdecke nach vorn, damit das Zwerchfell sich nach unten bewegen kann. Bei einem gut geübten Sänger findet beides gleichzeitig statt.

Bedingung für eine optimale Atmung ist, daß im gesamten Brustkorb Raum entsteht, so daß sich die Lunge optimal füllen kann.

Die verschiedenen Interpretationen des Wortes „Stütze" sind eine Krankheit. Ein Heilmittel gegen diese terminologische Krankheit ist: Wissenschaft.
(SUNDBERG 1987)

Einleitung

Der folgende Text ist für diejenigen bestimmt, die Schwierigkeiten haben, sich einen Kehlkopf vorzustellen (nach Vennard).

Legen Sie Ihre Hände nach vorn gestreckt, mit den Daumen nach oben, wobei nur die Fingerspitzen sich berühren, auf ein flaches rundes Gefäß. Das Gefäß steht für den Ringknorpel, er verläuft unter der Unterseite der Hand (Kleinfingerseite) etwas nach oben. Ihre Hände sind die Schildknorpelplatten. Ihr kleiner Finger drückt sich seitlich gegen den Ringknorpel. Die Stimmfalten, die den Mechanismus bilden, der den Ton erzeugt, liegen als Muskelfalten von der Rückseite des Gefäßes auf Ihren Mittelfinger zu. Die eigentlichen Stimmfalten sieht man als ein weißes kleines Band, weil sie teilweise von den Taschenfalten bedeckt werden. Die letzteren erzeugen keinen Ton, sondern dienen zum Schutz der eigentlichen Stimmfalten. Die eigentlichen Stimmfalten werden durch die Stellknorpel gesteuert, die auf dem erhöhten hinteren Teil des Ringknorpels liegen. Die Stimmfalten werden durch die Luft aus den Luftwegen in Schwingung versetzt. Wenn Ihre Hände sich nach vorn neigen, werden die Stimmfalten gestreckt und erzeugen einen höheren Ton.

Oben auf den hochstehenden Daumen liegt das hufeisenförmige Zungenbein, auf dem, nach oben weisend, zwei kleine spitze Erhebungen zu sehen sind. Das Zungenbein ist mit der Zunge verbunden.

Soweit zunächst diese kurze Veranschaulichung.

Die Anatomie des Kehlkopfes

Der Kehlkopf (*Larynx*) ist ein Gebilde von Knorpeln, die zusammen einen spezialisierten Mechanismus bilden, der die unteren Luftwege abschließen kann. Es ist die Funktion des Kehlkopfs, den Luftweg beim Schlucken abzuschließen, so daß nichts in den Luftweg eindringen kann (Nahrung). In zweiter Linie hat sich der Kehlkopf im Lauf der Evolution dahingehend entwickelt, daß er Töne hervorbringen kann, die von der ausströmenden Luft angeregt werden.

Obgleich das Zungenbein (*Os hyoideum*) eigentlich nicht zum Kehlkopf gehört, wird es hier als erstes besprochen, weil es der am höchsten liegende, mit dem Larynx verbundene Knochen ist. Es ist hufeisenförmig und der geschlossene Teil zeigt nach vorn; darauf sehen wir zwei nach oben weisende kleine spitze Knochen (s. Abb. 6a). Das Zungenbein artikuliert mit zwei großen hornartigen Erhebungen des Schildknorpels, die wie Daumen nach oben weisen. Durch diese Konstruktion kann das Zungenbein alle Bewegungen des Kehlkopfs mitmachen.

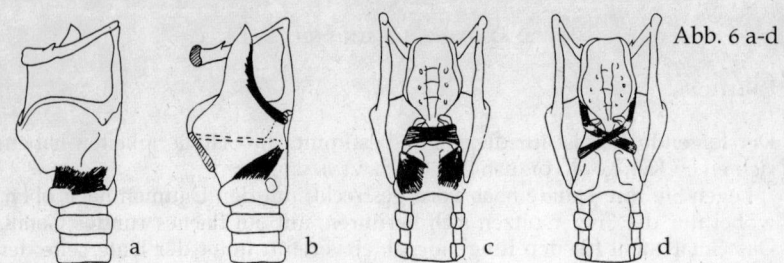

Abb. 6 a-d

a   b   c   d

Muskeln, die das Zungenbein – und also auch die Zunge – heben, sind am Unterkiefer und auch an der Schädelbasis befestigt; Muskeln, die das Zungenbein nach unten ziehen, sind am Brustbein, den Schulterblättern und dem Schildknorpel befestigt. Selbstverständlich sind alle kleinen Knochenteile durch Muskeln und Gewebebänder (Ligamente) miteinander verbunden.

Die Zunge ist mit dem Zungenbein verbunden. Der vordere Teil der Zunge hängt lose in der Mundhöhle, der mittlere ist mit dem Mundboden verbunden und der hintere Teil liegt auf dem Zungenbein. Bänder verbinden die Zunge mit dem Gaumensegel.

Der *Schildknorpel (Cartilago thyreoidea,* s. Abb. 6) besteht aus zwei Platten, die an der Vorderseite der Kehle in einem unterschiedlich großem Winkel vereinigt sind, mit einer Einkerbung an der Oberseite. Bei Männern ist dies als „Adamsapfel" gut sichtbar; die Platten bilden beim Mann einen Winkel von 90 Grad. Bei Frauen ist der Winkel stumpfer, beträgt 120 Grad und ist deshalb weniger sichtbar. Von vorn nach hinten gemessen ist der Kehlkopf eines Mannes etwa 37 mm lang, der einer Frau etwa 29 mm.

An der Rückseite der *Thyreoid*platten weisen die beiden hornartigen Fortsätze nach oben, mit denen das Zungenbein ineinander greift. Hinten weisen ferner zwei kleine Hörner nach unten, die mit dem Ringknorpel durch ein kleines Gelenk verbunden sind (s. Abb. 6b).

Der *Ringknorpel (Cartilago cricoidea)* ist der oberste Ring der Luftröhre (*Trachea*) und die Basis für den Kehlkopf. Der Ringknorpel ist an der Rückseite höher als an der Vorderseite und hat eine ovale Form. Es ist der einzige vollständige Ring in unserem Knochenbau. Der Ringknorpel kann sich etwas nach vorn und nach hinten neigen und auch nach oben und unten bewegt werden, weil die ganze *Trachea* flexibel ist wie eine Ziehharmonika.

Der Ringknorpel ist mit dem Schildknorpel durch Muskeln verbunden, die nach oben verlaufen: die Ring-Schildknorpelmuskeln (*Musculi crico-thyreoidei*). Diese Muskeln können den Schildknorpel über den Ringknorpel nach unten ziehen, wie z.B das Visier eines Motorradhelms nach unten klappt, oder auch den Ringknorpel gegen den Schildknorpel bewegen, abhängig davon, welcher fixiert ist. Dadurch werden die Stimmfalten gestreckt, die vom Schildknorpel zu den Stellknorpeln hinten auf dem Ringknorpel verlaufen (s. weiter unten in diesem Kapitel). Das ist eine der wichtigsten Ursachen für das Ansteigen der Tonhöhe. (Der Name eines Muskels gibt an, von welchem Knochen oder Knorpel er ausgeht und wohin er verläuft. So verläuft der Ring-Schildknorpelmuskel *vom* Ring- *zum* Schildknorpel.)

Die *Stellknorpel* oder Arytaenoiden (*Cartilagines arytaenoidea*) sind pyramidenförmig (s. Abb. 6c und d) und liegen mit ihrer Basis auf der hohen Seite des Ringknorpels. Sie können in eine flache Aushöhlung gleiten und sich drehen, um die Stimmfalten zu öffnen, zu schließen und zu spannen. Die obere Spitze heißt *Apex*. Die hintere Spitze der Arytaenoide wird *Processus muscularis* (Muskelbefestigung) genannt, die vordere Spitze, an der die Stimmfalte befestigt sind, *Processus vocalis*. Die Stimmfalten verlaufen in verschiedenen Verflechtungen von den Arytaenoiden zur inneren Seite des Kehlkopfes und von dort zu den Arytaenoiden zurück (s. Abb. 7).

Der *Kehldeckel (Epiglottis)* ist ein sehr beweglicher löffelförmiger kleiner Knorpel, der vorn am Schildknorpel befestigt ist, dicht unter der Einkerbung (s. Abb. 6c und d). Er ist durch Bänder mit dem Schildknorpel verbunden. Durch die ary-epiglottische Falte (die Muskelfalte von den Stellknorpeln zum Kehldeckel) ist er nicht als Löffelchen erkennbar (s. Abb. 6b). Wenn sich der Larynx beim Atmen in Ruhe befindet, steht der kleine Deckel aufrecht, beim Schlucken deckt er die Glottis ab und beim Singen nimmt er alle möglichen Stellungen ein. Er kann unter bestimmten Bedingungen eine akustische Wirkung haben.

Beim Singen des Vokals „ie" steht der Kehldeckel aufrecht: deshalb sagt der Phoniater (Hals-, Nasen- und Ohrenarzt, der sich auf die Stimme konzentriert): „Singen Sie ‚ie'", um die Stimmfalten sehen zu können.

Die *Luftröhre (Trachea)* besteht aus einer Reihe hufeisenförmiger Knorpelringe, die durch Bänder miteinander verbunden sind. Die offene Seite der Hufeisen zeigt nach hinten. Dort trennt eine Membrane die Luftröhre von der Speiseröhre. Nach unten verzweigt sich die Luftröhre über ein Röhrensystem bis in die Lungenbläschen, die aus schwammartigem Gewebe bestehen und *Alveoli* genannt werden.

(Die Speiseröhre gehört nicht zur Struktur des Larynx. Sie liegt, nur durch eine Membrane getrennt, hinter der Luftröhre. Nahrung gleitet über den Kehldeckel in die Speiseröhre. Beim „Verschlucken" kommt Nahrung in den Luftweg, was Husten verursacht).

Die Kenntnis des Mechanismus ist die Grundlage einer objektiven Pädagogik,
und eine Beherrschung der Technik ist die Vorbedingung
für künstlerischesSingen.
(VENNARD, S.77).

Zwischen dem Zungenbein und dem Schildknorpel, sowohl vorn als auch seitlich, befindet sich eine dünne Membrane. Dies bewirkt, daß Zunge und Kehlkopf *nicht* unabhängig voneinander bewegt werden können.

Wenn wir nun ein „Fiberskop", eine dünne Glasfaseroptik, durch die Nase in den Kehlkopf führen, um die Stimmfalten anzusehen, erblicken wir die *„falschen" Stimmfalten (Taschenfalten)*. Sie liegen wie rosa Kissen oberhalb der *wahren Stimmfalten,* die sie durch die Wirkung von bestimmten Drüsen befeuchten. Ferner können sie unter Umständen akustische Bedeutung haben.

Abb. 7 Die Stimmfalten (von oben gesehen)

a   Arytaenoide (Stellknorpel)
b   Stimmritze
c   Ligamentum (Hier beginnt auch der Conus elasticus, eine Gewebeschicht, die das Innere des Larynx von der Luftröhre bis zur Stimmritze auskleidet.)
d, e wahre Stimmfalte, Musculus vocalis
f   Crico-arytaenoidenmuskel

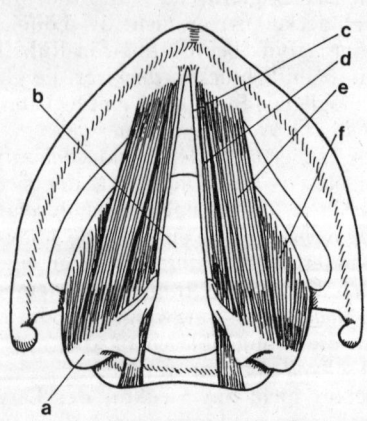

Zwischen den wahren und falschen Stimmfalten befindet sich der „Sinus Morgagni", der häufig als erster Resonanzraum angesehen wird. Es handelt sich dabei um einen taschenförmigen Raum, einen *Sulcus.* Der gesamte Raum oberhalb des Larynx ist ein akustischer Raum, ein *Resonator*.

Wir wissen schon, daß die Stellknorpel, die die Stimmfalten lenken, sich auf dem erhöhten hinteren Teil des Ringknorpels befinden. Dorthin verlaufen auch, vom Schildknorpel (5 mm unterhalb der Einsenkung) ausgehend, die *wahren Stimmfalten*, von denen die vorderen drei Fünftel muskelartig und die hinteren zwei Fünftel knorpelartig sind.

Die Länge der Stimmfalten des Mannes variiert zwischen 17 und 21 mm, die der Frau zwischen 11 und 15 mm.

Die Stimmfalten oder Stimmlippen sind Gewebefalten, mehr oder weniger vergleichbar mit zwei dicken Unterlippen (s. Abb. 8a und b).

Abb. 8a

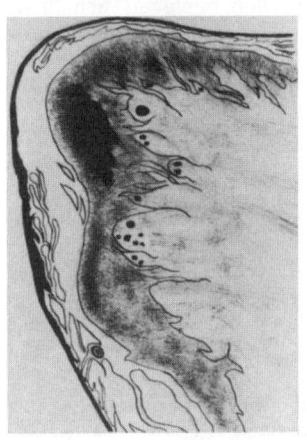

Abb. 8b
Schwingungsablauf innerhalb eines Zyklus'

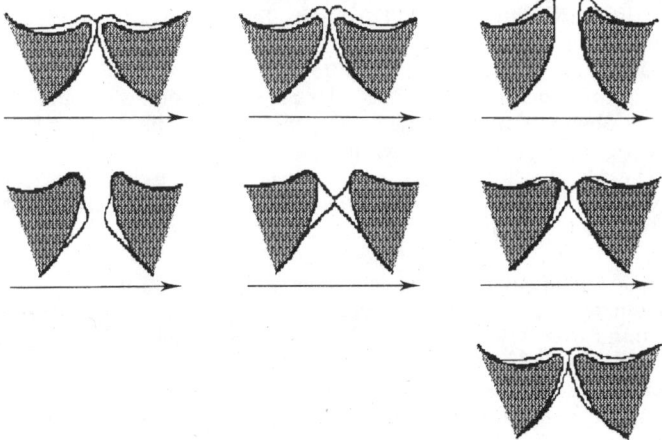

Der *Aufbau einer Stimmfalte* sieht folgendermaßen aus: Obenauf liegt das Epithel, eine verschiebbare, umhüllende Schleimhaut, die gut schwingen muß, damit der Stimmfaltenverschluß optimal ist. Darunter liegen (nach HIRANO, 1975) die „Lamina propria", bestehend aus einigen untereinander verschiebbaren Schleimhautschichten, die eng mit dem Musculus vocalis verknüpft sind, so daß feine Abstufungen der Spannungen innerhalb der Stimmfalten möglich sind (s. Abb. 8a und b).

Die schwingenden Stimmfalten bewegen sich in der Horizontalebene und in vertikaler Richtung, wobei die Schleimhautschichten sich nach außen abrollen.

Wenn man in tiefer Lage singt, haben die Stimmfalten wenig Spannung und nähern sich problemlos; in hohen Stimmlagen ist immer mehr Spannung in den Stimmfalten, die durch das Ziehen des *Musculus cricothyreoideus* und das dagegen gerichtete Spannen des *Musculus vocalis* (s.u.) verursacht wird. Die Stimmfalten werden dabei immer mehr in die Länge gestreckt, wobei sie sich in den Verschlußphasen immer weniger berühren.

Wenn eine Baßstimme das große C brummt, schließen sich die Stimmfalten etwa 65 mal pro Sekunde. Man sagt: „er singt auf 65 Hertz" (s. auch unten unter „Klang"). Für das hohe c (c^3) einer Sopranstimme müssen sich die Stimmfalten ungefähr 1024 mal pro Sekunde schließen; der Verschluß ist dann minimal.

Die Steuerung der Stimme geschieht auf sehr genaue Weise vom Gehirn aus über einen besonderen Nerv: den *Nervus recurrens*. Zum Vergleich: Ein Wadenmuskel wird viel weniger genau gelenkt als eine Stimmfalte.

Bestimmte Muskeln des Kehlkopfs können die Glottis auf ein Kommando vom Gehirn aus öffnen, was beim Atmen geschieht, und schließen, wobei die Stimmfalten zum Schwingen gebracht werden und der Luftstrom periodisch unterbrochen wird, so daß ein Laut entsteht.

Muskeln zum Schließen der Stimmfalten:

(1) Die *Cricoarytaenoidei laterales* oder Seitenmuskeln, die vom Ringknorpel nach oben verlaufen zu den Arytaenoiden (s. Abb. 6b); sie haben die Fähigkeit, die Arytaenoiden nach innen zu versetzen.

(2) Die *Musculi arytaenoidei* (quer und schräg zwischen den Arytaenoiden verlaufend) und die *Musculi thyroarytaenoidei* an der Innenfläche des Schildknorpels (sie bilden zusammen die interarytaenoide Gruppe; s. Abb. 6c und d.)

Nur die wichtigsten Muskeln sind hier genannt.

Der einzige *Öffner* ist der *Musculus cricoarytaenoideus* oder *Posticus*, der ganz hinter den Arytaenoiden auf dem Ringknorpel liegt; er beginnt am Ringknorpel und fächert sich in zwei Teilen nach oben zu aus bis zu der Stelle, wo die Arytaenoide an der Stimmfalte befestigt ist. Der Posticus zieht die Arytaenoiden nach hinten, wodurch sie auseinandergehen und die Stimmritze sich öffnet (s. Abb. 6c).

Ein ganz besonderer *Spannmuskel* ist der *Ring-Schildknorpelmuskel* (s. Abb. 6a). Zur Tonerhöhung zieht er den Schildknorpel nach vorn-unten (s. unter Ringknorpel), indem der Ringknorpel nach hinten/unten neigt, abhängig von der antagonistischen Tätigkeit des Stimmfaltenmuskels *(Vocalis)*, der sich zusammenzieht. Feinmaserige Kontraktionen kleiner Muskelbündel in der Stimmfalte führen zu einer höheren Spannung, so daß das Längerwerden begrenzt wird. Dies bedeutet, daß das Höherwerden des Tons nicht *nur* durch eine Verlängerung der Stimmfalten entsteht, sondern auch durch eine Veränderung ihrer Masse und Form.

> *Singen ist eine Kunst und eine Wissenschaft: die Wissenschaft lehrt uns zu wissen, und die Kunst lehrt uns, wie wir es tun sollen.*
> (FIELDS, S. 2).

DIE ANATOMIE DES OHRS

Das menschliche Ohr besteht aus drei Teilen:
(1) Äußeres Ohr mit Gehörgang, wo Geräusche aufgefangen werden;
(2) Mittelohr, wo Schwingungen weitergegeben werden;
(3) Innenohr, wo sich die Zellen der Sinneswahrnehmung befinden.

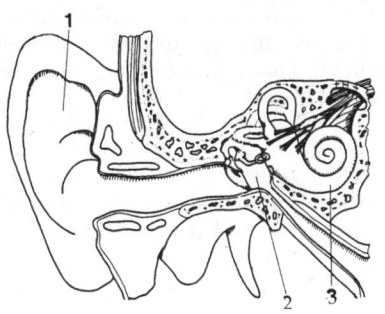

Abb. 9

(1) Das *äußere Ohr* besteht aus der Ohrmuschel und dem Gehörgang, die teilweise aus Knochen und aus Knorpel aufgebaut sind. Die Ohrmuschel dient dazu, den Phasenunterschied zwischen dem Geräusch vor und hinter der Muschel zu verstärken, damit die Richtung bestimmt werden kann.

Am inneren Ende des Gehörgangs befindet sich das Trommelfell; der äußere Teil des Gangs ist mit einer sehr dünnen Hautschicht überzogen. Im knorpeligen Teil des Gehörgangs wird durch Drüsen in der Haut

Ohrschmalz produziert. Anhäufungen von Ohrschmalz fallen durch einen ständigen Abschuppungsprozeß der Haut des Gehörgangs von selbst aus dem Ohr. Wenn man mit Wattestäbchen im Ohr stochert, wird dieser Abschuppungsprozeß gestört, das Ohrschmalz häuft sich im Gehörgang an und das Ohr wird verstopft: man hört schlechter. Nach dem Durchspülen des Gehörgangs wird der Gehörverlust wieder aufgehoben (das Durchspülen muß vom Arzt vorgenommen werden).

(2) Das *Mittelohr* kann als eine kleine Kammer hinter dem Trommelfell betrachtet werden. Darin befinden sich die drei Gehörknöchelchen: Hammer, Amboß und Steigbügel. Diese Gehörknöchelchen sind durch kleine Gelenke miteinander verbunden und mit dünnen Bändern (Ligamenten) an den Wänden des Mittelohrs aufgehängt.

Im vorderen Teil des Mittelohrs befindet sich die Öffnung der *Eustachischen Röhre* (Ohrtrompete), über die das Mittelohr mit dem Nasen-Rachenraum verbunden ist. Diese „Röhre" ist nicht *ständig* geöffnet, um den Luftdruckunterschied im Mittelohr und außerhalb des Ohres auszugleichen. Erst wenn man schluckt, kaut oder gähnt, zieht ein Muskel an der Öffnung der „Röhre" in den Nasen-Rachenraum, so daß diese sich kurz öffnet.

Das Mittelohr hat eine Übertragungsfunktion: Es sorgt dafür, daß Laute und Geräusche dem Hörorgan (dem Innenohr) angepaßt werden. So bewirken das Trommelfell und die Gehörknöchelchen, daß die Intensität der Geräusche, die auf einer großen Oberfläche (dem Trommelfell) aufgenommen werden, auf eine kleine Oberfläche (die Steigbügelfußplatte) übertragen und so den Bedingungen des Hörorgans angepaßt werden.

(3) Das *Innenohr* ist ein mit Flüssigkeit gefülltes häutiges Organ, das eine Hör- und eine Gleichgewichtsfunktion hat. Es liegt sicher und geborgen im Felsenbein. Die Flüssigkeit wird durch Luftdruck von außen (Geräusch) in Bewegung versetzt. Dadurch entstehen Druckveränderungen, die die Sinneswahrnehmungszellen im *Cortiorgan* erreichen. Hier befinden sich Nervenzellen, die die Information weitergeben an das Gehirn. Diese Information wird als „Geräusch" und „Klang" interpretiert.

Die Anatomie der Nase

Die äußere Nase besteht zum Teil aus *Knochen* (Nasenbein) und zum Teil aus *Knorpel* mit einer sehr beweglichen Spitze. Der Teil, der aus Knorpel besteht, ist immer offen, um Luft herein zu lassen; außerdem sorgen die kleinen Muskeln der Nasenflügel dafür, daß die Nasenlöcher erweitert werden können. Die Nasenlöcher führen zu Nasenhöhle und Nasengängen, die ganz mit Schleimhaut ausgekleidet sind. Die Nasenscheidewand teilt die Nase in zwei Teile. In jeder Nasenhälfte befinden sich drei

Gänge. Die Nasenhaupt- und -nebenhöhlen sind über die Choanen, das sind die hinteren Öffnungen der Nase, mit dem Rachenraum verbunden.

Seitlich von der Nasenhöhle befinden sich die Nasennebenhöhlen; neben der Nase die Kieferhöhlen, die durch eine Öffnung unter dem mittleren Nasengang mit der Nasenhöhle verbunden sind.

Über der Nasenhöhle liegt die Stirnhöhle, deren Ausgang auch unter dem mittleren Nasengang endet.

Hinter der Nasenhöhle liegen die Keilbeinhöhlen mit einer direkten Öffnung zum hinteren Teil der Nasenhöhle. Alle diese Höhlen sind mit derselben Art von Schleimhaut ausgekleidet wie die Nase.

Es gibt einige Gründen für die Annahme, daß diese Höhlen für das, was die Sänger „Resonanz" nennen, *keine* Rolle spielen: (1) Diese kleinen Höhlen und ihre sehr kleinen Verbindungskanäle mit dem Pharynx haben eine eigene Frequenz, die so hoch liegt, daß sie nicht durch einen Grundton oder durch Obertöne angeregt werden können. (2) Die Schleimhaut, mit der sie ausgekleidet sind, wirkt klangabsorbierend. *Folgerung:* Die Nebenhöhlen wirken nicht als Resonatoren (zur Verstärkung oder Verschönerung der Töne).

Unter normalen Umständen, unter die das Singen *nicht* fällt, geschieht das Lufthohlen durch die Nase. Diese ist dafür geschaffen, die eingeatmete Luft unter den günstigsten Voraussetzungen in die Lunge gelangen zu lassen. Die Nase wirkt wie eine Klimaanlage! In der Nase wird die Luft gereinigt, erwärmt und angefeuchtet. Die Staubteilchen, die in der Atemluft schweben, werden durch eine Schleimschicht auf der Schleimhaut aufgefangen und danach durch kleine Flimmerhaare in den Nasenrachenraum verbracht. Von hier aus können sie ausgeschnupft, ausgehustet oder geschluckt werden.

Die Erwärmung der Luft geschieht durch ein dichtes Netz von Haargefäßen (Kapillaren) direkt unter der Schleimhaut, an der die Luft entlangstreicht. Für das Anfeuchten sorgen zahllose kleine Drüsen in der Nasenschleimhaut. Weil die Schleimhaut über die gesamte Innenseite der Nase ausgefaltet ist, steht eine große Oberfläche für die Erwärmung und das Anfeuchten der Luft zur Verfügung (s. unten „Atemtechnik").

Bei der *Mund*atmung findet diese Vorbehandlung der Atemluft nicht statt. Mundatmung wird vom Sänger meist mit Nasenatmung kombiniert. Ein Nachteil der isolierten Mundatmung ist, daß der Mund und die hintere Rachenwand trocken werden. Indem er viel trinkt, kann der Sänger seinen gesamten Flüssigkeitshaushalt ausgeglichen halten, was auch für die Stimmfalten gut ist! Er muß sich an Mundatmung gewöhnen und auch die ersten Ansteckungen durch Erkältungsviren tapfer aushalten.

Erkältung ist eine Infektion der oberen Luftwege, die in erster Linie durch Viren verursacht wird. Später kann noch eine Infektion durch Bakterien hinzukommen. Manchmal kommt noch dazu, daß man sich im allgemeinen sehr schlecht fühlt: Man hat Muskelschmerzen, Durchfall, man niest, usw. Dann spricht man von *Grippe*.

Erkältungen sind selten ernste Krankheiten, aber sie beeinflussen die Verrichtungen des täglichen Lebens manchmal sehr negativ. Die *Stimmfalten* werden selten in Mitleidenschaft gezogen, aber durch Schwellungen des Gewebes im Gaumen und im Rachenraum wird das Singen erschwert. Gewebeschwellungen in der Nase verändern dort die Resonanz, so daß die Stimme anders klingt.

Es kann soweit kommen, daß das Singen ganz unmöglich wird. Dann soll man nichts erzwingen, sondern warten, bis man wieder gesund ist. Ruhe ist eine gute Medizin.

Alle Erkältungskrankheiten sind eine Folge davon, daß wir den ständigen Streit zwischen den uns belagernden Viren und Bakterien und unseren Abwehrkräfte verlieren. „Sich erkälten" ist also keine direkte Ursache der Erkältungskrankheiten. Die genannten Krankheiten sind eine Folge der *Schwächung der Abwehrkräfte*, wodurch die Belagerer zuschlagen können. Dies geschieht fast immer in Perioden von Streß, vor wichtigen Aufführungen, kurz, in Augenblicken, wo man es nicht gebrauchen kann.

Man muß deshalb immer dafür sorgen, daß der allgemeine Gesundheitszustand gut ist. Das muß man selbst tun, dafür gibt es keine Medizin. Um in guter Kondition zu bleiben, kann man einen leichten Sport betreiben, z. B. Schwimmen, das den ganzen Körper in Bewegung bringt. Nach den sportlichen Übungen soll man sich nicht zu schnell abkühlen, und nach dem Schwimmen soll man sich gut abtrocknen!

Wenn sich Infektionen häufig einstellen, kann man an eine Allergie als mögliche Ursache denken. Viele Menschen reagieren auf Pollen, Staub oder Haustiere allergisch, und sind deshalb für Infektionen empfänglich. Ihre Schleimhäute sind dann schon durch allergische Reaktionen gereizt.

Was können wir vorbeugend tun, um keine Erkältung zu bekommen? In erster Linie einen psychischen Widerstand aufbauen: sicher sein, daß man sich nicht erkälten wird! Gesund essen; den Konsum von Kaffee und Tee auf ein Minimum begrenzen. Sehr mäßig sein mit Alkohol. Er schränkt das Konzentrationsvermögen ein, behindert die Muskelkoordination und greift die Schleimhäute an. Vor allem nicht rauchen; das greift auch die Schleimhäute und die Lunge an und kann außerdem Herzbeschwerden verursachen. Ausreichend schlafen, je nach Bedürfnis etwa sieben bis acht Stunden.

Wenn man aber doch das Opfer eines Viren- und/oder Bakterienangriffs geworden ist, was ist dann zu tun? Sich bewegen und versuchen, warm zu werden, z. B. durch Seilchenspringen! Kalte Duschen sind nutzlos und grausam, aber Wechselduschen regen den Kreislauf an.

Der amerikanische Phoniater Lawrence empfiehlt zwei wesentliche Therapien: (1) Erhöhen der Körpertemperatur durch ein heißes Bad oder einen Saunagang; (2) Trinken, trinken, trinken.

Aber wann trinkt man genug, um dem Körper ausreichend Flüssigkeit zuzuführen und als Folge davon die Stimmlippen feucht zu halten? Im allgemeinen nimmt man an, daß der Urin wie Wasser aussieht, wenn man genug trinkt. „Pee pale and sing wet" sagt Lawrence.

Man soll keine Nasensprays verwenden und so wenig Nasentropfen wie möglich nehmen; sie beschädigen das Flimmerhaarsystem, das für den Abtransport von Staub in der Nase sorgt.

Was können wir tun, um die Folgen einer Infektion zu verringern?

(1) Ein Dampfbad nehmen. Gießen Sie in eine Schüssel mit kochendem Wasser etwas Eukalyptusöl oder (wenn das zu scharf ist) etwas Kamille oder gewöhnliches Küchensalz. Mit einem Handtuch über dem Kopf das Gesicht über die Schüssel halten und ruhig atmen. Eine Verstopfung der Nase ist danach meistens vorbei. Nachher noch lange im Haus bleiben, am besten sofort ins Bett gehen. Nicht alle Ärztte empfehlen diese Therapie!

(2) Aspirin verdünnt das Blut; das ist nicht gefährlich und verringert das Gefühl, krank zu sein.

Vitamin B und C helfen angeblich gegen Erkältung. Das ist nicht so. Sie gleichen einen Mangel an diesen Stoffen aus. Deshalb ist es besser, dafür zu sorgen, daß ein solcher Mangel gar nicht erst auftritt. (Nicht erschrecken: besonders das Einnehmen von Vitamin B hat gelben Urin zur Folge.)

Hausmittel, die von unseren Großeltern mit viel Vertrauen auf eine gute Wirkung angewendet wurden: (1) Eine durchgeschnittene Zwiebel in der Nähe hinlegen. Der darin enthaltene scharfe Stoff bewirkt, daß sich die Schleimhäute zusammenziehen, öffnet dadurch die verstopfte Nase und wirkt somit günstig auf das Atemholen. (2) Zitrone und Honig in etwas heißem Wasser verrühren, damit den Hals einpacken und auch etwas davon trinken. Das letztere sorgt für Schleimentwicklung und gibt ein „feuchtes", also gutes Gefühl. (3) Zerquetschte Weißkohlblätter auf den Hals legen und einen Verband darum anlegen. (4) Ein „Prießnitzwickel": Ein in warmem Wasser ausgedrücktes Handtuch auf den Hals legen, eine Plastiktüte darum wickeln und dann einen Schal. Durch die Wärme soll der Krankheitsprozeß schneller verlaufen!

Homöopathische Mittel: Die homöopathischen Apotheken bieten verschiedene Mittel gegen Erkältung an. Esperitox ist vielleicht das bekannteste.

Auch ohne krank zu sein, braucht der Sänger manchmal Mittel, um Schleim aufzulösen oder einen trockenen Mund los zu werden: Lakritz in allen Farben! Sie fördern vor allem die Speichelbildung.

Antihistaminica, Mittel die gegen Allergien wirken, helfen perfekt, um einen Abend lang eine triefende Nase los zu werden, aber sie wirken auf die Dauer austrocknend.

Gurgelmittel erreichen die Stimmfalten nicht, wohl aber deren Umgebung. So wirkt das Gurgeln mit Kamillentee oder Kochsalzlösung reinigend und Erleichterung verschaffend auf die entzündeten Schleimhäute in der Umgebung des Larynx.

> *Tue etwas, um dich mental in beste Kondition zu bringen!"*
> (LAWRENCE: *Sermon on hydration*, NATS BULLETIN 42/4, 1986)
> [Siehe auch *Der Sänger und sein Phoniater*
> von W. KERSING im Anhang]

3. KLANG, RESONANZEN UND REGISTER

EIN TON UND SEINE OBERTÖNE

Ein Ton besteht aus einem Grundton und einer Reihe von harmonischen Obertönen, die sich gesetzmäßig zueinander verhalten. (Es gibt auch unharmonische Obertöne, die z. B. von Glocken erzeugt werden. Wir sprechen in diesem Kapitel nur von harmonischen Obertönen.) Die Obertönen entstehen durch Schwingungen, die ein Vielfaches der Schwingungen des Grundtons sind. Der erste Oberton liegt auf der Höhe des Grundtons, der zweite Oberton auf einem zweimal so hohen Ton, der dritte Oberton auf einem dreimal so hohen Ton usw. (s. *Atlas zur Musik* von Ulrich Michels, München 1977, S. 17).

In Abbildung 10 ist die Obertonreihe des Grundtons C zu sehen: C, c, g, c^1, e^1, g^1, b^1, h, c^2

Abb. 10

NB. Die Stärke der Obertöne nimmt nach oben mit 12 dB pro Oktave ab.
Zu einem Grundton A 110 Hertz gehören die folgenden Obertöne:

A   110 Hertz (Grundtonfrequenz)
a   220 Hertz = 2 mal der Grundton
e^1 330 Hertz = 3 mal der Grundton
a^1 440 Hertz = 4 mal der Grundton
cis^2 550 Hertz = 5 mal der Grundton

e^2 660 Hertz = 6 mal der Grundton
g^2 770 Hertz = 7 mal der Grundton
a^2 880 Hertz = 8 mal der Grundton
    usw.

WIE ENTSTEHT EIN GESUNGENER TON?

Beim Singen strömt der Atem durch die Luftröhre nach oben und versetzt die Stimmfalten genau in dem Augenblick in Schwingung, wo sie sich schließen. Die Anzahl Schwingungen, die die Glottis pro Sekunde ausführt das ist also die Anzahl Male, die sie sich öffnet und schließt, bestimmt die Tonhöhe. 440 Schwingungen erzeugen den Ton a^1. Wir sprechen dann von einem Ton mit 440 Hertz.

Dieser Primärton (man denke an einen Oboespieler, der in das Rohrblatt seines Instruments bläst) ist noch völlig undifferenziert, hat noch keine sängerische Qualität und muß noch zum Klingen gebracht werden, was im *Stimmweg* (Ansatzrohr) geschieht. Das ist der Weg, den der Ton zurücklegen muß: von den Stimmfalten über den Nasenrachenraum bis zu den Lippen.

Der Stimmweg eines Kindes variiert von 7 bis 10 cm, der eines Erwachsenen von 17 bis 20 cm. Nach SUNDBERG (1977) und SCHUTTE (1993) kann in einem Stimmweg in seiner am wenigsten variierten Form eine Frequenz von ungefähr 500 Hertz angesprochen werden. Dies bedeutet nicht, daß man einen Grundton auf c^2 singt, sondern daß man einen Grundton erzeugt, der dem Stimmweg einen Oberton von 500 Hertz anbietet.

Variiert man nun das Modell des Stimmwegs, indem man (vor allem) den Stand der Lippen und der Zunge verändert, dann ist es verständlich, daß andere Hohlräume entstehen, auf die der Sänger seinen Ton abstimmen kann. Das gelingt also, wenn die Frequenz des Grundtons oder eines oder mehrerer Obertöne mit der *Resonanzfrequenz* im Stimmweg korrespondieren. Denn der Stimmweg ist ein hartwandiger Hohlraum, der resonieren kann (s. unten „Resonanzen ... und Formanten").

Unmittelbar bei seinem Entstehen ist die *Tonhöhe* (Länge und Spannung der Stimmfalten) und sogar der *Lautstärke* (Luftdruck unter den Stimmfalten) bereits festgelegt. Dazu lernt der Sänger, alle benötigten Muskeln zu gebrauchen: Haltungsmuskeln, Atemmuskeln, Muskeln im Stimmweg und um den Stimmweg herum und auch den Muskel in der Stimmfalte, den *Musculus vocalis*.

Im Stimmweg entsteht der „Klang": *regelmäßige* Tonschwingungen, die „Klang" erzeugen. Sind in einem Schallvorgang *unperiodische* Bestandteile enthalten, so entsteht der Eindruck eines Geräuschs.

Bei *stimmlosen* Konsonanten erzeugt der Mensch vielerlei Arten von Geräusch, der *stimmhafte* Konsonant entsteht nach einem gemischten Rezept (s. „Artikulation" im Praktischen Teil).

Töne pflanzen sich bei einer Temperatur von 20 Grad Celsius mit einer Geschwindigkeit von 340 Meter pro Sekunde fort unabhängig von Lautstärke und Tonhöhe (s. „Akustik des Saales" im Praktischen Teil). Die Lautstärke vermindert sich mit der Entfernung. Die Stimme ist hörbar, also mit akustischen Instrumenten meßbar. Was gemessen ist, kann man beschreiben: Messen ist Wissen.

Was ist am Klang der Stimme meßbar?

(1) Die *Frequenz* (Anzahl der Schwingungen der Stimmfalten pro Sekunde) oder *Tonhöhe*. Diese wird mit der Maßeinheit Hertz angegeben, abgekürzt Hz, so benannt nach Heinrich Hertz, einem deutschen Physiker (1857–1894).

Der Musiker geht von einem Ton a^1 aus, dem Kammerton, der 1885 auf 432 Schwingungen pro Sekunde festgelegt worden ist. Er heißt in vielen europäischen Ländern a^1, in Amerika jedoch a^4. Das ist die Stimmung, in der die meiste Komponisten des 19. Jahrhunderts, wie z. B. Verdi, ihre Opern schrieben. Dieser Wert ist 1944 angehoben worden auf 440 Hz, und leider müssen Sänger erfahren, daß Instrumentalisten, besonders Geiger, der Klarheit des Klangs wegen noch höher stimmen wollen. Wenn diese Tendenz sich fortsetzt, wird die Sängerstimme, wie sehr die Technik sich auch weiter entwickeln mag, die höchsten Töne nicht mehr erreichen können. Die Registerübergänge werden dann auch auf einem scheinbar tieferen Ton stattfinden, das heißt, die gesamte Registration wird verändert werden müssen. Wenn z. B. bei einer Altstimme die Registerübergang bei lautem Singen auf d^1 stattfindet, dann klingt dieses d jetzt höher, und die Sängerin erfährt den Bruch auf c^1.

(2) Die *Amplitude* oder Lautstärke wird in der Einheit „Bel" ausgedrückt. Aus praktischen Gründen gebraucht man ein Zehntel Bel, abgekürzt als dB (Dezibel). Bei der Sängerstimme wird die Amplitude durch den seitlichen Ausschlag der Stimmfalten *und* die Gegenaktion bestimmt, die sie dem Luftdruck entgegensetzen. Eine gut geschulte Sängerstimme kann bei lautem Singen mehr als 110 dB erzeugen; diese Stimme kann man aus einem Orchester heraushören und auch bei dem Krach eines startenden Lastwagens.

Die Lautstärke eines Gesprächs variiert von 60 bis 90 dB (gemessen aus einer Entfernung von einem Meter), je nachdem, wie sehr die Partner in Streit geraten. Die Frau spricht gewöhnlich ungefähr auf a (220 Hz) oder h, die Männerstimme eine Oktave tiefer. Variationen finden meist nach oben statt, höher spricht man lauter. Auch das Singen hoher Töne ist von Natur aus lauter als bei tiefen Tönen! Die Amplitude oder Lautstärke in der Stimme ist beinahe gänzlich vom Luftdruck unter den Stimmfalten abhängig, von dem Widerstand, den die Stimmfalten ihm entgegensetzen (s. „Crescendo" im Praktischen Teil), und von der akustischen Verstärkung im Rachen sowie im Mund- und Nasenraum.

N. B. Die Lautstärke vermindert sich mit der Entfernung, es sei denn die Temperatur oder die Dichte der Luft ändern sich. In der dünnen Luft der hohen Berge ist ein Jodler sehr weit zu hören.

RESONANZEN: HOHLRÄUME, STIMMWEG UND FORMANTEN

Klang entsteht, wenn Luftmoleküle *in einem hartwandigen Hohlraum oder um ihn herum* in Bewegung versetzt werden. Dies geschieht, wenn man z. B. ein Glas oder eine Stimmgabel berührt. Durch die Berührung der *Materie* (des Glases oder der Stimmgabel) wird die Luft in Bewegung versetzt. Man kann auch, indem man in eine Flasche bläst, die darin befindliche Luft in Bewegung versetzen. So wird Klang erzeugt. Jeder Gegenstand hat seine eigene Frequenz: die Tonhöhe, bei der er von sich aus mitschwingt; *er resoniert*. Bei der gewöhnlichen Stimmgabel geschieht dies auf a^1.

Die Hohlräume, die in der Lage sind zu resonieren, liegen ausschließlich im Stimmweg. Sie liegen also *nicht* im Brustkorb (die Lunge ist eine schwammige Masse), *nicht* in der Stirn (die Stirnhöhlen sind mit Schleimhaut ausgefüttert und stehen obendrein mit der schwingenden Luft nicht in Verbindung) und *nicht* im Schädel (die Gehirnmasse ist ein Brei, in dem sich kein Klang fortpflanzt).

Tonschwingungen können nicht irgendwohin geschickt werden, sie gehen ihren eigenen Weg und bringen Knochen zum Mitschwingen ... wovon der Sänger etwas fühlen kann. Aber diese Schwingungen fügen dem Ton, der das Ohr des Zuhörers erreicht, nichts zu. (VENNARD, S. 95)

Der Stimmweg (*Tractus vocalis* oder Klangkanal) ist der Weg, den der Ton zurücklegen muß; er reicht von den Stimmfalten über den Nasenrachenraum bis zu den Lippen.

Nur der Stimmweg ist der Resonator des Sängers.

Der Stimmweg ist ein Resonator, weil er ein Hohlraum ist, der teilweise durch eine harte Wand begrenzt wird, durch die Knochen des harten

Gaumens. Aber es ist deutlich, daß der variable Stand des Unterkiefers, der Zunge, der Lippen und des weichen Gaumens nicht unerhebliche Veränderungen der eigenen Frequenz hervorbringen kann, die in diesem Resonator herrscht. (Man berühre ein Glas, wenn es leer ist, und danach, wenn es halb mit Wasser gefüllt ist. Die Eigenfrequenz des Glases ist höher geworden.) So wird der Vokal in einem halb geöffneten Mund eine andere Klangfarbe haben als in einem ganz geöffneten Mund, und ebenso eine andere Klangfarbe in einem gerundeten oder einem breiten Mund.

PEARL WORMHOUDT gibt in ihrem Buch *Building the Voice as an Instrument* ein Beispiel für eine eigene Frequenz: sie singt eine Reihe von Tönen mit einem Köcher aus hartem Metall vor dem Mund. Und man hört, daß einer der gesungenen Töne stärker erklingt als die anderen. *Dieser* stimmt mit der *Eigenfrequenz* des Köchers überein und verstärkt sie.

Könnte man den Köcher eindrücken und damit seine Form verändern, würde sich damit auch seine eigene Frequenz ändern. Die Töne würden höher werden, andere Resonanzen würden angesprochen werden.

Wir werden versuchen, anhand einiger Zitate das Wesentliche der Formantenlehre anzugeben:

„Laute, die eine gewisse Frequenz haben, passieren einen Resonator leicht; sie werden von den Eigenschaften des Resonators verstärkt. Die Frequenzen, die am besten zu den resonatorischen Möglichkeiten passen, werden Resonanzfrequenzen genannt; wenn der Resonator der menschliche Stimmweg ist, sprechen wir von Formantfrequenzen [...] Man kann auch sagen, daß der Resonator auf gewissen Frequenzen resoniert oder daß er Resonanzen (im Falle des Stimmweges: Formanten) besitzt auf gewissen Tonhöhen. Die Möglichkeiten, die der Stimmweg hat, um Klänge weiter zu leiten, sind am deutlichsten wahrnehmbar bei/in den Formantfrequenzen." (SUNDBERG, 1987)

„Diejenigen Teile des Primärklanges, die durch die Hohlraumgestalt des Ansatzrohres hervorgehoben werden, werden als Formanten, d. h. als wesentliche, die Klangeigenschaften eines jeden Sprachlautes bestimmende Faktoren bezeichnet." (WENDLER UND SEIDNER, 1987)

Sänger pflegen ihren gesungenen *Grundton* einschließlich der Obertöne auf die richtigen Frequenzen oder Resonanzen in ihrem Stimmweg *abzustimmen*. Wenn dieses „Tunen" gelingt, sprechen wir von Resonanz. Der Sänger sagt: die Stimme „sitzt" oder „trägt". Dabei wird alles, was der Sänger fühlt, für ihn eine große Rolle spielen.

Um die Formanten im Stimmweg näher kennenzulernen, werden wir zum Vergleich einmal die Eigenschaften verschieden großer Weingläser betrachten: bei einer Berührung ist ihre Eigenfrequenz zu hören; das größte Glas klingt am tiefsten, das kleinste am höchsten (s. Abb. 11).

Nun liegen im Stimmweg fünf bis sieben verschiedene Formanten bereit, um ebenso wie die erwähnten Weingläser angesprochen zu werden. Sie werden von dem sich immer wiederholenden Pulsen der Glottis angesprochen. Einige der Obertöne des Grundtons, die zur

Abb. 11

Formantenfrequenz passen, werden verstärkt, andere, die nicht dazu passen, abgeschwächt.

Um einem Vokal seinen Identität zu geben, sind zwei Formanten nötig. Diese Formanten im Stimmweg, die Resonanzfrequenzen, bei denen die Hohlräume am meisten resonieren, haben eine jeweils eigene Funktion aufgrund des Gebiets, wo sie liegen. Der erste Formant wird durch die Länge des Stimmwegs und die Position der Lippen bestimmt (dunkler Klang), der zweite Formant durch den Stand und die Lage der Zunge (Klarheit). Die übrigen Formanten, die im hinteren Teil des Rachenraumes liegen, bestimmen das persönliche Timbre der Stimme und sind weniger zu beeinflussen. Die Obertöne eines Instruments stehen meist in einer Beziehung zum Grundton, aber die Formanten im Stimmweg sind nicht an eine (gesungene) Tonhöhe gebunden. Flüstere „tik, tak, tok" und sowohl die Vokale als auch das Geräusch der Konsonanten sind schon deutlich hörbar (s. unten „Artikulation").

Den Bereich der Formanten, d. h. die Gesamtheit der Obertöne, die bereit liegt, angesprochen zu werden, kann man messen.

Für die geschlossenen Vokale „i" und „e" liegt der erste Formant bei ungefähr 300 Hertz, für das „o" bei 450 Hertz und für den Vokal „a" bei über 700 Hertz. Der geflüsterte Vokal „a" wird als höher und lauter erfahren als „u" oder „o". Das hat für die Männerstimme, die meist unter 300 Hertz singt (e[1]), nicht viel zu bedeuten: Sie erzeugt auf seinen tiefen Grundtönen viele Obertöne, von denen die Vokalfarbe abhängig ist. Aber die Frauenstimme (und sicher der hohe Sopran) wird ihre Artikulation darauf abstimmen müssen. Wir kommen darauf im Praktischen Teil zurück.

Der zweite Formant eines Vokals ist für dieses Kapitel weniger wichtig. Nur die Tatsache, daß der Vokal „i" einen so besonders hohen zweiten Formanten hat (2000 Hz), ist bedeutsam. Denn mit dem „i" machen wir alles, was dunkel klingt, ein wenig heller. Die Zunge liegt beim „ie" hoch, der akustische Raum ist klein.

Das Geräusch der stimmlosen Konsonanten berührt so ziemlich alle

Frequenzen und trägt weit im Raum, vor allem das stimmlose „ss", das eine extrem hohe Frequenz hat.

Als Zusammenfassung des Gesagten ein Zitat von TROUP (1982): „Luft, die unter Druck steht, kommt aus einem Vorratsbehälter (der Lunge) und geht an einem in sich erzitternden System (den Stimmfalten) vorbei, das den Luftstrom in kleine Stücke zerhackt. Das erzeugt einen Primärklang, der harmonisch ist, aber in Tonhöhe und Lautstärke variabel. Die so entstandene Tonschwingung wird durch verschiedene Resonanzfrequenzen im Stimmweg modifiziert: die Formanten."

Der Sängerformant entsteht und ist im Klangspektrum als eine Spitze sichtbar, wenn einige Formanten, meist der dritte, vierte und fünfte, unter dem Einfluß der Stimmfaltenbewegung und der Vergrößerung des Rachenraumes zusammenkommen. Eine ganz leichte Stellung des Gähnens, bei der der Larynx ein wenig nach unten geht, ist für die Entstehung des Sängerformanten wesentlich. Diese „gespenstische" Erscheinung ist nicht zu fühlen und nicht vorherzusehen, aber wohl gut zu hören: die Stimme „sitzt", sie hat „Fokus" oder „Kern". SUNDBERG (1977): „Dies ist ein Fall der Resonanz, er erfordert keine Mühe." Gratis Verstärkung also!

Der Sängerformant ist bei den meisten klassisch ausgebildeten Stimmen vorhanden, am wenigsten bei der Sopranstimme. Er ist am deutlichsten bei lautem Singen, bei tiefer Tongebung und bei den Vokalen „e" und „i" vorhanden. Der Sängerformant liegt bei der Frauenstimme bei ungefähr 3000 Hertz und bei der Männerstimme bei ungefähr 2500 Hertz; das sind die maximalen Frequenzen, die im weiblichen oder männlichen Stimmweg wegen der Maße des jeweiligen Stimmwegs möglich sind. (Es gibt freilich noch höhere Frequenzen, die das Ohr wahrnehmen kann: ein gesunder erwachsener Mensch nimmt Tönen bis zu 20.000 Hertz wahr).

Bei zunehmender Höhe nimmt, abhängig von der Stimmgattung, der Sängerformant ab, der Klang wird „einfarbiger". Deshalb hat der Sopran weniger Farbe als der Bariton oder Baß. Durch die Farblosigkeit in hohen Regionen sind die „Königinnen der Nacht" in Mozarts Zauberflöte wenig verschieden voneinander, und vor allem Soprane sind auf hohen Tönen schlecht zu verstehen.

Grundton und Obertöne verhalten sich gesetzmäßig zueinander: Je höher der Grundton, desto weniger Obertöne sind wahrnehmbar. Der Grundton ist dann vorherrschend. Deshalb übertönt der Sopran mit seinem hohen Grundton den an Farbigkeit reicheren Baß.

Wenn ein Sopran c^3 (1024 Hz) singt, liegt der zweite Oberton auf 2048 Hz, viel zu weit auseinander, um mit dem Grundton kombiniert werden zu können.

Die Qualität der Sängerstimme wird nach Forschungsergebnissen von SCHUTTE, SEIDNER und PABON graphisch dargestellt, wobei die Lautstärke im gesamten Bereich der Stimme wiedergeben wird. Das Phonetogramm (oder die Stimmfeldmessung) bietet eine Übersicht von den leisesten bis zu den lautesten und von den tiefsten bis zu den höchsten Tönen, die eine Stimme hervorbringen kann.

In dem unteren Teil der Kurve werden die leisesten Töne wiedergeben (gemessen mit einem Schallpegelmesser), im oberen Teil die lautesten Töne. In der neuesten Phonetographie kann auch der Sängerformant durch eine eigene Linie abgebildet werden. Dieses Thema wird von PABON im Anhang in dem Beitrag *Über das Messen der Sängerstimme* ausführlich behandelt.

Es folgt hier ein Phonetogramm (eine Stimmfeldmessung) einer geschulten Sopranstimme.

Abb. 12

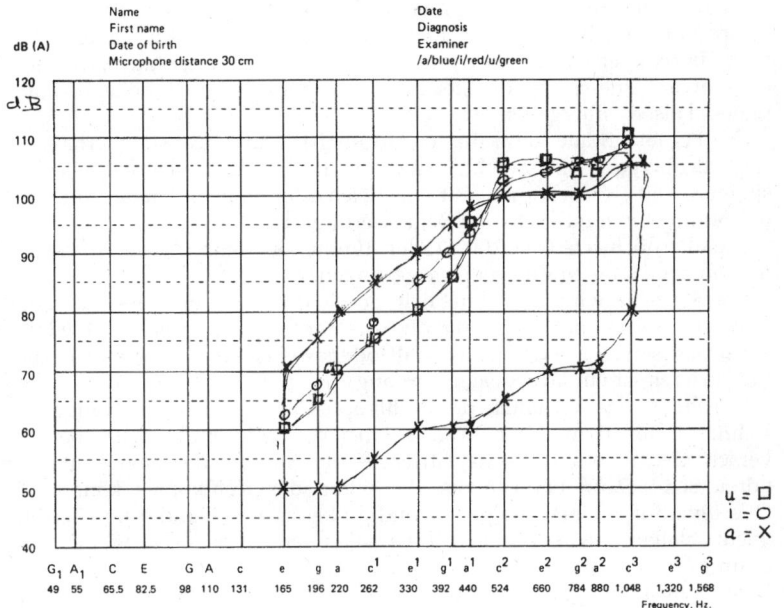

39

Im Kleinen ABC des Zweiten Teils soll dargestellt werden, was man bis weit ins 20. Jahrhundert als „Register der Sängerstimme" meinte verstanden zu haben. Hier wird nur ganz physiologisch das Verhalten der Stimmfalten in verschiedenen „Registrierungen" beschrieben.

Die Stimmfalten schwingen beim Erzeugen von tiefen Tönen anders als bei hohen Tönen, was zur Folge hat, daß das Timbre einer Stimme bei hohen Tönen ganz anders sein wird als bei tiefen, und zwar sowohl bei lautem als auch bei leisem Singen. Eine Gruppe von Tönen, die auf diese Weise jeweils entstehen, können dieselbe Klangfarbe haben und werden REGISTER genannt; das beruht in erster Linie und vor allem auf dem Verhalten der Stimmfalten.

Wenn im Verlauf *eines* Schwingungszyklus die Verschlußphase der Glottis länger dauert als die Öffnungphase, sprechen wir von „schwerem" Registrieren. Wenn die Öffnungsphase länger dauert als die Verschlußphase, sprechen wir von „leichtem" Registrieren. Der Sänger kann die Öffnungs- und Verschlußphasen kaum beeinflussen, er wird dabei ans „Drücken" oder „Luft hinzugeben" denken.

Man kann bei tiefen Tönen schwer oder leicht registrieren (darauf beziehen sich die vertrauten, aber unkorrekten Ausdrücke „Brust"- oder „Kopf"stimme). Im schweren Register von tief nach hoch singend wird man aber wegen der festen Schlußphase der Stimmfalten nicht weit über e^1 „schwer" singen können; „leicht" singen wird bei noch höheren Tönen in ein „Falsett" übergehen.

Die Frauenstimme kann die leichte Registrierung, die sie oberhalb des Registerübergangs gebraucht, ganz „mit nach unten" nehmen, aber *laut* singend geht sie doch auch, mit Ausgleich oder ohne (s. unten „Ausgleich der Stimme"), in ihre schwere Registrierung über.

Die allerhöchsten Töne der Frauenstimme, oberhalb c^3, werden manchmal im sogenannten Pfeifregister gesungen.

Ein Register wird ausschließlich durch das Verhalten des Kehlkopfs bestimmt; es ist unabhängig davon, was der Sänger in den verschiedenen Bereichen seines Knochenbaus fühlt oder was er als „Resonanz" erfährt. Registrieren ist ein laryngealer Vorgang.

Je ruhiger das Verhalten des Kehlkopfes ist, das heißt je ruhiger der Kehlkopf auf dem Atemstrom balanciert, desto mehr wird bei den verschiedenen Arten des Registrierens der Stimme dasselbe Timbre zu hören sein. Denn bei ruhigem Verhalten des Kehlkopfes können die Obertöne durch einen ruhigen Grundton besser miteinander im Gleichgewicht bleiben als bei einem schwankenden oder stark vibrierenden Grundton.

Die physiologische Forschung lehrt uns, welche Muskeln bei einer schweren Registrierung aktiv sind, welche bei einer leichten Registrierung und welche beim Falsettregister. Es besteht immer ein Gleichgewicht zwischen der Aktivität des Stimmfaltenmuskels (dem *Vocalis*, der bei schwerer Registrierung aktiv ist) und dem Ring-Schildknorpel (dem *cricothyreoideus*, der bei leichter Registrierung aktiv ist).

Dies mag deutlich machen, wie wenig die „Brust" beim schweren Register und wie wenig der „Kopf" bei der leichten Registrierung eine Rolle spielen.

Falsett ist sehr leichtes Registrieren, aber auf eine physiologisch aufzeigbare Weise anders als im modalen (oder „Brust"-)Register (schwer oder leicht). Um innerhalb des modalen Registers von „schwer" nach „leicht" zu gehen, bedarf es keiner dramatischen Änderung des Schwingungsmusters der Stimmfalten.

Deshalb können wir von *zwei* Registrierungen in der Stimme sprechen (modal und Falsett), aber von mindestens *drei* Timbres: schwer, leicht und Falsett. Glücklicherweise strahlen auf der Palette des Sängers noch sehr viel mehr Timbres bzw. Klangfarben!

Kennzeichen *schweren Registrierens* sind:

(1) Die Stimmfalten sind „träge" und schließen sich langsam, der Stimmfaltenmuskel (*Vokalis*) ist aktiv.

(2) Während eines Schwingungszyklus' dauert die Schließungsphase länger als die Öffnungsphase; das Sich-Schließen fängt unten an (man denke an die Form eines Keilriemens):

(3) deshalb gehören viele Obertöne dazu;

(4) die Stimmfalten schlagen weit zur Seite hin aus.

Kennzeichen *leichten Registrierens* sind:

(1) Die Stimmfalten sind weniger träge, überwiegend aber ist der Ringschildknorpelmuskel aktiv.

(2) Beim leichten Registrieren *tiefer* Töne wird die geschlossene Periode der sich schließenden Stimmfalten weniger lang dauern als beim schweren Registrieren derselben Töne. (Beim leichten Registrieren *hoher* Töne spielt die Längen- und Spannungszunahme) der Stimmfalte eine wichtige Rolle:

(3) deshalb gehören weniger Obertöne dazu;

(4) die Stimmfalten sind schlanker und beginnen sich etwas zu strecken.

(5) Es gibt weniger seitlichen Ausschlag der Stimmfalten.

Solange eine Registereinteilung an subjektiven Kriterien orientiert bleibt (Gehör, Gefühle des Mitschwingens im Körper), wird die Diskussion über die richtige Benennung und Einteilung weitergehen. (PABON, Ms. 1988)

Kennzeichen des Falsettregisters sind (s. Abb. 13):

(1) Der *Musculus vocalis* wirkt nicht ständig bei dieser Art der Stimmgebung mit. Die Ränder der Stimmfalten berühren sich nicht oder kaum

41

(bis bei hohem Falsett wieder ein Sich-Schließen durch die Aktivität der Laterales erzwungen wird):

(2) es kommt zu einer minimalen Schlußphase;

(3) ein geringerer seitlicher Ausschlag der Stimmfalten;

(4) bei ungestütztem Falsett entstehen kaum Obertöne, bei gestütztem Falsett wohl, weil „Atemstütze" auch in diesem Register zu einem Sich-Schließen der Stimmfalten führt;

(5) durch die maximale Streckung der Stimmfalten ist kein vertikaler Phasenunterschied im Schwingungszyklus festzustellen.

Abb. 13
oben: Bariton, f¹ Falsett
unten: Bariton, f¹ modal

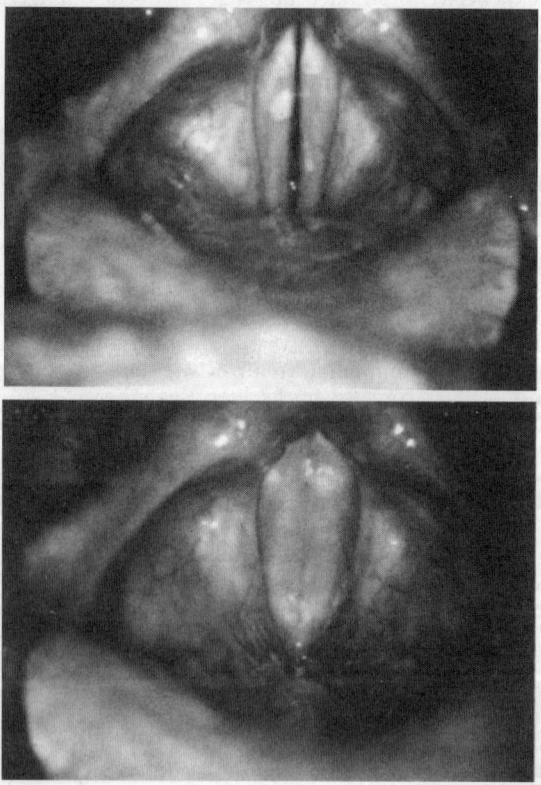

Falsett, das in der Männerstimme ungefähr bis e^2/f^2 reicht, ist bei den *hohen* Tönen tragfähig, *also* müssen die Stimmfalten sich schließen, *also* sind noch Obertöne da. Bei tiefen Tönen im Falsett ist die Tragfähigkeit geringer als bei modalem Singen auf derselben Höhe (s. unten: „Registerübergang").

Hier muß bemerkt werden, daß Falsettregistrierung beinahe ganz aerodynamisch zustandekommt: ein Luftstrom, der kaum mehr durch Glottisschluß unterbrochen wird, ist das Wesentliche dieser Registrierung.

Wie man Falsett mit modalem Singen mischen kann, wird im Zweiten Teil besprochen, s. „Voix mixte".

Man kann die Register anhand der folgenden Daten beurteilen:

(1) *Tonhöhe* (Längenspannung der Stimmfalten);

(2) *Lautstärke* (Luftdruck unter den Stimmfalten und Gegenaktion der Stimmfalten);

(3) *Vokale* (Stand der Artikulatoren).

Zusammenfassung. *Register* sind in erster Linie auf die Tonhöhe bezogen. Veränderung der Längenspannung der Stimmfalten (höher singen) vermindert ihren Widerstand. Bei tiefen Tönen zeigt sich im Schwingungsmuster ein senkrechter Phasenunterschied: die Stimmfalten liegen gut aneinander und produzieren einen Grundton mit vielen Obertönen. Bei hohen Tönen zeigt sich ein geringerer senkrechter Phasenunterschied im Schwingungsmuster, liegen die Stimmfalten weniger fest aneinander und produzieren weniger Obertöne; beim hohen Singen überwiegt der Grundton. Dies ist ganz gewiß beim hohen Sopran der Fall (s. „Registrieren der Sopranstimme" im Zweiten Teil).

Die Stimmfalten schwingen bei hohen Tönen nur an den Ränder entlang über die ganze Länge. Der Ausdruck „Randstimme" ist also korrekt, kommt jedoch in anderen Sprachen als der deutschen nicht vor. Lediglich im Englischen spricht man von "the edges of the vocal cords".

Im Falsettregister berühren die Stimmfalten sich nur ganz kurz oder gar nicht. Auch bei der Frauenstimme ist dies jetzt definitiv festgestellt. Die Vorstellung ist falsch, daß sich beim Falsett die Glottis *teilweise* schließt.

DER ÜBERGANG INS FALSETT

Wenn der Sänger von tief nach hoch singen will, kippt der Schildknorpel nach vorn, er wird vom Ringschildknorpelmuskel über den Ringknorpel hinweg nach vorn und nach unten gezogen, wodurch die Stimmfalten gestreckt werden. Sie werden dabei (auch durch das sich nach hinten Neigen des Ringknorpels) dünner und schlanker.

Weil die Stimmfalten vor allem durch zwei Systeme gesteuert werden –

den Ringschildknorpelmuskel (*Musculus criro-thyroideus*) und von dem lateralen Teil der *Crico-arytaenoiden* zusammen mit dem *Musculus vocalis* – gibt es zwei echte Registrierungsmöglichkeiten in der Stimme: *modal* und *Falsett*. Andere Registrierungen sind sehr individuell und haben akustische, dynamische oder aerodynamische Ursachen (s. o.), weil im akustischem Modell des Stimmwegs und beim Atmen während des Singens deutliche Veränderungen entstehen können.

Wenn auch bei anderen Registerübergängen als bei dem bekannten großen Sprung bei 300 bis 400 Hertz im Verhalten der Muskeln kleine Veränderungen festgestellt werden können, werden diese doch nicht als „Bruch" erfahren. Elektroglottographisch (Messung des Verhaltens der Glottis durch Elektroden außen auf dem Hals) hat man festgestellt, daß es oft zu kleinen Tonsprüngen kommt, von denen der Sänger selbst und der Zuhörer nichts merken, z. B. an der Stelle, wo der Baß oder Bariton in sein Brumm- oder Strohbaßregister übergeht ("vocal fry").

Ein gut geschulter Bariton ist in der Lage, von seinem tiefsten Bereich aus (auf F/G beginnend) zwei Oktaven modal nach oben zu singen und dem im Falsett noch eine Oktave hinzuzufügen (bis f^2/g^2).

Zurücksingend kann er, indem er im Falsett beginnt, wenn er sehr leise singt, das Umschlagen hinausschieben bis f/g und erst bei der tiefsten Oktave wieder modal singen. Die mittlere Oktave (f^1/g^1 bis f^0/g^0) kann er also auf zwei Arten singen. Sie wurde im 18. Jahrhundert „Il Ponticello" genannt (s. Abb. 14 und 14a).

Abb. 14 und 14a: *Il Ponticello* (das Brückchen)

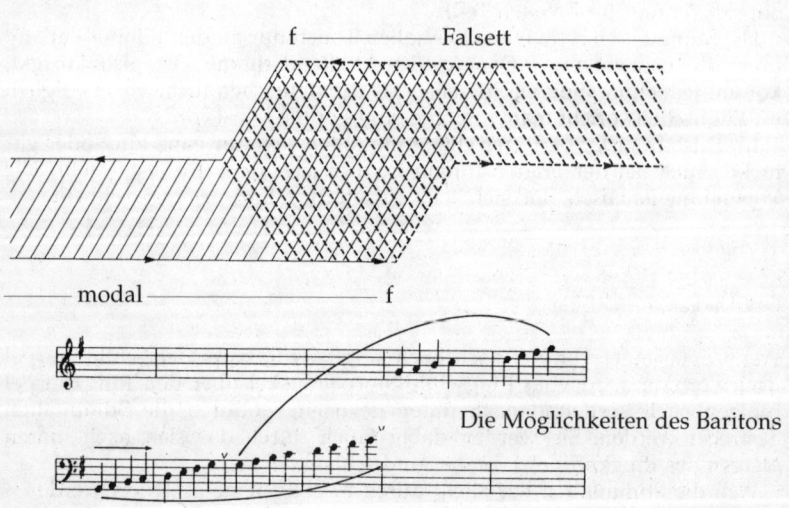

Die Möglichkeiten des Baritons

Resonanzempfindungen im Brustkorb oder im Kopf haben keinen Einfluß auf die Tonerzeugung, weil diese durch Schwingungen in den Knochenstrukturen des Kopfes und der Brust entstehen. Sie können die Höhlen im Stimmweg nicht beeinflussen.

Unsere Sängervorfahren wußten es nicht anders, als daß solche Empfindungen auch für die Erzeugung der Töne wesentlich waren. Sie wußten nicht, daß Kopf und Brust keine Resonatoren sein können (weil es keine Hohlräume sind). So entstanden die Namen Kopf- und Brustregister, Kopf- und Bruststimme, und es wird noch eine Zeitlang dauern, bis diese Namen aus unserer Terminologie verschwunden sind.

Man kann die sog. „Bruststimme" auch das schwere Register nennen, gemäß der in Amerika üblichen Terminologie, die ein "heavy register" kennt. Dabei braucht „schwer" nicht immer „laut" zu bedeuten, wohl aber, daß mit sich schließenden Stimmfalten gesungen wird. Für die „Kopfstimme" gilt: Leicht registrieren braucht nicht immer zu bedeuten, daß man leise singt, wohl aber, mit einem weniger festen Verschluß der Stimmfalten. Das leichte Registrieren ist bis in tiefe Lagen möglich, das schwere Registrieren hat sowohl in der Männer- als in der Frauenstimme eine *Obergrenze*. Diese liegt aus akustischen Gründen ungefähr bei d^1/e^1/f^1 (circa 300/400 Hertz, s. „Registerübergang").

In den oben stehenden Ausführungen kann man sinngemäß Erklärungen in älteren Büchern über die Methode des Singens wiedererkennen wie z. B. „immer die Kopfstimme mit nach unten nehmen und die Bruststimme nicht zu sehr nach oben treiben."

Die Tatsachen haben sich nicht geändert, aber die Wissenschaft hat uns gelehrt, die Tatsachen besser zu benennen.

Der Kreuzungspunkt der beiden Singweisen „schwer" und „leicht" fällt auf eine Gruppe von Tönen um e^1, 330 Hertz. Männerstimmen kommen aus tieferen Lagen und erfahren ungefähr bei e^1/f^1/g^1 das Umschlagen im Schwingungsmuster der Stimmfalten: Sie gehen ins Falsettregister über.

Männerstimmen mit leichtem Timbre können darin geübt werden, den Registerübergang unbemerkt geschehen zu lassen. Vielleicht hat dies wie auch bei den Frauenstimmen etwas mit dem weniger großen Kehlkopf und der geringeren Masse der Stimmfalten bei diesen Stimmen zu tun. Bei einer solchen leichten Männerstimme ist oft wenig Unterschied im Timbre zwischen einem leicht registrierten modalen Ton und einem Falsetton zu hören, z. B. bei g^1. Bei *Bässen* ist der Unterschied im Timbre groß. Der Stimmweg bleibt unverändert, aber die Stimmfalten haben ein ganz anderes Schwingungsmuster; daraus ergibt sich bei langen Stimmfalten ein großer Unterschied in beiden Timbres.

Die Frauenstimme kann leicht egalisiert werden, weil man es mit einer geringeren Masse der Stimmfalten zu tun hat als bei der Männerstimme.

Manche Sängerinnen kokettieren indessen gern mit starken tiefen modalen Tönen (sog. Bruststimme).

Frauen können, wenn sie das wollen, indem sie von oben herunter singen, plötzlich in ihre schwere Registrierung übergehen – man denke an die dramatischen Stimmen aus den osteuropäischen Ländern –, aber die Frauenstimme läßt sich doch leichter egalisieren als die Männerstimme, wahrscheinlich wiederum (s. o.), weil der Kehlkopf kleiner und die Masse der Stimmfalten geringer ist. Und das ist sehr wichtig: für die Männerstimme ist $d^1/e^1/f^1$ hoch, für die Frauenstimme tief. Diese braucht für diese Töne weniger Kraft.

Daraus ergibt sich die Frage: Singen Frauenstimmen denn im Falsett?

Die endgültige Antwort ist von Maschinen gegeben worden. Mit dem Elektroglottographen, einem Apparat, der außen am Hals mithilfe von Elektroden die Schwingungen der Stimmfalten registriert und in einer Graphik wiedergibt, wurde nachgewiesen, daß die Frauenstimme *nach* dem Übergangspunkt ungefähr bei e^1 auch viel weniger Schließung der Stimmfalten erkennen läßt, ebenso wie die Männerstimme. Aus der klassischen Überlieferung herkommend, zögern wir, das Wort Falsett für die Frauenstimme zu gebrauchen, aber heute hören wir bei Altstimmen wie Derek Lee Ragin und Jochen Kowalski keinen Unterschied mehr zwischen einem männlichen und einem weiblichen Mezzo. Wie auch immer, die Frau singt hauptsächlich oberhalb des „Bruchs" und der Mann darunter. Sängerinnen werden sich daran gewöhnen müssen, daß sie nach Auskunft der Wissenschaft beinahe immer im Falsett singen.

Aber sagen wir nicht schon seit jeher: „Sie singt wie ein Mann", wenn eine Sängerin in ihrem schweren Register singt?

Für alle Stimmen gilt, daß die Stelle des Registerübergangs weitgehend von dem jeweiligen Vokal und der Lautstärke abhängig ist. Sie liegt irgendwo in der Nähe des e^1, in der eingestrichenen Oktave, aber sie kann erheblich nach oben oder unten verlagert werden.

Die Popsänger lernen heutzutage, ihre schwere Registrierung flexibel zu erweitern (s. im Anhang den Beitrag von Maria Rondèl „Stimmgebrauch in der leichten Musik").

Zusammenfassung. Für die Registerbestimmung ist in erster Linie das Schwingungsmuster der Stimmfalten wichtig. Ein Registerübergang ist eine Veränderung im Verhalten der Muskeln. Der „Bruch" wird durch eine plötzliche Änderung im Verhalten der Stimmfalten verursacht (s. unten „Registerübergang").

Das Gebiet der Gesangslehre befindet sich gegenwärtig in einem sonderbaren Schwebezustand zwischen Wissenschaft, Kunst und Phantasie.
(Martienssen-Lohmann, *Der wissende Sänger*, S. 7).

Wenn die Technik absolut korrekt ist,
ist der Gebrauch des Instruments optimal.
(Wormhoudt, S. 10)

Der Registerübergang

Ich würde sagen, daß der Registerübergang ein Stimmregion ist,
wo eine relativ kleine Veränderung der
(physiologischen) Konfiguration eine
große akustische Veränderung bewirkt,
und daß hier präzise Kontrolle
der Muskeln notwendig ist.
(Titze, Kongreß Denver, 1984)

Der hörbare Registerübergang ist die Folge einer
plötzlichen Veränderung in dem Verhältnis
von Spannung und Masse in den Stimmfalten.
Beim Registerübergang nach oben
werden die Stimmfalten dünner.
(Lecluse, Diss. Rotterdam 1977)

Der Registerübergang, der vor allem in der Gesangsstimme des Mannes so deutlich zu hören ist, wird zuweilen wohl als eine pathologische, ungesunde Erscheinung interpretiert oder als das Resultat einer schlechten Gesangstechnik. Zu Unrecht: ein Registerübergang zeigt eine Übergangsphase in der Muskelaktivität der Stimmfalten an. Der Registerübergang bei ungefähr 300 Hertz wird durch nahezu jeden erkannt und anerkannt, andere kleinere Übergänge werden vom Ohr nicht immer wahrgenommen. Sie kommen gelegentlich vor: bei hohen Stimmen bei sehr hohen Tönen, bei Bässen, wenn sie in ihr Brumm- oder Strohbaßregister übergehen. Heute sind genügend Forschungsergebnisse bekannt, die zeigen, daß diese und andere Unterbrechungen im Schwingungsmuster der Stimmfalten auftreten können, ohne daß der Sänger oder Zuhörer sie bemerkt.

Aus welchem Grund ereignet sich der echte Übergang, also die Veränderung im Schwingungsmuster, gerade etwa bei $d^1/e^1/f^1$? Warum entstehen aus dieser Veränderung, diesem Wechsel einer Muskelaktivität so viele Probleme?

Wir haben es hier mit der *Koppelung von zwei Resonatoren* zu tun, der Mund-Nasenhöhle und der Trachea. Die Trachea, die kurze Luftröhre unter dem Kehlkopf, besteht aus Knorpelringen mit dazwischenliegendem Muskelgewebe. Weil das Innere der (von einer harten Wand umgebenen) Trachea hohl ist, kann sie als ein Resonator wirken.

Folgende Erklärung ist denkbar: Die Stimmfalten verlagern ihre Energie in aller Regel *in* den Stimmweg, zu dem oben liegenden Resonator hin. Aber bei ungefähr 330 Hz wird die Trachea während der *offenen* Phase im Schwingungsmuster plötzlich angeregt, weil ihre Eigenfrequenz bei ungefähr 660 Hz liegt, das ist der zweite Oberton des gesungenen Grundtons. Wenn man die Trachea anstoßen oder anblasen könnte, würde sie bei ungefähr 660 Hz, bei e^2 etwa, mitresonieren. So „singt" auch im Raum ein Gegenstand mit einer Eigenfrequenz von 660 Hz bei einem gesungenen e^1 auf diesem Ton oder bei einem um eine Oktave höheren Ton mit.

Dieses Mitschwingen des Hohlraums (der Luft) unter der Glottis kann damit eine Ursache sein für die Veränderung der Registrierung und das vorübergehende Ungleichgewicht der Muskeln, das der Sänger einen „Bruch" nennt. Der Registerübergang ist weitgehend von der Lautstärke abhängig, deshalb hat sich die Übergangsstelle nach oben hin verschoben, als die Sänger im Anfang des 19. Jahrhunderts lauter singen mußten.

Der Übergang wird meist auf den Vokal „a" am schlechtesten ausgeglichen, weil der Sänger diesen am wenigsten in dem akustischen Raum seines Mundes beeinflussen kann. Wenn der Übergang vollzogen ist, schwingen die Stimmfalten in dem *neuen* Schwingungsmuster weiter.

Das Falsettregister beruht also auf einem anderen Gebrauch derselben Muskeln, bei dem der *Musculus vocalis* wenig oder gar nicht aktiv ist.

Es ist *nach dem Gehör* zu erkennen an: (a) einem geringeren Vibrato (das gilt heute kaum mehr für die männliche Altstimme, es gilt für das ungeschulte Falsett); (b) an einer etwas begrenzteren Möglichkeit, crescendo zu singen. Bei einer bestimmten Lautstärke kippt die Stimme auf einmal um ins modale Register. Dies rührt her von der Notwendigkeit, beim Crescendosingen unter der Glottis mehr Luftdruck aufzubauen. (c) Weiterhin hat ein Falsett-Ton eine meßbar kleinere Lautstärke als ein Ton, der in derselben Höhe modal gesungen wird.

Es ist nicht richtig zu sagen: „Der Altus [= männlicher Alt] singt weniger laut", denn in welcher Lage kann seine Stimme mit einer modal singenden Männerstimme verglichen werden? Der Altus hat die stärksten Trümpfe zwischen e^1 und e^2 oder höher in seiner Stimme, wo der modale Tenor bei h^1 oder c^2 stecken bleibt und der Bariton nicht mehr mit von der Partie ist.

Es wäre aufschlußreich, die Lautstärke eines weiblichen Mezzo-Sopran mit der gleichen Tessitur eines Altus zu vergleichen.

BLOOTHOOFT (Diss. Amsterdam 1985) weist darauf hin, daß die Unterschiede im *Obertonspektrum* beider Stimmen nicht so groß sind: Der Unterschied liegt vielmehr in der Lautstärke, die direkt durch die Stimmfalten erzeugt wird, bevor der Stimmweg die Resonanz hinzufügt. Die Resonanzmöglichkeiten sind nämlich in beiden Registern unverändert.

Ein Ton mit einem natürlichen Vibrato fällt nicht auf, er gilt als schön. Aber ein vibratoloser Ton ist langweilig und wenig ästhetisch. Er kommt auch kaum vor, denn selbst die Luftimpulse eines Flötenkessels sind nicht ganz gleich.

Vibrato ist mit einer Muskelaktivität des gesamten Larynx verbunden, bei welcher der Kehldeckel, das Zungenbein, das Zäpfchen, der Unterkiefer und sogar der ganze Rachenraum in Bewegung kommen können.

Das „vibratolose" Singen, von dem wir annehmen, daß es in der Renaissance und im Barock praktiziert wurde, kann nie ganz streng gewesen sein: die Larynx „tanzte" immer schon frei auf dem Atemstrom, aber die Tanzschritte waren früher kleiner, weil man sicher mit einem weniger tiefgestellten Kehlkopf sang und weniger laut, also mit weniger subglottischem Druck und deshalb mit weniger Vibrato.

Vibrato besteht aus zwei Komponenten: (1) Das *Frequenz-* oder Tonhöhen-Vibrato, das sich um den betreffenden Ton herum bewegt, von dem aber das Ohr den Ausschlag nach *unten* am stärksten wahrnimmt, vielleicht weil der tiefere Ton mehr Obertöne hat. Sechs bis sieben Schwankungen pro Sekunde werden als normal angesehen. Ein größerer Ausschlag wird als häßlich erlebt. Bei vielen älteren Sängerstimmen ist dies langsamere Vibrato deutlich zu hören, es entsteht durch eine Verringerung der Muskelkraft im ganzen Körper, durch Vernachlässigung der Atemtechnik und Verringerung der Elastizität in allen Geweben. (2) Das *Amplituden-* oder Tonstärke-Vibrato. Diese Form von Vibrato kann mit dem „bloßen" Ohr viel weniger deutlich wahrgenommen werden: Nur von 70% der geübten Hörer in einem diesbezüglichen Experiment. Dieses Vibrato entsteht durch eine Lautstärkenveränderung von 2 bis 6 Dezibel pro Sekunde und hat seine Ursache in einem ungleichmäßigen Luftstrom. Nach VENNARD kommen die beiden Vibrato-Arten häufig gleichzeitig vor.

Wenn es viel Amplitudenimpulse pro Sekunde gibt, erleben wir das Vibrato als ein leichtes Zittern. Je mehr Impulse, desto regelmäßiger das Zittern. In unserer auf allen Gebieten großen Sprachverwirrung nennen wir dies wohl auch ein Tremolo. Manchmal kann ein leichtes Zittern schön und sehr persönlich sein.

In der Gesangspädagogik ist bekannt, daß das leichte Zittern ebenso wie das Rauschen (unvollständiger Glottisschluß) bei jungen Studenten vorkommt: es wird deshalb auch „Jugendtremor" genannt.

Das Zittern meldet sich auch, wenn der Sänger nervös ist und sein Atem darunter leidet. Beide Arten des Vibrato, Tonhöhe- und Tonstärke-Vibrato, haben ihre Ursache in dem Zusammenwirken des Atemstroms mit den federleichten Bewegungen, die der Kehlkopf auf dem Atemstrom macht.

Je besser Stimme und Atem geschult sind, desto ruhiger ist der Kehlkopf. Beide Formen von übermäßigem Vibrato können im Unterricht verbessert werden, indem der Student lernt, den Atemstrom gleichmäßig zu halten (s. „Atemtechnik" im Zweiten Teil).

Die Möglichkeit, den Schildknorpel zu kippen, wird besonders entwikkelt, um zu einem „Konzerttriller" (meine Terminologie, AR), oder auch „Kehltriller" (Stockhausen) zu kommen, der erst im 19. Jahrhundert verlangt wurde. Einige hohe Soprane machen diesen Triller mühelos, für viele andere bleibt er ein Problem. Manchmal ist das Ziel zu erreichen, indem man bewußt das Zungenbein hinauf und hinunter bewegt. Dabei schüttelt der ganze Larynx (s. „Verzierungen" im Zweiten Teil).

Vibrato ist eines der wichtigen Elemente, durch das sich Singen und Sprechen unterscheiden. Bei einem gesungenen Ton hört man mehr Vibrato als bei einem gesprochenen.

Vibrato ist das Ketchup auf dem Gesangston.
(PABON, Ms.1988)

ZWEITER TEIL

PRAXIS

1. Kleines ABC

Akustik des Saales

Mit Akustik werden die Eigenschaften des Klangs in einem geschlossenen Raum bezeichnet. In einem völlig trockenen Saal – ein Saal, in dem die Wände die Schallwellen schlecht reflektieren – braucht sich ein Sänger nicht sehr anzustrengen, um verstanden zu werden: Seine Konsonanten werden deutlich vernehmbar sein. Der Sänger wird seine Vokale gut bilden und sie so lange wie möglich bis zum folgenden Konsonanten anhalten müssen, um sich auf schlechte Akustik einigermaßen einzustellen.

In einem Saal oder einer Kirche mit langem Nachhall muß der Konsonant sozusagen ausgespuckt werden, während der Vokal sich in diesem Raum gut hält. Er verliert auch auf größeren Abstand vom Sänger nicht an Identität, wohl aber an Lautstärke.

Akzentuieren

Eine „Akzentbewegung" der Bauchdecke (= abdominaler Druck) wird äußerst schnell an das Zwerchfell und den Kehlkopf weitergegeben (= subglottischer Druck: Luftdruck unter den Stimmfalten), wie beim Staccato (siehe dort), aber ohne daß die Glottis sich zwischendurch öffnet.

Abb. 15

Um diese Wirkungsweise zu erkennen, soll der Student einen langen Ton singen und mit der Hand kleine Stöße auf seinen Bauch geben (s. Abb. 15). Dabei wird er den Larynx nicht ruhig halten können, er wird sogar Schwierigkeiten haben, seine Tonhöhe zu halten. Diese Technik wird gebraucht, wenn wir Akzente im Text mit den Bauchmuskeln setzen. Würde die Bauchdecke nicht mitwirken, dann gäbe es keinen Akzent.

Wenn wir Legato, *sicher* wenn wir Crescendo singen, nimmt die Kontraktion der abdominalen Muskeln stetig zu, man wird keine besonderen Impulse bemerken können.

Akzentuieren ist eine besondere Form des Einsatzes, um einem Ton einen besonderen Akzent zu geben. Das kann auch mitten in einem Wort geschehen, um einer Silbe oder einer Phrasierung besonderen Nachdruck zu verleihen.

ALTER

Grundlage des folgenden ist der „Horrorkatalog" von HORST GÜNTER (Vortrag auf dem International Voice Teachers Congress, Straßbourg, 1987. Exakte Daten sind der Dissertation von W. KERSING, *De stembandmusculatuur*, Utrecht 1983, entnommen).

Das Älterwerden ist ein Reifungsprozeß, der für jeden Menschen anders verläuft, aber nicht immer synchron ist mit dem biologischen Alter des Menschen. Man kann ein „junger Greis" oder „ewig jung" zu sein scheinen. So verhält es sich auch mit der Gesangsstimme.

Das Älterwerden manifestiert sich in: (1) geringerem Stoffwechsel (man braucht weniger Nahrung); (2) geringerer Durchblutung (man friert schneller); (3) Austrocknung des Gewebes (trockene Lippen); (4) Verknöcherung und Verformung der Knorpel; (5) Atrophie des Larynx; (6) Verkalkung der Knochen; (7) zunehmender Erschlaffung des Muskeltonus; (8) abnehmender Muskelmasse (weniger Stimmfaltenmasse); (9) Degeneration des Stimmfaltengewebes; (10) Änderungen im Hormonhaushalt; (11) Arteriosklerose in den Blutgefäßen.

Das Älterwerden wird hörbar an einem langsameren Vibrato mit weiteren Ausschlägen oder einem schnellen Tremolo, weniger Glanz in der Stimme, weniger Tragfähigkeit und manchmal unsauberen Tönen.

Singen mit fortgeschrittenem Alter kostet mehr Energie, bringt aber kein besseres Resultat. Als Folge des oben genannten Rückschritts verliert die eine Stimme an Höhe, die andere wird hoch und dünn, wie man deutlich bei der Sprechstimme älterer Menschen feststellen kann.

Die Veränderungen im Körper kann man nicht aufhalten, man muß sie akzeptieren und versuchen, in möglichst guter Kondition zu bleiben. Nicht aufhören zu singen, damit bis zum Rentenalter eine Phrase noch korrekt vorgesungen werden kann.

Man wird die Grenzen des Könnens sorgfältig verlagern müssen und sich jeder neuen Situation, in der ein Ton nicht mehr erreicht wird oder das Tempo langsamer geworden ist, anpassen müssen.

Es ist schade, daß der Sänger den Glanz in seiner Stimme verliert, wenn sein Geist gereift ist, seine Gefühle verarbeitet sind.

Aber das Älterwerden hat auch eine positive Seite, nämlich die bleibende wertvolle Erfahrung, auf der ein großer Teil des Unterrichts, den der ältere Sänger erteilt, aufbaut. Für die jungen Talente ist dies ein Vorteil. Jeder junge Sänger ist etwas Einmaliges, er braucht persönliche Begleitung; hierzu bedarf es ausgereifter Einsichten in die Fähigkeiten der Stimme, in das, was die Vokalmusik dem Zuhörer bieten kann. So kommen die Erfahrung und die Einsicht des älteren Sängers den jüngeren Sängern zugute.

ALTUS

(s. „Falsett")

Ein *Altus* ist ein Mann, der ein so leicht zu gebrauchendes Falsettregister hat, daß er es vorzugsweise einsetzt, um z. B. Barockmusik zu singen, die hauptsächlich von Kastraten gesungen wurde, also mit leichtem Stimmgebrauch. In der zweiten Hälfte des 20. Jahrhunderts hat sich die „Altustechnik" sehr entwickelt.

Im Laufe der *Entwicklung der Mehrstimmigkeit* (1000–1700) wurde die männliche Falsettstimme eingesetzt, sobald ein hohes Timbre der Stimme erwünscht war. Denn die Frauenstimme hatte von alters her nicht das Recht, sich in der jüdischen oder frühchristlichen liturgischen Musik vernehmen zu lassen, weil das Singen und Sprechen in der Kirche dem Geistlichen vorbehalten war, und der Geistliche war ein Mann.

In der Oper drang die Falsettstimme nicht zu den wichtigen Rollen vor, diese blieben dem Kastraten (*primo uomo*) und der *prima donna* vorbehalten. In England war der Altus wohl ein anerkannter Solist in der frühen Barockmusik, die höfisch und kirchlich war. Und der Komponist des 19. Jahrhunderts rechnete sicher mit einem geschickt eingesetzten Falsett des modal singenden Sängers (s. das Beispiel aus BELLINIS *Bianco e Gernando*, Abb. 16).

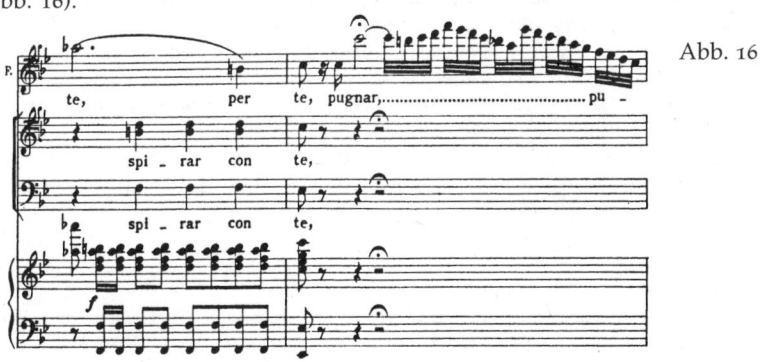

Abb. 16

Das Falsett ist nach 1850, als man lauter zu singen begann und die Registerübergänge nach oben verlagert wurden, aus dem Gebrauch gekommen.

53

Als Alfred Deller ca. 1950 zum erstenmal nach einem Jahrhundert als Altus auftrat, war dies für den Zuhörer neu. Der Name, den Deller von dem Komponisten Michael Tippett hierfür erhielt, war „countertenor" (Kontratenor). Damit wurde *vor* 1600 ein Sänger bezeichnet, der sowohl modal als auch Falsett sang. Das tat Deller nicht, er blieb im Falsett, wie auch James Bowman und Paul Esswood, die zur ersten Generation der neuen Alti gehörten. Spätere Alti wie Jochen Kowalski, Derek Lee Ragin, Andreas Scholl und Christopher Robson (nach 1980) setzen auch ihre modale Stimmlage ein.

„Kontratenor" bezeichnete ursprünglich eine Stimme in der polyphonen Musik, die auch instrumental ausgeführt werden konnte; der Terminus deutet eigentlich nicht hin auf ein Stimmfach.

ARTIKULATION

Ein Laut entsteht im Larynx in dem Moment, in dem die Luft aus der Lunge durch die *Trachea* (Luftröhre) strömt und die dafür bereitstehenden Stimmfalten in Schwingungen versetzt. Er kommt in dem akustischem Raum der Rachen-, Nasen- und Mundhöhle zur Entfaltung und verbreitet sich wie im Trichter einer Trompete. Es ist (in der Sprache eines Pädagogen ausgedrückt) die Aufgabe des Sängers, den Laut wieder zu bündeln, ihn zu konzentrieren. Hierfür wird in allen Sprachen das Wort *Focus* gebraucht, das mit „Brennpunkt" übersetzt werden kann.

Was *in* dem Larynx passiert, kann der Sänger nur sehr wenig beeinflussen, was *unter* dem Larynx passiert, überhaupt nicht, aber was *über* dem Larynx im Mund passiert, kann in hohem Maß beeinflußt werden.

Das Wort *Artikulation* bedeutet Verbindung (von Lauten); der Begriff wird gebraucht, um anzugeben, daß zwei Knochen scharnierartig ineinandergreifen oder miteinander *artikulieren*. Artikulieren ist dann auch die Art, in der Laute beim Sprechen gebildet werden.

Man muß zwischen Aussprache und Artikulation deutlich unterscheiden. Jemand kann deutlich artikulieren, aber doch eine schlechte Aussprache haben.

KONSONANTEN UND VOKALE

Indem man artikuliert, gibt man dem Stimmweg – und dadurch seiner Akustik – eine bestimmte Form. Oder: Indem man die Form des Stimmwegs *verändert* – und damit seine akustischen Eigenschaften –, werden die Sprachlaute verändert.

Der Sprechmechanismus modifiziert die Schwingungen des Luftstroms in den Resonanzräumen zu erkennbaren *Vokalen* und der Sprechmechanismus produziert *Konsonanten*, indem der Luftstrom unterbrochen wird. „N", „m" und „l" sind stimmhafte Konsonanten (s. u.), bei deren Erzeugung die Stimmfalten vibrieren.

Durch Konsonanten unterscheidet sich die menschliche Sprache von den Lauten, die Tiere hervorbringen. Die Instrumente, die der Mensch beim Artikulieren gebraucht, sind: Zunge, Unterkiefer, Lippen, Zähne, den Gaumen und auch die Wangen, mit denen größere oder geringere Spannung erzeugt werden kann.

A. KONSONANTEN. Wenn zwei Artikulationssysteme (z. B. die Zunge und die Zähne oder die Zähne und die Lippen) zusammenwirken, während die Stimmfalten schwingen, entstehen *stimmhafte* Konsonanten:

m, b	(bilabial, 2 Lippen berühren sich);
w	(labiodental, Lippe und Zähne kommen zusammen);
l, r, s, n, d	(linguadental, die Zunge berührt den Gaumen hinter den oberen Schneidezähnen);
g	(linguapalatal, die Zunge berührt den Gaumen hinten beim Zäpfchen).

Wenn zwei Artikulationssysteme zusammenwirken, ohne daß die Stimmfalten mitschwingen, entstehen *stimmlose* Konsonanten:

p	(bilabial, siehe b);
f, v	(labiodental, siehe w);
ss, sch, t	(linguadental, siehe d)
k, ch	(linguapalatal, siehe g).

Aufgrund anderer Eigenschaften, kann man auch zu einer anderen Einteilung kommen:

(1) stimmlose Verschluß- bzw. Explosivlaute: k, t, p;

(2) stimmhafte Verschluß- bzw. Explosivlaute: g, d, b;

(3) stimmlose Reibelaute: ch, ss, f, v;

(4) stimmhafte Reibelaute: s [z], w.

In vielen Sprachen, im Französischen beispielsweise, wird das z als stimmhafter Reibelaut ausgesprochen.

Die Laute: j, l, m, n, r, w und j werden als Halbvokale oder Klinger bezeichnet (J. HEY) und sind deshalb geeignet, beim Beginn einer Übung eingesetzt zu werden. Sie lenken den Sänger ab, auf dem Anlaut auf Larynxniveau zu achten. Die Gefahr besteht aber, daß man durch den Gebrauch dieser Halbvokalen nie einen Vokalansatz zu machen lernt!

Das h wird erzeugt, wenn die Stimmfalten sich teilweise annähern und ein Luftwirbel in der Stimmritze entsteht.

Die Verschlußlaute können die didaktische Aufgabe bekommen, im Stimmweg einen Gegendruck auf die Stimmfalten aufzubauen, z. B. bei den Lautverbindungen pàh oder tàh. Diese Übung mit stimmlosen Verschlußlauten hilft manchmal dabei, dies schlechte Schließen der Stimmfalten, das bei jungen Mädchen oft vorkommt, zu vermeiden. Alle

Übungen für den gesungenen Einsatz (siehe dort) sind in diesem Fall zu gebrauchen (Abb. 17).

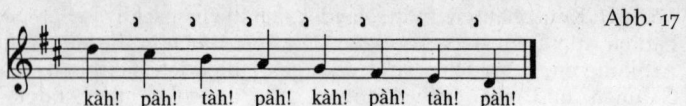

Abb. 17

kàh! pàh! tàh! pàh! kàh! pàh! tàh! pàh!

Die Klinger: m, n und auch n (die Vollklinger) verstärken das Gefühl von Vibrationen hinter dem Nasenbein, das der Sänger mit „Plazierung" verbindet. „Wuum", „woom" wirken gut, wenn sie auf tiefe Töne gesungen werden.

L und j (Halbklinger) können dazu dienen, der Zunge Gehorsam zu lehren (lojolojo, auf: do-mi-re-fa-mi-sol-fa-re-do).

Das linguale oder Zungen-r kann gelernt werden, indem man ein d an die Stelle des r setzt: Ab*d*aham b*d*ät b*d*aune B*d*ote, oder: T*d*epp auf, T*d*epp ab; weitere schöne Übungen findet man in *Der kleine Hey, die Kunst des Sprechens* (1971).

Die Zunge spielt eine große Rolle bei der Plazierung und der Färbung der Stimme. Stellungen der Zunge, die *nicht* zu dem Ton gehören, den man hervorbringen will, rufen falsche Spannungen hervor. Dabei geht es meistens um eine zu sehr nach unten oder nach oben gewölbte Stellung der Zunge oder um eine zu weit hinten liegende Zunge. Die Zungenspitze liegt normalerweise hinter den Wurzeln der unteren Schneidezähne. Wenn ein Schüler hiermit Schwierigkeiten hat, kann dadurch Abhilfe geschaffen werden, daß er, während er die Lautverbindungen ssa oder sa [za] ausspricht, in den Spiegel schaut.

Nur wenn sich die Zunge in der richtigen Lage befindet, ist der optimale Ausnutzung der Resonanzräume gewährleistet (Siehe zum Verhalten der Vokale und Konsonanten auch „Akustik des Saales").

Es ist eine große Kunst, Konsonanten scharf zu artikulieren, ohne den Atemstrom zu unterbrechen, außer bei einem doppelten Verschlußlaut, wie in dem Wort „Mutter". Eine wirksame Übung hierfür ist, einen beliebigen Text auf eine einfache Melodie jeweils schneller und leichter, aber immer deutlich auszusprechen: z. B. „Wasserjüngferchen, das flinke, holt mir Wasser, das ich trinke" (aus Carl Loewes Lied *Kleiner Haushalt*).

Vor allem bei den stimmhaften Verschlußlauten muß man mit dem Intensitätsverlust im Raum rechnen, der mehr oder weniger schnell eintritt. Sie müssen hart artikuliert werden, um die diffuse Ausbreitung zu vermeiden.

Reibelaute mit einer hohen Frequenz wie das ss sind davon am wenigsten betroffen.

Wenn ein Vokal aus irgendeinem Grund auf einem sehr tiefen Ton keine Tragkraft mehr hat, muß der *Konsonant* als Vehikel dienen. Man darf hierbei ruhig übertreiben!

RICHARD STRAUSS schreibt im Vorwort zu seiner Oper *Intermezzo*: *„Für den Sänger gibt es gegen ein polyphones und indiskretes Orchester eine Stoßwaffe: die Konsonanten!"*

B. VOKALE. Indem Luft die Stimmfalten in Schwingungen versetzt, erzeugen sie einen Grundton mit Obertönen, die im Stimmweg zum Klingen kommen. Einige Obertöne passen zur Resonanzfrequenz oder dem Formanten (s. o. im Ersten Teil), die sie antreffen, und werden verstärkt. Andere Obertöne, die nicht zu einer Resonanzfrequenz passen, werden abgeschwächt. Es sind *zwei Formanten* nötig, um einem Vokal seine Identität zu geben. Die Form des Stimmwegs ist bestimmend für die Farbe des Vokals: diese wird durch die *Öffnung des Mundes, Stellung der Zunge und Lage des Larynx* bestimmt.

Die Gesangstechnik, mit der die Kastraten im 17. und 18. Jahrhundert sangen, implizierte eine lächelnde Mundstellung (was einen hellen Ton fördert), möglichst mit bedeckten oberen Zähnen (s. Dritter Teil: P. F. TOSI). Die Zähne wurden im Laufe der Zeit wohl mehr sichtbar, aber der lächelnde Mundstand blieb noch lange Zeit.

Ausgehend vom Vokaldreieck von HELLWAG, das eigentlich ein Spiel mit Formanten ist, kann man jeden Vokal aus einem anderen hervorgehen lassen (Abb. 18):

(In Büchern über Phonetik findet man das Vokaldreieck häufig mit dem AA unten abgebildet.)

Wenn man mit dem Vokal „a" beginnt, mit natürlichem, weitem Mundstand gesungen, kann man den Mund auf zwei Arten schließen:
(1) Indem man allmählich die Lippen über die Zähne hinweg nach vorn bringt. Dann geht man an den Vokalen „a", „o" und „oo" entlang, bis beim „u" der Mund so weit wie möglich geschlossen ist. Aber es muß Raum genug bleiben, um die Luft zum Schwingen kommen zu lassen.

(2) Indem man allmählich die Zunge etwas anhebt, wobei auch der Unterkiefer ein wenig nach oben kommt. Dann geht man an den Vokalen „è" und „ee" entlang, bis der Mund beim „ie" so weit wie möglich geschlossen ist. Und auch jetzt muß genug Luft im Mund bleiben, um zum Schwingen kommen zu können.

Zwei „Vokale", das „ö" und „ü", sind Kombinationen von „oo" und „ee" oder von „u" und „ie", die auf sehr individuelle Art gebildet werden.

Bei Doppelvokalen liegt der Akzent immer auf dem ersten Vokal, der zweite muß ganz kurz bleiben: Heide = Ha--ide, Haus = Ha--us, Treiben = Tra--iben.

Der Vokal „a" ist von Natur aus der lauteste, auch wenn er geflüstert wird. Seine Eigenfrequenz liegt oberhalb 700 Hz. Wenn der Mund des Sängers für ein „o" geformt ist und dann zu einem „a"-Stand übergeht, nimmt die Lautstärke des Tons zu ohne daß der Sänger mehr Atemdruck anwendet. Ich wage es, dies ein „akustisches Crescendo" zu nennen. Sopranen hilft es, bei einem „Hallelujaaaa" auf einer tiefen Note von einem kleinen „a"-Mund zu einem großen „a"-Mund überzugehen.

Ein „offener" Vokal hat nichts mit einer „offenen Kehle" zu tun, ein Ausdruck, den Sänger gebrauchen, wenn sie den pharyngealen Raum bezeichnen wollen, wobei jedoch physiologisch gesehen *nichts* wirklich offen ist.

Ein mit hochgestelltem Kehlkopf gesungener Vokal klingt oft zu offen, zu hell, weil die Zunge bei hohem Kehlkopf immer hoch liegt. Der Vokal kann laut klingen, wird aber nicht tragfähig sein. Ein so gesungener Grundton spricht keine Formanten an, es entsteht kein Sängerformant. Nur durch elektronische Verstärkung kann dann die Lautstärke der Stimme zunehmen.

Atemstütze

Der Sänger will seinen Atemstrom beherrschen und wird deshalb versuchen, die Einatmungsstellung so lange wie möglich festzuhalten. Das Gleichgewicht, das nach der Einatmung entsteht zwischen dem Zusammenziehen der Bauchmuskeln, dem „Weit halten der unteren Rippen" und dem relativen Tiefhalten des Zwerchfells, wobei das Zwerchfell in der Einatmungsstellung einigermaßen kontrahiert bleibt, nennt der Sänger seine Atemstütze.

Beim Ausatmen leeren sich die Lungen: Das Zwerchfell springt nach oben zurück. Singen impliziert: langsam die Lunge leeren. Die Zügel, mit denen wir dieses „langsam" lenken können, sind das Zwerchfell, die Zwischenrippenmuskeln und die Bauchmuskeln. Die letzteren deshalb, weil man ihren Druck regulieren kann.

" ... daß bei ökonomischer Phonation das Zwerchfell eine Zügelfunktion hat."
(COBLENZER und MUHAR, S. 54)

Laut singen erfordert mehr Atem und eine stärkere Gegenaktion der Stimmfalten; es entsteht also ein größerer Luftdruck unter den Stimmfalten. Die Bauchmuskeln werden stark angezogen, aber das Zwerchfell bietet auch starken Widerstand, indem es versucht, unten zu bleiben. Schließlich bestimmt die Gegenaktion der Stimmfalten, wie laut gesungen wird (s. auch „Crescendieren").

Es ist also nicht verwunderlich, daß viele Gesangspädagogen von einer komprimierten Atemsäule sprechen, die zwischen dem Zwerchfell und dem Kehlkopf festgehalten werden muß.

Bei leisem Singen ist weniger Luft und weniger Widerstand der Stimmfalten nötig. Man sollte aber beim „Diminuendo"-Singen niemals zu wenig Luft geben, denn dann entsteht ein Bruch in der Ausatmung.

Die Bauchmuskeln zu fühlen, das lernt man mit Hilfe einer der im folgenden beschriebenen Übungen.

ÜBUNG 1: Lassen Sie den Sänger entspannt auf dem Boden liegen und sagen Sie ihm, daß er seine Beine schnell hochheben soll. Dabei darf im Hals kein Geräusch entstehen. Der Sänger wird sofort fühlen, daß die untersten Bauchmuskeln aktiv sind. Er kann jetzt auch versuchen, dieselbe Spannung der Bauchmuskeln zu erzeugen, ohne – noch immer liegend – die Beine hochzuheben.

ÜBUNG 2: Dieselbe Übung kann man ausführen lassen, indem der Schüler sich an eine Wand lehnt: Fersen, Gesäß, Schultern und Kopf an die Wand. Laß den Sänger jetzt laut „hoi", „ksst", oder „pah" rufen und er wird dieselbe Kontraktion der Bauchdecke fühlen. Danach kann der Sänger auch versuchen, die Stütze zu fühlen, wenn er normal steht.

ÜBUNG 3: Eine Übung, bei der man ruhig einatmet und dann den Atem in kurzen Stößen auf „ff" oder „ss" ausatmet. Auch hierbei fühlt der Sänger, wie die Bauchmuskeln sich nach innen zusammenziehen.

Beherrscht der Schüler diese Übungen, dann kann er versuchen, eine längere Atemstütze anzuhalten, indem er aus einem Abstand auf eine Kerzenflamme bläst: Ausblasen oder regelmäßig flackern lassen.

FU-ÜBUNG: Es kommt vor, daß Sänger zu viel subglottischen Druck (Luftdruck unter den Stimmfalten) aufbauen und nicht richtig ausatmen; das Singen klingt dann gepreßt. In der Geschichte hat man viele plastische Namen für diese Art des Singens erfunden: „mit einer Kartoffel im Hals", „der helle Knödel" oder „der Edelknödel". Eine gut wirksame Übung dagegen, daß man zu wenig Luft gebraucht, ist nun die „Fu-Übung": Allerlei kleine Melodien auf „fu" singen. Das F ist ein Atemverzehrer und läßt den Schüler merken, wie sich ein „Luftstrom" oder „Luft verbrauchen" anfühlt (s. Abb. 19).

Abb. 19

ATEMTECHNIK

Im Abschnitt über die Physiologie der Atemmuskeln wurde beschrieben, daß, wenn der Sänger *bewußt* seine Lunge füllt, das Zwerchfell sich nach unten hin zusammenzieht, so daß die Baucheingeweide für einen Moment die Bauchwand vorwölben. Durch Übung erworben ist dabei das Breithalten des Brustkastens, besonders der untersten Rippen, indem man die äußeren Zwischenrippenmuskeln anzieht, so daß die Rippen gehoben werden. Die Zwischenrippenmuskeln helfen dabei, das Zwerchfell mehr oder weniger flach zu halten.

Das Ausdehnen der Brusthöhle nach unten und zur Seite wird schließlich in ein und derselben Bewegung stattfinden; es entsteht ein Unterdruck in der Lunge, die sich dann mit Luft füllt.

Wenn man mit der Nase kleine Mengen Luft schnuppert, kann man fühlen, was beim Einatmen in der Brusthöhle passiert.

Das Einatmen beim Singen kann am besten durch Mund und Nase zugleich geschehen. Obwohl das Einatmen durch die Nase den Atem erwärmt und reinigt, ist es für den Sänger praktischer, durch Mund und Nase gleichzeitig einzuatmen:

(1) Weil diese Art einzuatmen sich mit dem Tiefstellen des Larynx verbinden läßt (wobei der weiche Teil des Gaumens etwas nach oben geht), wie es zum klassischen Singen nötig ist. Was immer der Atem tut, der Larynx muß an seiner Stelle bleiben; das lernt jeder Sänger. Wenn ein gutes Gleichgewicht zwischen den Muskeln besteht, die den Larynx nach oben und nach unten bewegen, wird dieser bei größerem Luftdruck nicht nach oben „geblasen" werden.

Bei lauterem Singen wird, wenn der Sänger seine Atemstütze gut gebraucht, der Larynx sicher noch tiefer sinken können; das wird durch den Sog verursacht, der zwischen Bauchdecke, Zwerchfell, Trachea und Larynx entsteht. Denn die Bauchmuskeln kontrahieren im Zusammenspiel von Ein- und Ausatmungsmuskeln (s. o. „Atemstütze").

Beim Popsänger ist eine hohe Stellung des Larynx häufig mit hoher Ein- und Ausatmen kombiniert.

(2) Weil der Atem schnell und ungehindert, also auch ohne Geräusch, einströmen kann. Sobald beim Einatmen ein Geräusch zu hören ist, besteht eine Verengung in den Nasengängen (Schnauben) oder im Kehlkopf (die Stimmfalten kommen aufeinander zu). Geräuschvolles Einatmen geht oft mit unnötigen Bewegungen, vor allem der Schultern, zusammen.

(3) Weil selten genug Zeit ist, um nur durch die Nase zu atmen. Da der Durchgang für das Einatmen durch die Nase kleiner ist als beim Einatmen durch den Mund, geht es langsamer. Wenn sowohl die Nase als auch der Mund gebraucht werden, wird optimal geatmet, und man kann sich gut darauf einstellen, wie viel Atem man für den folgenden Satz nötig hat.

Für den Anfänger ist es hilfreich, das Verhalten der Stimmfalten mit den Händen nachzuahmen: Die beiden Stimmfalten können dargestellt werden, indem man die Hände mit geschlossenen Fingern waagerecht mit den Daumen nach unten aneinander legt (s. Abb. 20).

Abb. 20 a und b

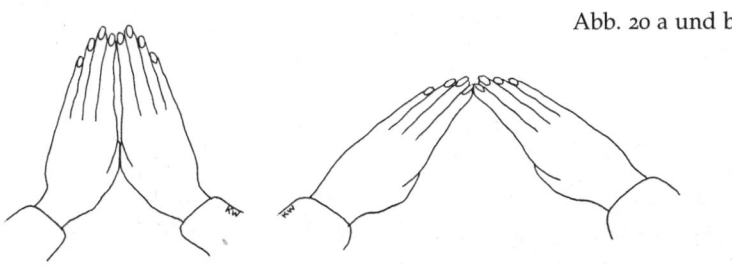

Bei a sind die Stimmfalten geschlossen und man kann singen.

Bei b lassen wir die Hände sich so auseinander bewegen, daß sich nur die Spitzen der Zeigefinger berühren. Das ist der Stand beim Atmen.

Man lasse im Rhythmus üben: Singen – Atmen, Singen – Atmen, indem man zugleich die Hände schließt und öffnet. Dabei achte man besonders auf geräuschloses Einatmen.

Wenn ein Schüler von Natur aus geräuschlos und ohne auffällige Bewegungen atmet, wenn er gut steht und auch seine Arme und Hände entspannt hält, ist es meistens nicht nötig, Atemübungen zu machen. Andere Dinge wie z. B. Mundstellung und Artikulation können dann vorrangig behandelt werden.

Das Abspannen – die Technik, die COBLENZER lehrt – wird folgendermaßen ausgeführt: Unmittelbar nach dem Hervorbringen des Tons (dem Phonieren), wird das Zwerchfell in die Einatmungsposition gebracht, nach *unten*. Das muß wirklich sehr schnell geschehen! Dann ist der Sänger bereit, den nächsten Ton zu singen.

Man spricht von Ausgleichen der *Stimme* und der *Register*. Das eine umfaßt das andere. Ein Sänger ist meistens geneigt, wenn er höher singt, auch lauter zu singen, so daß auch die Farbe der Stimme darunter leidet und das Singen manchmal sogar zum Geschrei wird. Er muß versuchen, die Veränderung der Farbe von unten nach oben so gleichmäßig wie möglich verlaufen zu lassen. Es ist schon mehrfach aufgezeigt worden, daß die Stimme nur zwei echte unterschiedliche Register hat, bei denen zwei sehr verschiedene Schwingungsmuster der Stimmfalten nachgewiesen werden können. In der klassischen Gesangskunst, sicher seitdem die Stimme in einem größeren dynamischen Umfang geschult werden mußte, hat man versucht, die Registerübergänge, die früher akzeptiert wurden, zu verschleiern, zu überbrücken, kurzum: Auszugleichen. Uns interessiert hier, *wie* das geschehen kann.

Man kann sagen, daß jede Stimme über mehr als zwei Oktaven ausgeglichen klingen kann. Sogar das Falsett in der Männerstimme kann man dabei berücksichtigen: Der Klangsprung oder Übergangston liegt nämlich nicht fest, er ist in den folgenden Übungen variabel:

Abb. 21

Abb. 21 ist eine Ausgleichsübung über Quinten. Das tiefste g klingt ganz anders als das höchste d, aber die Veränderung der Klangfarbe verläuft gleichmäßig. Das Ausgleichen bedingt ein allmähliches Verändern der Vokalfarbe und der Dynamik und erfordert die allmähliche Veränderung der Mundstellung und des Luftdrucks.

Was der Sänger von sich selbst hört (Lautstärke), stimmt nicht immer damit überein, was der Zuhörer hört.

Es ist schwierig, acht Töne nach oben zu singen und die Lautstärke beizubehalten, da der höchste Ton von Natur aus immer lauter gesungen wird als der tiefste Ton.

BAROCKMUSIK SINGEN

Beim Singen von Barockmusik gelten für den Sänger besondere Anforderungen, geistig und stimmlich. Ein Künstler mit großem Stimmvolumen wird eher seinen Platz in der romantischen Oper finden als in einer Oper aus dem Barock. Der gut geschulte Musiker mit einer *kleinen* Stimme ebenso wie der Sänger, der gern in seinem Falsettregister singt, fühlen sich in dem intimen Musizierstil des Barock zuhause.

Welche Aspekte spielen in der vokalen Barockmusik eine Rolle? (1) Ein federnder Rhythmus, aktiv im Rezitativ, tanzend in der Arie. Die Noten werden weniger gleichmäßig akzentuiert als in der späteren (romantischen) Musik; vor allem das Legato darf nicht übertrieben werden. (2) Eine raffinierte Atemtechnik: die Stimme wird manchmal wie ein Instrument behandelt. Die Einatmung muß dabei beherrscht werden und vollkommen unhörbar sein. (3) Kunstvolle Verzierungen: Läufe, Triller und Vorschläge müssen perfekt ausgeführt werden, da sie oft emotional beladen sind. (4) Treppendynamik: Echo-Effekte, Esclamazione (Ausruf) und Messa di voce (Schwellton).

Stimmen, die ein starkes Vibrato haben, sind dafür nicht geeignet, Barockmusik zu singen; das soll nicht heißen, daß die „Barockstimme" ohne Vibrato singt, aber sie hat von Natur aus weniger Vibrato.

BELCANTO

Unter Belcanto versteht man den eleganten Gesangsstil des 18. und frühen 19. Jahrhunderts. Der Terminus kam erst im Laufe des 19. Jahrhunderts in Gebrauch, als eine voluminösere Tonproduktion gefragt war (O. JANDERS in *The New Grove's Dictionary of Music and Musicians*).

Zur Illustration ein Zitat aus HENRY PLEASANTS Buch *The Great Singers* (S. 20): *„Wenn Pädagogen und Sänger an Belcanto denken, steht ihnen vor Augen: Ein süßlich fließendes Singen, das aus einem runden Ton besteht, ein völliger Ausgleich, ein ununterbrochenes Legato, deutliche Phrasierung, eine gute Verziertechnik, helle Vokale und ein diszipliniertes Vermeiden von zu lautem Singen, Registerbrüchen, Gefühlsausbrüchen und anderen Bekundungen von Vulgarität und schlechter Ausbildung."*

Im 17., 18., und selbst noch im 19. Jahrhundert ist Belcanto eine „performers art". Nur um „bel" zu singen, fügten Sänger ihre eigenen Verzierungen der vom Komponisten geschriebene Melodie hinzu. Der Komponist rechnete auch damit. ROSSINI (1792-1868) war der erste Komponist, der selbst die Verzierungen für seine Arien notierte; er ließ aber noch genug Raum für Improvisationen.

Der Pädagoge des 20. Jahrhunderts, der behauptet, Belcanto zu lehren, muß dann wohl sagen, welche Belcanto-Periode er meint. Sonst riskiert er, sich bei den Kastraten APRILE, BORDOGNI, CRESCENTINI und ihren Confratres anzuschließen, die ihre Lehrbücher großenteils für ihren eigenen, sehr leichten Gebrauch der Stimme schrieben.

Es hat viele Wellen des Belcanto gegeben. Die ersten Perioden waren die der frühen Kastraten: Die erste von 1710 bis 1740 mit BERNACCHI, SENESINO, FARINELLI, CAFFARELLI und NICOLINO, die zweite mit PACCHIEROTTI, MARCHESI,

GUADAGNI und CRESCENTINI, *„deren Gesangskunst die ihrer Vorgänger bereits wieder in den Schatten stellte"* (PLEASANTS).

Namen von Sängern zu nennen, die die folgenden Belcanto-Wellen ausgelöst haben, ist nicht sehr sinnvoll, weil diese Namen für viele kein Begriff sind; man kann sie in jedem Buch über die Geschichte der Oper nachschlagen.

Eine sehr kräftige Belcanto-Periode zeichnete sich am Anfang des 20. Jahrhunderts ab, verbunden mit großen Namen wie LILLI LEHMANN, NELLIE MELBA, VICTOR MAUREL, TITA RUFFO und ENRICO CARUSO. Der letzte ist auch deshalb so berühmt geworden, weil sogleich nach der Erfindung des Grammophons viele Aufnahmen von ihm gemacht worden sind. Auch die fünfziger bis siebziger Jahre bildeten einen laut erschallenden Höhepunkt mit Namen wie MARIA CALLAS, JOAN SUTHERLAND, RENATA TEBALDI, ELISABETH SCHWARZKOPF, RÉGINE CRESPIN und IRMGARD SEEFRIED auf der Seite der Damen, um nur einige von vielen zu nennen. Die Herren HANS HOTTER, GÉRARD SOUZAY, CARLO BERGONZI, MARIO DEL MONACO, FRANCO CORELLI, HERMANN PREY und DIETRICH FISCHER-DIESKAU stehen ebenfalls dafür. In den 90er Jahren kann man auch berühmte Sänger hinzuzählen: THOMAS HAMPSON, OLAF BÄR, THOMAS QUASTHOFF und ANDREAS SCHMIDT (alle Bariton); CECILIA BARTOLI (Mezzo) und ALEXANDRA MARC (Sopran) gehören zu der jüngeren Generation.

Die Tradition des „alten Belcanto", begonnen und weitergegeben von den Kastraten, hat die neuen Anforderungen von MEYERBEER, VERDI und WAGNER überlebt: es wurde noch lange in der alten Art „leicht" gesungen. Bis Stimmen wie die von KIRSTEN FLAGSTAD (1895-1962) und LAURITZ MELCHIOR (1890-1973) neue Maßstäbe setzten und die „schwerere" Stimme in Mode kam. Wir können sagen, daß es erst *nach* dem Zweiten Weltkrieg aufkam, so schwer wie möglich zu singen. Am deutlichsten kam dies in der Stimme von MARIA CALLAS zum Ausdruck. Sie sang mit einer sicher nicht leichten Stimmgebung auch alle leichten Sopranpartien, was zur Folge hatte, daß am Ende des 20. Jahrhunderts leichte Partien wie Violetta in *La Traviata* von VERDI und die Rolle der Musetta in *La Bohème* von PUCCINI dramatisch gesungen werden.

„Will the heavy craze never end?" ist ein verzweifelter Ausruf des Präsidenten der amerikanischen Gesellschaft der Gesangspädagogen (NATS) DALE MOORE (*The NATS Journal* 46/4, 1990). Werden nicht inzwischen so ziemlich alle leichten Tenor- und Sopranrollen „schwer" besetzt? *„Das beste Kompliment, das ein Tenor in dieser Zeit bekommen kann, ist, daß er wie ein Bariton singt"* (DALE MOORE).

Wörtlich: Wachsen; in der Musik: Lauter werden. (Vergleiche zunächst noch einmal den Abschnitt „Atemstütze").

Crescendieren verlangt eine Zunahme des Luftdrucks und die Gegenaktion der Stimmfalten. Wir gehen hier davon aus, daß das Ergebnis des Crescendo wirklich laut sein muß: Forte.

Das Prinzip der Atemstütze wird verstärkt; die äußeren Zwischenrippenmuskeln und das Zwerchfell (die Einatmungsmuskeln) müssen aktiv bleiben, um die Flanken weit halten zu können und um gegen die immer stärkere Kontraktion der abdominalen Muskeln wirken zu können. Ein Sänger, der niemals Muskel für Muskel kontrollieren oder ein- bzw. ausschalten kann, konzentriert sich darauf „die Rippen weit zu halten" und „sparsam zu sein". Die Hauptsache ist, daß er das Zwerchfell nur *ganz langsam* in seinen Ruhezustand zurückkehren läßt. Schließlich bestimmt die Spannung in den Stimmfalten, wie laut „laut" ist.

Das Crescendieren wird auf einem Ton und auf verschiedenen Vokalen geübt.

Weil höher von Natur aus auch lauter ist, ist nach oben zu singen und zugleich zu crescendieren nicht schwer.

Ein besonderes Phänomen ist es, daß ein Sänger selbst in einer Pause während des lauten Singens, mit offener Stimmritze den Luftdruck in der Lunge mit dem außerhalb der Lunge gleich halten kann.

„Wenn Sie alle Energiegrade in Ihrer Stimme kontrollieren können, von Ihrem leisesten bis zu Ihrem lautesten Ton, dann sind Sie ein großer Sänger."
(FRANCESCO LAMPERTI)

„Was Singen heutzutage zu einem lästigen Diskussionspunkt macht, ist, daß man nichts Positives sagen kann, ohne Stapel von unnützem und umstrittenem Unsinn wegräumen zu müssen." (FIELDS, Vorwort)

EINSATZ ODER VOKALISCHER ANLAUT

Was müssen Gesangspädagogen sich beim Einsatz oder vokalischen Anlaut im physiologischen Sinn vorstellen?

(1) Bei allen Einsätzen herrscht eine willensmäßige, präphonatorische Einstellung der Stimmlippen (man „denkt den Ton voraus").

(2) Die Verhältnisse der Stimmlippenspannung und des subglottischen Druckanstiegs ebenso wie die Atembewegung müssen unter Kontrolle sein .

(3) Der Atemstau wird bei allen Einsätzen vorwiegend von der Bauchwandmuskulatur gesteuert.

Wir kennen drei Formen des Stimmeinsatzes:

(1) Der angehauchte Einsatz: es geht dem Klang ein hörbares Reibegeräusch voraus.

(2) Der feste oder harte Einsatz („Coup de glotte"): es kommt zu einem knallartigen Laut, der *nicht* zu kräftig ausgeführt ist. Dieser Einsatz ist nicht stimmschädigend, er wird beim Sprechen durchgehend gehört: „O!", „Ida!", „Eva!", „Amen!".

(3) Der weiche Stimmeinsatz, bei dem die Schwingungen der Stimmlippen ohne einen wahrnehmbaren Laut beginnen (VGL. WENDLER und SEIDNER, S. 130).

Dieser weiche Einsatz hat sich im Laufe der Zeit beim immer lauteren Singen zu einem Einsatz entwickelt, den ich gerne den „gesungenen Einsatz" nennen möchte. Man kann ihn sprechend nämlich nicht anwenden. Wir singen *„Ach, ich fühl's"*, versuchen wir aber jetzt, diesen Einsatz im Sprechen anzuwenden, dann gelingt uns das nicht. Man kann sagen: *„Ich armer Esel esse abends immer acht Eier"*, aber ich kann diesen Satz nicht mit gesungenem Einsatz aussprechen.

Es folgen hier einige Übungen, um den gesungenen Einsatz zu erlernen:

ÜBUNG 1. Ein kleines „h" vor den Vokal setzen und es immer weniger einschieben (Abb. 22 a und b).

Abb. 22 a,b,c,d

ÜBUNG 2. Dasselbe mit einem „j", der „Aspirintablette" für so manchen Fehler beim Singen (Abb. 22 c und d).

ÜBUNG 3. Rufübungen, die langsam in Singen übergehen (Abb. 23): „ju-u, u-u".

Abb. 23

ÜBUNG 4. Wenn ein heiserer Einsatz nicht verschwindet, hilft es auch, ein leicht knallendes „pàh" zu singen, bei dem sogleich nach dem „a" *kein* „h" erklingen darf (Abb. 24); wenn das richtige Gefühl für diese Übung erworben ist und der Vokal hell klingt, kann das „p" wegbleiben.

Abb. 24

(Siehe auch die Übungen 66 und 67 bei COBLENZER und MUHAR.)

Lautstärke war im historischen Werdegang der Stimme der Anlaß, den Kehlkopf tiefer zu stellen. Ohne tiefen Kehlkopf ist lautes Singen im klassischen Repertoire nicht möglich. Hierdurch bekam der angehauchte oder weiche Einsatz einen anderen Charakter. Mit dem neuen, gesungenen Einsatz werden heutzutage die vokalischen Anlaute sowie auch kurze Töne und Staccatos gesungen.

Auch der Coup de glotte (leichter Sprengeinsatz) kann noch immer sehr schön angewendet werden beim ganz leisen, expressiven Singen, bei dem auch der Stützvorgang weniger ausgeprägt ist.

EINSINGEN

(s. Kapitel „Aus meiner Unterrichtspraxis")

FALSETT

(s. auch „Altus")

Falsett ist das leichteste Register der Männerstimme. Jede Männerstimme, vor allem die leichteren, haben nach einer Übergangsstelle bei etwa 2/3 ihres Stimmumfangs eine Reihe von Tönen in der Falsettregistrierung zur Verfügung. Aber nicht jeder Sänger ist in derselben Weise geschickt, ins Falsettregister überzuwechseln. (Über Falsett in der Frauenstimme s. Registrierung.)

Das Einfachste ist, den Schüler das bekannte Modell über die Quinten (s. Ausgleichen) singen zu lassen; dann bei c^1, d^1, e^1 den Bariton und etwas höher den Tenor von recht laut nach leise übergehen zu lassen. Dabei ist auf völlige Entspannung zu achten. Das Falsettieren bringt erst dann ein Gefühl der Spannung mit sich, wenn die höchste Tongrenze erreicht ist.

Auch das Singen eines Arpeggios (d. h. eines gebrochenen Akkords) über die Dezime (d. i. Oktave plus Terz) wirkt gut. Die höchsten Töne müssen bewußt ganz leise gesungen werden. Dann kommen mit Sicherheit einige Falsett-Töne zum Klingen (Abb. 25).

Abb. 25

Auf dieser Tonhöhe bleiben und über eine Terz singen (Abb. 26).

Abb. 26

Danach einige einfache Wortübungen singen: *„Amore, dolore"* (kein „m" bei hohen Tönen, weil dabei der Mund sich schließen muß, s. Abb. 27).

Abb. 27

con do - lo - re   con a - mo - re

Wenn der ungeschulte Sänger den Atem nicht stützt, klingt sein Falsett heiser. Mit Atemstütze und guter Artikulation verschwindet die Heiserkeit.

Weil der Altus (Falsettist) mit weniger oder nicht schließenden Stimmfalten singt, müßte er mehr Luft verbrauchen als der modale Sänger. Aber weil er unter der *offenen* Stimmritze weniger Luftdruck aufbauen kann, ist er mit der Luft auch sparsamer. Dies alles geht in der Praxis offenbar unbewußt vor sich.

Der Altus singt in der eingestrichenen Oktave weniger laut (-10 dB) als der modal singende Sänger. In einem großen Saal mit Orchester würde er nicht ausreichend zu hören sein. Aber wenn sich die Stimmfalten oberhalb e^2 durch mediale Kompression (durch den Druck kleiner seitlicher Muskeln) wieder schließen, ist die Stimme kräftig und klar. Nicht viele Alti kommen jedoch höher als e^2.

Der Altus kommt am besten in Renaissance- und Barockmusik und in den Rollen, die zwischen 1650 und 1800 für die Kastraten geschrieben worden sind, zur Geltung.

Am Ende des 20. Jahrhunderts scheint das Falsettieren, das hundert Jahre lang aus der Mode war, Rückstand wett zu machen: Diese Technik der Falsettisten entwickelt sich in stürmischer Weise. Da die tiefe Stellung des Larynx mit lauter Stimme verbunden ist, wird der heutige Altus, der die tiefe Stellung des Larynx benutzt, lauter singen als seine Vorgänger. Der Altus JOCHEN KOWALSKI (der als Tenor unter dem Pädagogen HEINZ REEH begonnen hat) singt praktisch ebenso laut wie seine modalen Mitsänger. Es gibt heute Alti, die ein b^2 und h^2 oder das c^3 singen.

GÄHNEN

Gähnen erhöht die Aktivität (Kontraktion) des Zwerchfells, weil Larynx, Trachea und Zwerchfell durch Muskeln miteinander verbunden sind. Dies bedeutet, daß bei einem kleinen Gähnen eine Tendenz zur Einatmung besteht, die der Sänger gern festhalten will.

Übermäßiges Gähnen führt zu einem viel zu dunklen Timbre und zu einem Druck auf den Larynx.

„Do not overyawn!" (J. LARGE, Kongreß Rotterdam 1982)

GEBRAUCH DER STIMME IM LAUFE DER ZEIT

In dem Beitrag von REBECCA STEWART im Anhang ist zu lesen, wie der „plain chant" früher wahrscheinlich gesungen wurde.

Die Entwicklung der *Solostimme* kam nach der polyphonen Periode in Gang, als die ersten Opern im monodischen (einstimmig begleitetem) Stil geschrieben wurden (ca 1600). Danach übernahmen die Kastraten die Herrschaft auf den Opernbühnen und bestimmten mit ihrer leichten Gesangstechnik den Gesangsstil des 17. und 18. Jahrhunderts (s. auch „Belcanto"). Die ersten Generationen von Sängern und Sängerinnen, die neben und nach den Kastraten auf der Bühne standen, folgten ihrem Beispiel und ihrem Unterricht und sangen *leicht*.

Der leichte Gebrauch der Stimme mit wahrscheinlich kaum tiefgestell-

tem Larynx hatte zur Folge, daß der Registerübergang an einer feststell-
baren Stelle im Stimmbereich stattfand. *Darüber* sang der Mann anerkannt-
termaßen im Falsett.

Erst nach etwa 1830, als die Kastraten ganz aus der Mode gekommen
waren, zeichnete sich ein anderer Gebrauch der Stimme ab, u. a. bedingt
durch die Entwicklung der Musikinstrumente und den Bau größerer Säle.
Die Zeit war reif für einen andern Opernstil: die Grand Opéra. Vincenzo
Bellini (1801-1835), so jung er auch war, sah neue Möglichkeiten und
schrieb lange textierte Phrasen.

Der Sänger mußte seine Stimme anders einsetzen: Es wurden sowohl
deutlichere *Artikulation* als auch mehr *Volumen* verlangt. Mehr Volumen
erreichte man, indem man – wahrscheinlich unbewußt – den Kehlkopf
tiefer stellte. (Dies geschieht z. B. von selbst, wenn man entspannt ein
Crescendo singt.) Dabei entsteht mehr Raum im Stimmweg, was eine
enorme akustische Potenz zur Folge hat. Auf diese Weise verlegten sich
die Registerübergänge und veränderte der Stimmbereich. Weil der Gebrauch des Falsetts in der Männerstimme langsam außer Gebrauch kam,
wurde der Gesamtumfang der Männerstimme kleiner!

Die Tendenz, schwerer zu singen, setzte sich im gesamten 19. und 20.
Jahrhundert fort. Die Sänger, die den „Wagnerstil" (Sprechgesang) favori-
sierten, hatten in Europa und Amerika großen Einfluß auf die Gesangstechnik (s. Intermezzo 5 im Dritten Teil). Auf diese Weise verlor Frankreich am Ende des 19. Jahrhunderts die Vorherrschaft in der Gesangskunst
und deutsche Pädagogen gaben den Ton an.

Erst nach dem Zweiten Weltkrieg kehrte man zum Gebrauch des
Falsetts zurück; dieses entwickelte sich schnell. Die Männerstimme umfaß-
te wieder drei Oktaven (s. im Ersten Teil „Falsett" und oben „Altus").

Die Frauenstimme machte eine langsame Entwicklung durch, in der sie
sich von Daphne zu Desdemona entwickelte. Der Gebrauch der Stimme
hat sich nicht so spektakulär verändert wie beim Mann.

Im Augenblick ist in der Erweiterung des Volumens bei der Singstimme
ein Rückgang zu spüren. Das hat vielleicht mit der sich immer verfei-
nernden Technik zur elektronischen Verstärkung der Stimme zu tun. In
Shows und Musicals wird in der Regel eine Verstärkeranlage eingesetzt.

GEDECKTES SINGEN

Das Decken der Stimme *erleichtert* den Registerübergang. Dazu wird der
Larynx etwas tiefer gestellt und das Gaumensegel hebt sich ein wenig wie
bei leichtem Gähnen; Zwerchfell und Kehlkopf gehen zusammen nach
unten (Kersing, 1983). Auf diese Weise werden die ganze Mundhöhle und
der Rachenraum erweitert, wodurch die Formanten eine etwas tiefere

Frequenz erhalten und die Vokale demgemäß ein dunkleres Timbre. Deshalb spricht der Sänger auch vom „Decken", wenn er seinen Vokalen ein dunkleres Timbre geben will: „a" in Richtung auf „o", „e" in Richtung auf „ö", „i" in Richtung auf „ü", „o" in Richtung auf „u" (nach Garcia). Dies führt meistens dazu, daß der Larynx ausreichend tief liegt.

Das „Decken" gehörte zu den Errungenschaften des 19. Jahrhunderts, durch die der Stimmweg erweitert und die Registerübergänge verlegt wurden. Dadurch wird das gedeckte Singen mit dem lauten Singen in Verbindung gebracht, das nach 1840 von Frankreich aus in Gebrauch kam. Aber der erste Sänger, der dadurch berühmt wurde, Gilbert Duprez (sein hohes c war das erste hohe c, über das in den Pariser Zeitungen von 1837 geschrieben wurde), scheint das gedeckte Singen so übertrieben oder so schlecht ausgeführt zu haben, daß er, noch bevor er fünfzig Jahre alt war, keine Stimme mehr hatte. Kritiker wie G. B. Shaw, H. Berlioz und auch G. Rossini haben darüber ausführlich geschrieben.

Rossini wollte absolut nichts von den nicht im Falsett gesungenen hohen Tönen der Tenöre wissen. Er bevorzugte den vertrauten leichten, weniger gedeckten Gebrauch der Stimme, in dem der Gebrauch des Falsetts als üblich angesehen wurde. Immerhin schrieb er im *Wilhelm Tell* das erste laute c².

Sänger *nicht*-klassischer Musik vermeiden das gedeckte Singen aus Angst, klassisch zu klingen. (Im nicht-westlichen Gebrauch der Stimme kommt das Decken nicht vor. Die chinesische Oper und das japanische Kabukitheater bleiben bei ihren gewohnten Techniken, wobei modal gesungen wird mit einem nicht oder wenig tiefgestellten Larynx. Auch falsettieren ist hier erlaubt und hat eine expressive oder charakterisierende Funktion. Die Falsettisten ahmen die Frauenstimme nach).

GEHÖR

(S. auch „Anatomie des Ohrs" im Ersten Teil)
Wenn man sagt „Singen tut man mit den Ohren", dann spricht man von Tongebung und dem Hören der eigenen Stimme. Was man von der eigenen Stimme hört, ist bekanntlich ganz anders als es auf der Tonband-aufzeichnung klingt. Der vom Sänger erzeugte Ton erreicht sein Ohr über einen Umweg: (1) über die ihn umgebende Luft und (2) über die Schwingungen der Knochen, die den Ton zum Innenohr leiten.

Der Schüler hört also etwas anderes als der Lehrer. Das genaue Zuhören und kontrollieren der Schülerstimme müssen Schüler und Pädagoge gemeinsam ausführen. Der Pädagoge muß sich so sehr in die Stimme seines Schülers versetzen, daß er auf den einen Ton, den er schön oder häßlich findet, äußerst schnell reagieren kann. Dann muß er fragen, ob der Schüler seine Meinung teilt und ob er diesen (schönen) Ton noch einmal *so* hervorbringen kann. Und der Schüler muß lernen, darauf zu reagieren, was von der eigenen Stimme zu hören und im Körper zu fühlen ist.

Mit dem Tonbandgerät zu arbeiten verschafft diese Möglichkeit nicht. Der gute Lehrer greift sofort ein und erklärt so lange, was er meint – auch durch praktische Anweisungen –, bis der Schüler vollkommen begriffen hat, worum es geht.

Unsauber zu singen kann verschiedene Ursachen haben: (1) Der Schüler denkt, hört und registriert nicht voraus; (2) der Schüler ist nicht konzentriert; auch (3) Singen mit leerem oder vollem Magen kann zu unsauberem Singen führen.

Was man gegen die dritte Ursache tun kann, ist deutlich. Gegen die beiden ersten Ursachen helfen vor allem Übungen, einen Ton zu treffen, Intervalle zu singen und zusammen mit jemand anderem Akkorde zu singen. Also reines Solfeggio.

Weil der Sänger sich selbst nicht gut hört, muß er sich selbst gut *fühlen*.

> *„Der Sänger muß sich dessen bewußt werden, was sein eigenes gesamtes Fühlen für seine Hervorbringung von Tönen bedeutet."*
> (BARTH, Kongreß Leipzig 1989)

HALTUNG

Einige allgemeine Hinweise für eine gute Haltung:

(1) Man stelle die Füße nicht weiter auseinander als die Breite der eigenen Hüften. Zur Abwechslung einen Fuß ein wenig vor den anderen setzen.

(2) Man halte die Knie niemals ganz gestreckt. Ein Opernsänger wird mit ganz gestreckten Knien niemals schnell genug von der Stelle kommen. Wenn der Sänger die Knie ganz durchdrückt, verliert er das Gefühl, daß er sicher auf dem Boden steht.

(3) Man halte das Becken immer so locker, daß man auf Kommando die Hüften drehen kann. Das Gesäß nicht nach hinten drücken, ein Hohlkreuz behindert das Funktionieren der Bauchmuskeln.

(4) Man halte den Oberkörper gerade und beweglich.

(5) Halten Sie die Schultern leicht und vor allem locker nach hinten-unten, als ob ein Magnet die Schulterblätter zusammenzieht. Der Oratoriensänger, der mit einem Buch in den Händen singt, wird ganz sicher darauf achten müssen, daß seine Schultern locker bleiben und daß er seinen Kopf gerade hält. Der Klavierauszug ist sein größter Feind.

(6) Halten Sie den Kopf immer gut beweglich auf den Halswirbeln, er muß in jedem Augenblick in alle Richtungen gedreht werden können.

Schon 1600 weist EMILIO DE' CAVALIERI in einem Vorwort seines Werkes *Rappresentazione di anima, e di corpo* u. a. auf folgendes hin:

„Ich sage Ihnen, daß alles ausgezeichnet sein muß: der Sänger muß eine schöne, saubere Stimme haben, die weit trägt, er muß mit Gefühl singen, leise und stark, ohne Verzierung. Er muß vor allem die Wörter gut aussprechen, damit sie gut verstanden werden, und er muß sie mit Gebärden und Bewegungen begleiten, nicht nur mit den Händen, sondern auch mit Schritten, die sehr zweckgerichtet helfen, das richtige Gefühl zu erzeugen."

HEISERKEIT

Heiserkeit ist die Folgeerscheinung einer Veränderung an den Stimm-falten, durch die das Schwingungsmuster gestört wird.

(1) Heiserkeit kann eine *funktionelle Störung* sein. Dabei zeigen die Organe, die sich an der Stimmgebung beteiligen, primär keine krankhaf-ten organischen Veränderungen. Die Störungen können verursacht sein durch ein „zuviel Tun" (hyperfunktionelle Störung) oder ein „zu wenig Tun" (hypofunktionelle Störung).

Zu den funktionellen Störungen gehört auch der – oft angeborene – unvollständige Glottisverschluß, bei dem besonders der hintere Teil der Stimmfalten sich nicht schließt und eine Ventilationsöffnung erkennen läßt. Die Ausnutzung des Atems ist bei diesem Defekt zu gering im Verhältnis zum erzeugten Ton. Um den Verlust an Luft auszugleichen, wendet der Sänger zu viel Kraft in der Form erhöhten subglottischen Drucks auf, was zu einem zu starken Glottisverschluß führt.

Diese Störung kann auch durch *hypo*funktionellen, also schwachen Gebrauch der Stimme ohne Atemstütze entstehen. Dies ist oft nur eine Angewohnheit.

Manchmal zeigt der unvollständige Glottisverschluß einen nicht voll ausgewachsenen Kehlkopf an oder eine nicht voll ausgewachsene aryte-noide Region.

(2) Heiserkeit kann auch eine *organische, sekundäre Störung* sein, die durch falschen Gebrauch der Stimme entstanden ist: Zu lautes Sprechen, verkehrtes Singen oder auch durch Rauchen.

(S. auch den Beitrag im Anhang von W. KERSING: *Der Sänger und sein Phoniater.*)

Der Gesangspädagoge sollte zuerst seine eigenen Mittel anwenden, wenn ein Schüler heiser ist: Er läßt Summ- und Gleitübungen im Umfang einer Quinte singen oder „feste Einsätze", wodurch eine bessere Positio-nierung und eine bessere Regulierung des Atems entstehen. Die Sing-übung „pàh-ah, pàh-ah" mit ihren vielen Funktionen, auf einer Tonleiter abwärts oder über Quintenmodelle gesungen, kann durch den supraglot-tischen Druck (Luftdruck *auf* den Stimmfalten), der durch das „p" entsteht, günstig wirken, um zum Stimmfaltenverschluß zu führen.

Wenn aber die Heiserkeit bleibt, muß der Phoniater und *niemand anders*

73

untersuchen, woran das liegen kann. Nicht jeder HNO-Arzt weiß genug von der besonderen Kehle des Sängers, und der Ausspruch „Sie werden wohl schlechten Unterricht haben" wird manchmal zu schnell getan.

HOSENROLLE

Rolle eines *jungen* Mannes, die von einer Frau gesungen wird. Der Komponist will damit das jugendliche Alter unterstreichen, in dem die Stimme noch nicht mutiert ist. Die meisten Hosenrollen (Octavian, Cherubino, Orlovski) in bekannten Opern von R. STRAUSS, MOZART oder J. STRAUSS sind für Mezzosopran geschrieben; das Timbre ist weniger kindlich als das eines Soprans. Die Rolle des Pagen Oscar in VERDIS *Un ballo in Maschera* ist ausnahmsweise für einen Sopran geschrieben (s. auch „Mutation").

INTERPRETATION

> *„... und unsere Seele ist die Führerin unserer Kunst."*
> (LEHMANN, Vorwort)

Interpretation bedeutet, einem Musikstück ein *eigenes* Erlebnis mitzugeben. Der Sänger tut dies vor allem im Lied. Die wörtliche Bedeutung eines Wortes kann in einem Lexikon nachgeschaut werden: *„Ein Hund ist ein vierfüßiges Wirbeltier mit Schwanz von der Rasse der Hundartigen."* Für den Sänger kann *Hund* eventuell eine andere Bedeutung haben: Mein freundlicher Kläffer, mein tapferer Wächter, mein treuer Freund oder auch das gemeine Biest der Nachbarn. Für den treuen Wächter wird der Sänger seiner Stimme ein anderes Timbre geben als für das hinterhältige Biest der Nachbarn. So muß man jedem Wort eine *eigene* Idee, Vorstellung oder ein Gefühl mitgeben. Interpretation meint die persönliche Bedeutung, die der Sänger dem Wort beimißt.

Abwechselnd spielen Melodie, Harmonie oder Rhythmus die wichtigste Rolle, um eine Interpretation auszudrücken. In der Interpretation muß man den Mut haben, das Gefühl sprechen zu lassen. Der Gesichtsausdruck und die Körpersprache sind hierbei nicht die einzigen Signale, sondern auch das Timbre der Stimme muß von innen heraus bestimmt werden. Die Stimmung muß hör- und fühlbar sein, auch wenn der Zuhörer den Sänger *nicht sieht.*

Manchmal erzielt man die richtige Wirkung durch einen wohlüberlegten Gebrauch der Dynamik, Vokalfärbung, Vokallänge und Ausnutzen der Konsonanten, die man dehnen oder regelrecht ausspucken kann. Konsonanten bestimmen vor allem die Bedeutung eines Wortes, Vokale vor allem den Gefühlsgehalt. (Eine empfehlenswerte Übung ist, eine Moll-Tonleiter fröhlich und eine Dur-Tonleiter traurig zu singen.)

Manchmal erreicht man die gewünschte Interpretation, indem man die Bauchmuskeln und das Zwerchfell energisch gebraucht und sich traut, mit der Luft zu spielen. Das Allerwichtigste aber ist: man muß wagen, sich selbst, sein Inneres zu zeigen.

Die Grundlage dafür ist, daß man den Text erlebt. Der Sänger bietet den Text in *seiner* Choreographie oder Regie.

Der erste Ton, der erste Klang muß die Atmosphäre eines Liedes bestimmen, nein vielmehr: Diese muß bereits feststehen, bevor man singt.

In der Barockmusik wird noch nicht vom Sänger aus interpretiert, viele Gefühlsmomente sind durch die Notierung festgelegt.

Den einzigen Halt, den der Sänger des 17. Jahrhunderts hatte, war die musikalische Linie; kein Wunder, daß die ersten methodischen Bücher sich auf die Möglichkeiten richteten, die Linie auszuschmücken.

Aussprachen großer Pädagogen während einer Meisterklasse:

„Machen Sie kein Theater, wenn Sie Lieder singen!"
(ELISABETH SCHWARZKOPF, 1990)

„Wenn du Stille im Saal haben willst, mußt du sie selbst erzeugen, indem du still stehst." (PAUL SCHILHAVSKY, 1989)

„Sorge dafür, daß das Gedicht auf deinem Gesicht zu lesen ist, dann achten die Menschen nicht darauf, ob du wohl richtig atmest."
(PAUL SCHILHAVSKY, 1989)

"Wenn man Lieder singt, ist man nicht Sänger, sondern Musiker."
(UDO REINEMANN, 1984)

KLASSIFIZIEREN DER SINGSTIMME

Mit Klassifizieren ist hier nicht das Beurteilen, wie hoch oder wie tief die Stimme singen kann gemeint, sondern in welcher Tessitur (Lage) die Stimme am schönsten klingt. Nicht der Umfang der Stimme ist wichtig, sondern ihre Brauchbarkeit auf einem bestimmten Gebiet (s. im Ersten Teil „Phonetogramm").

Um zu beurteilen, ob die Stimme auch funktioniert, wie sie gemäß ihrer eigenen Physiologie funktionieren müßte, wird (nach dem Klassifizierungsprogramm von W. SEIDNER, 1988) geachtet auf: (1) Das Timbre in verschiedenen Lagen: Wo klingt es schön? (2) Die Tragfähigkeit: Klingt die

Stimme auch in einiger Entfernung? (3) Die Belastbarkeit der Stimme: Wie lange kann man laut singen, ohne daß die Stimme Ermüdungserscheinungen zeigt? (4) Die Registerübergänge in verschiedenen Lagen, bei unterschiedlicher Lautstärke und bei verschiedenen Vokalen. (5) Stimmen das Timbre der Sprech- und Singstimme überein?

Ferner werden die Stimmfalten gemessen. Dabei gilt im allgemeinen: lange Stimmfalten deuten auf einen tiefen Stimmbereich, kurze Stimmfalten deuten auf einen hohen Stimmbereich.

Dies bedeutet nicht, daß Stimmfalten von tieferen Stimmen weniger flexibel sind. Auch Sänger mit einer tiefen Stimme können eine rasend schnelle Koloratur singen, z. B. in der bekannten Arie *„How shall the nations"* aus dem *Messias* von Händel. (Abb. 28)

Anhand dieser Informationen kann der Phoniater zusammen mit dem Stimmpädagogen beurteilen, um welchen Stimmtyp es sich handelt und in welchem „Fach" der Sänger sich heimisch fühlen kann. Späterer Wechsel des Stimmfachs kommt wohl vor: Zahlreiche Sänger haben im Laufe ihrer Karriere entweder das Stimmfach gewechselt, meist von leicht nach schwerer, oder es zeigte sich, daß sie ein so vielfältig einsetzbares Timbre besaßen, daß sie in verschiedenen Fächern singen konnten. Schon jetzt ist Christa Ludwig, geboren 1928, eine Legende; sie hat nebeneinander Mezzo- und lyrisch-dramatische Frauenrollen gesungen, von Amneris in Verdis *Aida* und Dorabella in *Così* bis zur Leonore in Beethovens *Fidelio*.

Es ist eine normale Erscheinung, daß ein Sänger, wenn er älter wird, von einem leichten und lyrischen Stimmfach zu dem etwas schwereren *Spinto*-Fach übergeht. Dies hat etwas mit dem Alterungsprozeß zu tun, dem Körper und Geist unterliegen, der sich aber noch nicht *negativ* auswirkt.

Das *Temperament* und der *Charakter* eines Sängers spielen beim Klassifizieren seiner Stimme ebenfalls eine Rolle. Aufgrund diesen schwer zu definierenden Gegebenheiten wird man einem leichten Mezzo eine andere Rolle geben als einem dramatischen Sopran und einen kräftigen Bariton anders einsetzen als einen leichten Baß.

Der Phoniater sollte aufgrund dessen, was er sieht, mit Aussagen über die Zukunft eines Sängers immer vorsichtig sein. Dabei spielen viele andere Faktoren mit als nur die Länge und Dicke der Stimmfalten oder die Form des Stimmwegs, wie wir am Anfang dieses Abschnitts gesehen haben. Phoniater und Pädagoge können zusammen unter größtem Vorbehalt vielleicht eine Entwicklungsrichtung angeben.

Besonders schwierig ist die Klassifizierung eines Sängers, der kräftige Stimmfalten und einen im Verhältnis dazu kleinen Stimmweg hat – oder umgekehrt. Dennoch sind auch hier das Timbre und der Umfang der Stimme ausschlaggebend.

Problematisch ist auch eine Männerstimme, die wie ein Tenor klingt, aber die zu diesem Stimmtyp gehörende Höhe nicht hat. In einigen Fällen, wenn sich in den tieferen Tönen ein etwas dunkleres Timbre verbirgt,

Abb. 28

kann man ihn in Richtung des sehr leichten „Bariton Martin" ausbilden (s. unten); ist dieses dunklere Timbre nicht vorhanden, dann bleibt sein Tenorrepertoire begrenzt auf Barockmusik und Lied.

> *„Auch wenn ein Sänger noch so groß ist,*
> *hat er nur ein Paar Stimmfalten."*
> (Hirano, Kongreß Hannover 1991)

STIMMTYPEN UND IHRE ROLLEN

Der Ausdruck „Klassifizierung der Stimme" wird stets im Hinblick auf Opernrollen gebraucht. Es folgt hier eine Zusammenstellung von Stimmtypen und darunter einige Rollen, die dazu passen. Es versteht sich von selbst, daß nur einige wenige bekannte Rollen genannt werden können, ebenso wie es sich von selbst versteht, daß viele Stimmen auch Rollen aus einem anderen Fach singen können. Weiterhin wird z. B. die Rolle der Gräfin im *Figaro* in einer Aufführung „lyrisch" besetzt sein, in einer anderen „leicht dramatisch". Aber *nicht* mit einer so leichten Sopranstimme wie die der Soubrette.

Viele Stimmen entwickeln sich im Lauf der Jahre zu einem schwereren Fach. Nur in Ausnahmefällen kommt das Umgekehrte vor; häufig zeigt sich dann, daß man bei der Ausbildung der Stimme von einer falschen Klassifizierung ausgegangen ist.

Nb. In dieser Liste wird der Falsettbereich der Männerstimme nicht berücksichtigt.

Koloratursopran (Bereich bis f^3)
Königin der Nacht in *Die Zauberflöte* von W. A. Mozart
Fiakermilli in *Arabella* von R. Strauss
Zerbinetta in *Ariadne auf Naxos* von R. Strauss
Lakmé in *Lakmé* von L. Delibes

Lyrische Soubrette oder Koloratursoubrette (Bereich bis d^3; für diese Rollen ist ein junges und gutes Aussehen wichtig)
Susanne in *Le Nozze di Figaro* von W. A. Mozart
Despina in *Così fan tutte* von W. A. Mozart
Norina in *Don Pasquale* von G. Donizetti
Adele in *Die Fledermaus* von J. Strauss

Lyrischer Sopran (Bereich bis c^3; vor allem ist es erforderlich, ein schönes Legato singen zu können)
Pamina in *Die Zauberflöte* von W. A. Mozart
Arabella in *Arabella* von R. Strauss
Mimi in *La Bohème* von G. Puccini
Marguerite (Gretchen) in *Faust* von Ch. Gounod

Leicht dramatischer Sopran,
beinahe identisch mit dem Lirico spinto Sopran
(Bereich bis c^3; volle Stimme, legato, lyrisch)
    Leonore (Fidelio) in *Fidelio* von L. VAN BEETHOVEN
    Tosca in *Tosca* von G. PUCCINI
    Elisabeth in *Tannhäuser* von R. WAGNER
    Desdemona in *Otello* von G. VERDI

Dramatischer Koloratursopran (Bereich bis c^3, d^3)
    Lucia in *Lucia di Lammermoor* von G. DONIZETTI (früher Koloratursopran)
    Norma in *Norma* von V. BELLINI (früher Koloratursopran)
    Donna Elvira in *Don Giovanni* von W. A. MOZART

Dramatischer Sopran (Bereich bis c^3)
    Turandot in *Turandot* von G. PUCCINI
    Aida in *Aida* von G. VERDI
    Leonore in *Il Trovatore* von G. VERDI
    Isolde in *Tristan und Isolde* von R. WAGNER

Leichter Mezzosopran (Bereich bis b^2, h^2;
muß über gute Koloratur verfügen)
    Dorabella in *Così fan tutte* von W. A. MOZART
    Cherubino in *Le Nozze di Figaro* von W. A. MOZART
    Mignon in *Mignon* von A. THOMAS
    Octavian in *Der Rosenkavalier* von R. STRAUSS

Dramatischer Mezzosopran (Bereich bis a^2, b^2)
    Amneris in *Aida* von G. VERDI
    Carmen in *Carmen* von G. BIZET
    Ortrud in *Lohengrin* von R. WAGNER

Dramatischer Alt (Bereich bis as^2)
    Dalila in *Samson et Dalila* von C. SAINT-SAËNS
    Erda in *Siegfried* von R. WAGNER
    Klytämnestra in *Elektra* von R. STRAUSS

Leicht lyrischer Tenor oder Tenore di grazia
(Bereich bis c^2 oder höher; muß jung aussehen
und eine leichte Höhe zur Verfügung haben)
    Nemorino in *L'Elisir d'amore* von G. DONIZETTI
    Ernesto in *Don Pasquale* von G. DONIZETTI
    Lindoro in *L'Italiana in Algeri* von G. ROSSINI
    Fenton in *Falstaff* von G. VERDI
    Don Ottavio in *Don Giovanni* von W. A. MOZART

Lyrischer Tenor (Bereich bis c²)
  Alfredo in *La Traviata* von G. Verdi
  Rodolfo in *La Bohème* von G. Puccini
  Belmonte in *Die Entführung aus dem Serail* von W. A. Mozart
  Lensky in *Eugen Onegin* von P. I. Tschaikowsky

Spieltenor/Buffo-Tenor
(Bereich bis a¹ oder h¹; guter Schauspieler, beweglich)
  Pedrillo in *Die Entführung aus dem Serail* von W. A. Mozart
  Jaquino in *Fidelio* von L. van Beethoven
  Wenzel in *Die verkaufte Braut* von B. Smetana
  Mime in *Rheingold* und *Siegfried* von R. Wagner

Lyrischer *Spinto* oder jugendlich dramatischer Tenor (Bereich bis c²)
  Don José in *Carmen* von G. Bizet
  Cavaradossi in *Tosca* von G. Puccini
  Manrico in *Il Trovatore* von G. Verdi
  Lohengrin in *Lohengrin* von R. Wagner

Heldentenor (Bereich bis c²)
  Canio in *I Pagliacci* von R. Leoncavallo
  Otello in *Otello* von G. Verdi
  Calaf in *Turandot* von G. Puccini
  Samson in *Samson et Dalila* von C. Saint-Saëns

Die leichtesten Baritonstimmen, die Pelléas in *Pelléas et Mélisande* von C. Debussy und Valentin in *Faust* von Ch. Gounod singen können, werden nach dem Sänger Jean-Blaise Martin (1768–1837), der eine außergewöhnlich leichte Höhe hatte, „Bariton Martin" genannt; er kreierte 14 Rollen.

Solche Untergruppen in den Stimmfächern, die nach einem Sänger bzw. einer Sängerin benannt sind, gibt es öfter: die „Galli-Marié" und die „Dugazon" sind Mezzos.

Lyrischer Bariton (Bereich bis as¹, a¹)
  Dr. Malatesta in *Don Pasquale* von G. Donizetti
  Figaro in *Il Barbiere di Siviglia* von G. Rossini
  Silvio in *I Pagliacci* von R. Leoncavallo
  Lescaut in *Manon Lescaut* von J. Massenet
  Mandryka in *Arabella* von R. Strauss

Kavalierbariton (Bereich bis as¹, a¹)
  Il Conte in *Le Nozze di Figaro* von W. A. Mozart
  Don Giovanni in *Don Giovanni* von W. A. Mozart

Germont in *La Traviata* von G. Verdi
René in *Un Ballo in Maschera* von G. Verdi

Charakterbariton oder Baßbariton (Bereich bis g^1)
Figaro in *Le Nozze di Figaro* von W. A. Mozart
Escamillo in *Carmen* von G. Bizet
Scarpia in *Tosca* von G. Puccini
Rigoletto in *Rigoletto* von G. Verdi

Heldenbariton (Bereich bis g^1; „kerniges" Timbre)
Tonio in *I Pagliacci* von L. Leoncavallo
Amfortas in *Parsival* von R. Wagner
Boris in *Boris Godunov* von M. Mussorgski
Sachs in *Die Meistersinger* von R. Wagner

Spielbaß oder Baß-Buffo (Bereich bis f^1)
Leporello in *Don Giovanni* von W. A. Mozart
Dulcamara in *l'Elisir d'Amore* von G. Donizetti
Mephisto in *Faust* von Ch. Gounod
Osmin in *Die Entführung aus dem Serail* von W. A. Mozart

Basso serioso (Bereich bis e^1, f^1, mindestens ab E)
Philippe in *Don Carlos* von G. Verdi
Sarastro in *Die Zauberflöte* von W. A. Mozart
Fafner und Fasolt in *Das Rheingold* von R. Wagner

„Altus" heißt die Stimme eines Mannes, der in seinem Falsettregister singt. Der Bereich ist, abhängig von der modalen Klassifizierung, sehr variabel von ungefähr G bis ungefähr f^2/g^2. Das Repertoire umfaßt alle Altpartien in der mehrstimmigen Musik bis etwa 1750; auch sehr viele Opernrollen, die im 17. und 18. Jahrhundert von Kastraten gesungen worden sind.

Weiterführende Literatur: R. Kloiber und W. Konold: *Handbuch der Oper*, 2 Bde., München/Kassel: dtv/Bärenreiter, 1985

LEGATO

Legato bedeutet, daß gebunden gesungen wird. Die Stimmfalten bleiben vibrierend nebeneinander liegen, ohne von einem „h" gestört zu werden. Der Larynx hüpft nicht herauf und herunter, sondern gleitet von einer Stellung zur anderen. Der Sänger denkt und registriert im voraus. Bei Schwierigkeiten hilft zuweilen ein dazwischen geschobenes „j".

Bekannte Übungen sind Oktavsprünge, die mit übertriebenem Portamento (Gleiten) nach oben und nach unten gesungen werden. Stellen Sie sich dabei die Frage: „Was würden Sie als Geiger mit dieser Linie tun?"

Markieren

Markieren bedeutet: nicht mit voller Stimme singen; manchmal auch hohe Töne tiefer singen. Dies alles geschieht, um die Stimme zu schonen. Lilli Lehmann schreibt dazu: *„Markieren heißt nicht alle Organstellungen und Muskelspannungen auflösen und nur zu piepsen, sondern mit vollständig untereinander verbundenen Organen, deren Kraft sorgfältig vermindert ist, gebunden, weich und gut singen"* (Lehmann, S. 23).

Maske

Mit „Maske" sind die Knochen und Knorpel im Gesicht gemeint, in denen der Sänger Vibrationen spürt. Obgleich die Vibrationen keinen Einfluß auf die Bildung des Tons haben, sind sie für den Sänger sehr wichtig; er „spürt, daß der Ton sitzt". Besonders in der französischen Methodik ist *„chanter dans le masque"* wichtig für die „Plazierung" des Tons. Der Sänger, der vor dem Auftreten „Mimi-mimi-mimi" singt, ist dabei, seine Stimme aufzuwärmen und die Plazierung zu suchen.

Mutation

Dies ist der Zeitraum, in dem der Larynx des Jungen durch den Einfluß der Geschlechtshormone einen enormen Wachstumsschub erfährt und seine Stimme sich verändert. Diese Periode fällt in die Pubertät (12.-14. Lebensjahr) und dauert von einigen Monaten bis zu zwei Jahren. Der Junge beherrscht in dieser Zeit den Gebrauch seiner Stimme nicht, weil die verschiedenen Systeme im Larynx sich nicht synchron entwickeln. Die Kinder- und Männerstimme purzeln durcheinander. Die Stimmfalten des Jungen wachsen von 4 Millimeter Länge, die sie bei der Geburt haben, auf etwa 15-21 Millimeter. Seine neue Stimme klingt eine Sexte oder eine Oktave tiefer als seine Kinderstimme, die er definitiv verliert, die ihm aber in der Form des Falsettregisters weiterhin zur Verfügung steht (vgl. hierzu Garcia, 1894).

Auch das Mädchen mutiert – aber sehr allmählich – zwischen seinem 12. und 18. Lebensjahr. Seine Larynx wächst kräftig, aber die Schildknorpelplatten kommen nicht in einem scharfen Punkt zusammen (kein Adamsapfel), die Stimmfalten werden ungefähr 12-18 Millimeter lang und die Stimme sinkt etwa um eine Terz (KERSING, 1983).

Durch die schrittweise hormonale Entwicklung des Menschen bekommt der Larynx erst nach der Pubertät seine definitive Form. Der junge Mensch wird durch verschiedene Umwelteinflüsse, wie z. B. eine bessere Gesundheitspflege, im 20. Jahrhundert eher erwachsen, und mutiert deshalb früher. In der Vergangenheit trat die Mutation viel später ein, mit 16 bis 18. Jahren, jetzt schon mit etwa 12 Jahren.

Im 16. Jahrhundert meinte LUDOVICO ZACCONI, daß man in der Mutationsperiode laut singen müsse (vgl. DONINGTON 1977).

Der berühmte Laryngologe MORRELL MACKENZIE (1880) vertrat den Standpunkt des Weitersingens während der Mutation. Die meisten Pädagogen empfehlen aber eine Periode ohne Unterricht.

Nicht jede Mutation verläuft in derselben Weise, und mit dem einen Kind wird man weiter arbeiten können, mit einem anderen aber nicht. Es ist empfehlenswert, den Rat eines Phoniaters einzuhohlen. Im Lehrbuch der Phoniatrie (WENDLER und SEIDNER, S. 167) ist zu lesen: *„Da die Singstimme einen längeren Zeitraum zur Umstellung benötigt als die Sprechstimme, ... sollte eine Ausbildung für den Sängerberuf bei jungen Mädchen nicht vor dem 17. Lebensjahr bzw. bei jungen Männern nicht vor dem 18. bis 19. Lebensjahr beginnen. Dagegen ist Gesangsunterricht auch während einer nicht allzu stark ausgeprägten Stimmkrise möglich, wenn die Übungen durch einen erfahrenen Pädagogen geführt werden ..."*

Dieses Buch gibt auch Antwort auf die Frage, was aus der Knabenstimme wird: *„Zahlreiche Untersuchungen haben nachgewiesen, daß sich Knabensoprane häufiger zu Bässen (zwei Drittel) als zu Tenören (ein Drittel) entwickeln und daß aus Knaben-Altstimmen auch überwiegend Bässe (etwas weniger als drei Viertel) entstehen."* (S. 167)

NASALIEREN

In der Gesangskunst versteht man unter Nasalieren das Durch-die-Nase-Singen. Dabei geht es nicht so sehr um die Luftmenge, die das Ansatzrohr durch die Nase verläßt, als um die Luftmenge, die in der Nasenhöhle hinter dem Nasenbein in Schwingung gebracht wird.

Das „Vibrationsgefühl", das die in den Nasengängen in Schwingung versetzte Luft hervorrufen kann, gibt dem Sänger das angenehme Gefühl, daß die Stimme „sitzt".

Ein nasalierter Vokal entsteht, wenn das Gaumensegel bis beinahe auf den hintersten Teil der Zunge herunter sinkt, so daß zwischen den Nasengängen und der Mundhöhle eine Verbindung entsteht. Auf diese Weise entstehen im Französischen die nasalierten Vokale (s. das Intermezzo auf S. 216 „Einige Anweisungen für die Aussprache des Französischen").

Manchmal wird mit dem Nasalieren gespielt, um einem Vokal bei *tiefem* Singen ein bestimmtes Timbre zu geben. Beim Singen hoher Töne geht das nicht, weil das Gaumensegel sich bei *hohen* Tönen hebt und, indem es die hintere Wand des Rachenraumes berührt, den Zugang zu den Nasenhöhlen blockiert. Dann bleibt dem Sänger nur noch die Andeutung des Nasalierens.

CONRAD VON ZABERN schrieb 1474 in einem Werk
über Vorschriften für das Singen eines mehrstimmigen Chorals:
„Da unter den verschiedenen Organen des Körpers,
die bei der Erzeugung der menschlichen Stimme zusammenwirken,
die Nase nirgendwo genannt wird,
ist es ein Zeichen ernsthaften Mangels an Stimmbildung,
wenn jemand mit seinem Mund und den anderen Werkzeugen
nicht zufrieden ist, sondern seine Stimme
durch die Nase klingen läßt."
(Zitiert nach A. SCHIPPER:
Inleiding tot de zangmethodiek, Amsterdam 1950).

NATURSTIMME

Wenn eine Stimme kaum der Ausbildung bedarf, spricht man von einer Naturstimme. *Keine* Stimme wird aber ohne Ausbildung geeignet sein, den Beruf des Sängers auf angemessenem Niveau auszuüben. Wenn eine schöne, aber unausgebildete Stimme eine Opernarie sänge, würde der Zuhörer sich schnell langweilen oder sogar ärgern. Für die Kunst des Singens ist „natürliches" Singen nicht genug. Aber der Kunstgesang, den wir anstreben, muß einen möglichst natürlichen Eindruck machen.

OBERTÖNE SINGEN

Es wäre besser, in diesem Fall über „Formanten singen" zu sprechen, denn die Bildung der Vokale ist wesentlich für das Singen von Obertönen. Für die Erzeugung dieser Töne wird ein konstanter Grundton in einer Art und Weise hervorgebracht (mit enormem Atemdruck und geringem Luftverbrauch), daß eine Kombination von Obertönen, ein Formant, hörbar wird. Das klingt wie ein einzelner Ton einer Blockflöte. Die Frequenz dieses Formanten ist variabel, und man kann durch Veränderung der Mundstellung eine Melodie entstehen lassen. Dies steht im Gegensatz zum klassischen Gesangsideal, bei dem der Grundton wechselt und der Sängerformant möglichst konstant gehalten wird.

Das Obertonsingen kommt unter anderen bei Hirtenvölkern in der Mongolei vor und wurde in den 1980er Jahren in Westeuropa bekannt.

PLAZIERUNG

Dies ist eines der glanzvollen Worte im Gesangsunterricht. Hier folgen einige Zitate von berühmten Sängern (nach HINES, 1983):

FIORENZA COSOTTO: *„In der Maske für die hohen Noten, aber für mittlere oder tiefe Noten werden Sie die richtige Plazierung in Ihrer Kehle finden."*

ROBERTA PETERS: *„Für mich bedeutet Plazierung: nicht drücken."*

ANNA MOFFO: *„Die Plazierung ist der am meisten nach vorn liegende, zentrierte Klang, vollständig mit Obertönen."*

Was ist Plazierung, was findet dabei statt, wo findet sie statt?

Viele Pädagogen haben einen eigenen „Plazierungspunkt". So gibt es einen „Point de Mauran", von dem seine Anhänger sagen, daß er dicht bei den Schneidezähnen liegen müsse. Der Bariton JEAN MAURAN (1893–1983) scheint diesen Begriff eingeführt zu haben.

Gesangsunterricht zu geben ist so schwierig, weil es so viele Facetten gibt, die nicht faßbar sind. Eine davon ist „Plazierung".

Alle mysteriösen Ausdrücke, die das „nach vorn plazieren" betreffen (wir plazieren niemals nach hinten), haben mit Resonanzen in der Nasen-Rachen-Mundhöhle zu tun und mit den Vibrationsgefühlen in den Knochenstrukturen der Maske, besonders in der Nähe der Nasenhöhle.

Sänger setzen manchmal voraus, daß ein großer Kopf auch große Nebenhöhlen hat und daß sich darin große Resonanzräume befinden. Das ist falsch: Auch „große" Nebenhöhlen sind noch kleine Höhlen, die überdies mit klangabsorbierender Schleimhaut ausgekleidet sind. Was ein Sänger in seinem Kopf fühlt, wenn ein Ton gut „sitzt", ist für ihn selbst von großer Wichtigkeit, denn er muß dieses „Gefühl" reproduzieren können.

Für die „Plazierung" ist wesentlich, daß der Sänger versucht, seine Obertöne und die Resonanzen (Formanten) im Stimmweg aufeinander abzustimmen. Die Bildung der Vokale hat darauf großen Einfluß. Wenn dieses „Tuning" gelingt, diese Abstimmung des Obertonkomplexes auf die Resonanzfrequenz im Stimmweg, dann „sitzt" die Stimme gut und sie „trägt".

Plazierung beeinflußt nicht so sehr den Umfang der Stimme; dieser wird eher durch anatomische Gegebenheiten des Larynx, der Stimmfalten-qualität und der Resonatoren bestimmt. Plazierung kommt hingegen wohl der Tragkraft zugute. Man kann von einer „kleinen Stimme" sprechen, „die gut trägt".

REGISTRIEREN DER SINGSTIMME

(Siehe auch „Register" im Ersten Teil.)
Sänger haben lange Zeit ihre „Register" damit in Verbindung gebracht, was sie für „Resonanz" hielten. Hier liegt deshalb ein nicht genau umgrenztes Gebiet, auf dem der Pädagoge sich unbegrenzte Freiheiten der Auslegung erlauben konnte. Die „Kopfresonanz" war ein heiliges Streben für den Sänger, die „Brustresonanz" eine gefürchtete Tatsache für die Sängerin. Inzwischen ist viel Brauchbares und Wissenswertes über Register bekannt:

Registrieren ist nicht von einem Gefühl abhängig, sondern von Tonhöhe, Lautstärke und Vokal, außerdem von dem Sich-Schließen der Stimmfalten, von dem mehr oder weniger, ausgeprägten Decken des Vokals, von dem stärkeren oder schwächeren Nasalieren und von dem Stand des Kehlkopfes.

Diese Facetten sind für jede Person von unterschiedlicher Bedeutung. Der Sänger (und auch die Sängerin) hat beim Registrieren ein Gefühl, mit dem er umzugehen lernen muß. Dieses Gefühl entsteht, indem die diversen kleinen Muskeln bei unterschiedlicher Tonhöhe und Lautstärke auf verschiedene Weise zusammenwirken. Der Sänger und die Sängerin werden, wie so oft beim Singen, auf jeder Tonhöhe Atemstrom, Atemdruck, Lautstärke und Vokal auf unterschiedliche Weise einsetzen müssen. Sie müssen das auch tun, um den Registerbruch (bei ungefähr e^1) zu verschieben oder zu überbrücken.

Wenn das Registrieren von Tonhöhe, Lautstärke und Vokal abhängig ist, dann bedeutet dies: jede Veränderung *eines* dieser drei Elemente bringt eine andere Registrierung mit sich.

Aber in der Welt der Sänger ist die Formel bekannt, die MANUEL GARCIA 1841 aufstellte: *„Ein Register besteht aus einer Reihe von Tönen, die auf der Grundlage desselben Mechanismus erzeugt werden und die sich drastisch unterscheiden von einer Reihe von Tönen, die auf der Grundlage eines anderen Mechanismus erzeugt werden."* 1923 hat NADOLECZNY hinzugefügt: *„…. und von denen die Obertöne miteinander im Gleichgewicht sind."*

Mit diesen Aussprüchen können Sänger arbeiten: In den ersten Traktaten über Ausbildung der Stimme wird schon empfohlen, die Stimme innerhalb des Hexakords (sechs Töne) zu schulen. Beim Stichwort „Ausgleichen der Stimme" haben wir gesehen, daß die Stimme etwa fünf bis sechs Töne in demselben Register singen kann: auf denselben Vokal und in derselben Lautstärke (siehe die Übungen zum Stichwort „Ausgleichen der Stimme").

86

„Trotz der Verwirrung in der Terminologie singen die Sänger weiterhin ihre gleichmäßigen Tonleitern und die Pädagogen werden weiter theoretisieren."
(RALPH APPELMAN, Kongreß Philadelphia 1986)

REGISTRIEREN DER SOPRANSTIMME

Das Registrieren der Sopranstimme erfordert besondere Aufmerksamkeit, weil sie ihre Grundtöne im Frequenzgebiet der Formanten singt (siehe Stichwort „Formanten" im Ersten Teil).

Die Männerstimme singt tief, d. h. in der Lage der Sprechstimme, also bei A bzw. H der großen Oktave und in der kleinen Oktave. Dort hat sie wegen des tieferen Grundtones einen Strauß von Obertönen zur Verfügung, die der Sänger nach Belieben anordnen kann.

Aber die Frauenstimme, besonders der Sopran, spricht ja in der kleinen Oktave, nicht in der zwei- und selten in der eingestrichenen Oktave, aber sie singt darin wohl. Sie wird, wenn sie einen hohen Grundton singt, wenig wahrnehmbare Obertöne zur Verfügung haben. Wenn sie ein hohes c (1024 Hz) singt, liegt der nächste Harmonische Oberton eine Oktave höher, über 2048 Hz, das ist zu weit entfernt, um die Farbe des Grundtons zu beeinflussen. Deshalb klingen die höchsten Töne durchweg als „ah", auch wenn beabsichtigt wird, „ie" zu singen. Der Vokal „a" liegt dem Ton am nächsten, der auf dem Larynxniveau erzeugt wird und der noch so gut wie keine eigene Identität hat.

Abb. 29

Geflüsterte Vokale haben meßbare Frequenzen: Der erste Formant der geschlossenen Vokale „ie„ und „ee" liegt bei 300/400 Hz. Deshalb klingen diese Vokale am besten auf d^1/e ^{1}/f^1. Der erste Formant des „o" liegt bei etwa 450 Hz. Auf f^1/g^1 wird das „o" am besten klingen. Der erste Formant des „a" liegt oberhalb 700 Hz, so daß der Vokal „a" oberhalb f^2/g^2/a^2 am besten klingen wird.

Wenn der Sopran bis b^2 oder noch höher singt, wird er automatisch die Mundwinkel seitwärts nach oben ziehn, wodurch ein heller Ton entsteht: Die Frequenz des ersten Formanten wird durch das Weiten des Mundraumes etwas nach oben gezogen (SUNDBERG, 1977). Dann bemerkt man nicht mehr viel Variation im Timbre oder in der Dynamik. Für einen Sopran mit hohem Timbre ist es schwierig, einen Vokal „a", dessen erster Formant auf 800 Hertz liegt, *tief* zu singen. Der Rat des Pädagogen lautet, einen kleinen Mund wie für einen geschlossenen Vokal vorzubereiten und darin ein „a" zu artikulieren. Wenn man aber in schwerer Registrierung sehr laut singen will, dann gelingt unterhalb des Bruchs das „a" wieder sehr gut.

Nebenbei gesagt: Das „hohe c" des Tenors – c^2 – liegt eine Oktave tiefer als das des Soprans. Das ist der Grund, warum einige Tenöre, wie z. B. Pavarotti, durch die Lage des ersten Formanten der geschlossenen Vokale in dieser Höhe doch noch ein „ie" singen können.

Rezitativ

Rezitativ heißt der erzählende Teil einer Oper, Kantate oder eines Oratoriums. Die Erzählung geht im Rezitativ weiter und hat ihre Ruhepunkte in den Arien. Rezitative in den Opern von Mozart, Rossini, Donizetti u. a. sind häufig im Gesprächsstil notiert und müssen auch im Tempo eines Gesprächs (parlando) ausgeführt werden, mit allen dazu gehörenden Variationen im Tempo, in der Verständlichkeit und Lautstärke. Sie haben einen *subjektiven* Charakter.

In Oratorien und Passionsmusik und in geistlicher Musik, u. a. bei Telemann, berichtet der „Testis", der Erzähler oder Zeuge, die Geschichte in *objektiver* Form. Nur in Ausnahmefällen kommt es zu einer subjektiven Anteilnahme an dem Erzählten, was dann auch in der Musik deutlich wird. Auch hier sind Facetten wesentlich wie Tempo, Verständlichkeit und Dynamik und ein deutlicher Unterschied zwischen betonten und unbetonten Silben.

Die Begleitung des Rezitativs wurde bis etwa 1780 von einem Cembalo mit einem Streichinstrument (Violone, Viola da gamba) ausgeführt. Man spricht dann von dem „Continuo", von dem, was *weitergeht*. Später, nach der Entwicklung des Hammerklaviers durch den Italiener Cristofori, wurde die Begleitung des Rezitativs diesem Instrument anvertraut, zusammen mit einem Streicher oder allein.

Beide Continuospieler müssen den Gesangstext gut kennen, weil der Rezitierende in seinem Rhythmus und Tempo weitgehend frei ist. Sie müssen mit dem Gesprächstempo mithalten können und müssen manchmal den Textinhalt mit ihrer Spielweise illustrieren.

Das „Recitativo accompagnato" ist ein meist durch Streicher begleitetes Rezitativ; es hat schon etwas von der „Mezz'aria" oder dem „Arioso". (Siehe zu den verschiedenen Rezitativstilen im Kapitel „Die Oper" – Italien – im Dritten Teil).

Staccato singen bedeutet, mit einem schnell wiederholten „festen" oder „gesungenen" Einsatz zu singen, der deutlich durch starkes Zusammenziehen der abdominalen Muskeln vorbereitet wird. Ein plötzlich verstärkter abdominaler Druck wird über das Zwerchfell in einen verstärkten subglottischen Druck umgesetzt. Dieser subglottische Druck ist indessen nur sehr kurz, genau so lange wie der Staccato-Ton dauert, da die Stimmfalten sich schnell wieder öffnen müssen.

Das Wesentliche eines Staccato-Tones ist seine Kürze.

STIMMUMFANG

Die überlieferten Angaben zum Stimmumfang stimmen mit der Praxis nicht mehr überein, nachdem Soprane gelernt haben, ihr schweres Register zu gebrauchen, und tiefe Männerstimmen wieder gelernt haben, ihr Falsett einzusetzen.

Der Umfang der Stimme ist für das Charakteristische einer Stimme weniger bestimmend als das Timbre; er ist auch von Stimme zu Stimme sehr verschieden. Generell kann man davon ausgehen, das jede ausgebildete Stimme zweieinhalb bis drei Oktaven zur Verfügung hat: der durchschnittliche Sopran die Töne von a^0 bis c^3/d^3, der durchschnittliche Mezzo f^0 bis b^2, der durchschnittliche Alt d^0 bis g^1/a^2, der durchschnittliche Tenor A/B bis a^1/h^1 oder c^2 modal, im Falsett zusätzlich eine Quinte oder mehr bis etwa $f^2/g^2/a^2$, der Bariton F/G/ bis f^2/g^2 modal, im Falsett zusätzlich eine Quinte bis Oktave bis f^2/g^2, der *echte* Baß von C, D, E bis c^1 /d^1 /e^1 modal, im Falsett zusätzlich eine Quinte bis $a^1/h^1/c^2$.

Hier wird nicht der tiefste Ton des Falsetts als Übergang angenommen, sondern der höchste der modalen Registrierung (Abb. 30).

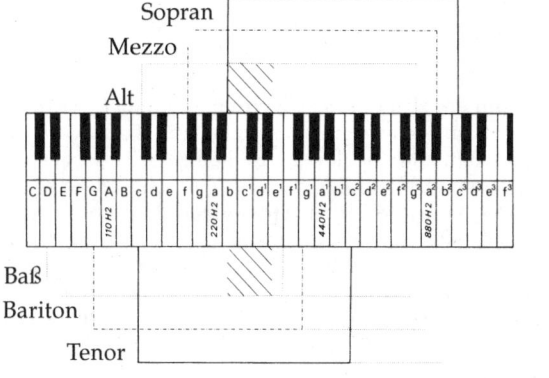

Abb. 30

SUMMEN

In der Vokalmusik wird Summen häufig mit „bocca chiusa" (geschlossener Mund) angegeben. Dabei entweicht alle Luft durch die Nase, ob man nun „m", „n" oder „ng" singt. Das „ng" kann bei hohen Tönen mit offenem Mund gesungen werden.

Es gibt einen deutlich hörbaren Unterschied zwischen Summen auf „m" mit Luft in der Mundhöhle und Summen, bei dem die Zunge am harten Gaumen liegt.

TIMBRE

Das Timbre bleibt übrig, wenn alle anderen Variabeln wie Lautstärke und Vokalfärbung eliminiert sind (s. Artikel von PABON im Anhang).

Beim Unterricht im guten Gebrauch der Stimme muß sorgfältig ein gutes Gleichgewicht des Klangs geübt werden, das heißt: das Verhältnis der harmonische Obertöne untereinander, durch welches das *Timbre* bestimmt wird.

Stimmwissenschaftler schauen auf die Länge der Stimmfalten und die Form des Stimmwegs, sie messen Luftdruck und Luftstrom; das alles ist nötig, um die Stimme kennenzulernen. Der Gesangspädagoge arbeitet an Aspekten wie Atemstütze, Plazierung und Phrasierung, aber nichts von all dem wird das angeborene Timbre einer Stimme verändern können, so sehr es auch in seiner Eigenart zur Vollendung gebracht werden kann.

Im Stimmweg entsteht das eigene Timbre einer Stimme. Wenn z. B. drei Frauen (oder Männer) auf gleicher Höhe und mit gleicher Lautstärke denselben Vokal singen, dann werden die drei Stimmen doch unterschiedlich klingen. In einem Ensemble muß man deshalb die verschiedenen Timbres so gut wie möglich aufeinander abstimmen.

VERANLAGUNG

Was braucht man, um ein guter Sänger werden zu können? Was ist Talent?

Dazu gehört nicht nur eine schöne Stimme. Ein Pädagoge kann eine gute Stimme entwickeln und begleiten. Er kann dafür sorgen, daß kein Unglück passiert, wenn der Schüler *technisch* falsch übt oder an einem technisch, mental und künstlerisch zu schwierigem Repertoire arbeitet.

Zweifellos ist der Besitz einer schönen Stimme eine Voraussetzung, um eine Ausbildung als Sänger zu beginnen, aber daneben spielen viele andere Faktoren mit wie Persönlichkeit, Ausstrahlung, Intelligenz, künstlerische Begabung und Musikalität (Eigenschaften, die nicht deckungsgleich sind), Sprachgefühl und ein poetisches Einfühlungsvermögen, schließlich auch ein gutes Gedächtnis und ein gutes Gehör. Ein gutes Gehör muß vorhanden sein, um entwickelt werden zu können, Atemtechnik kann man lernen. Stimme und ihr Timbre, das ist jedoch eine Disposition, die von der Ausprägung des Kehlkopfes und dem Bau des Stimmweges abhängig ist. Durch eine gute Plazierung der Stimme und durch die Entwicklung der Sängerpersönlichkeit kann dieser Grundgegebenheit noch vieles hinzugefügt werden. Aber an der Stimme ist nichts zu ändern, sie ist in guter oder schlechter Qualität angelegt. Sie ist prachtvoll oder auch nur schön, oder aber unbrauchbar für eine Sängerkarriere. Im letzteren Fall kann ein Gesangslehrer nichts erreichen. Motivation, Fleiß oder Besessenheit von der Gesangskunst sind nicht ausreichend, um Sänger zu werden.

Mit der ihm von Geburt an gegebenen Stimme muß der Sänger umgehen. Ein prachtvoller Klang kann langweilig wirken, wenn ein federnder Rhythmus fehlt, aber eine weniger schöne Stimme kann uns rühren und faszinieren, wenn sie von einem intelligenten und warmherzig singenden Künstler gebraucht wird.

Zum Schluß: Ein großes Talent wird auch bei einem kleinen Pädagogen durchbrechen, aber auch der beste Pädagoge kann aus einem kleinen Talent keinen großen Sänger machen.

Verzierungen

Verzierungen (auf französisch: agréments; auf englisch: ornaments, graces, embellishments; und auf italienisch: abellimenti, fioriture) werden in Barockmusik oft von den Sänger frei eingefügt (man denke an die Zeit der Kastraten); manchmal werden sie auch durch den Komponisten vorgegeben. In der klassischen Periode seit Mozart werden die Verzierungen meistens vom Komponisten notiert, mit Ausname der Schlußkadenzen. Rossini ärgerte sich so sehr über die Freiheiten, die sich die Sänger mit seiner Musik erlaubten, daß auch er die zu singenden Verzierungen in seinen Opern festlegte.

Im Barockrezitativ finden wir vor allem Appoggiaturen (Vorhalt, langer Vorschlag), Schleifer und verschiedene Triller. In der Arie finden wir auch noch Triller, Gruppetti und Kadenzen und im Lauf des 19. Jahrhunderts den Triller mit schaukelndem Larynx, den ich „Kehltriller" oder „Konzerttriller" nenne.

Die nicht notierten Verzierungen wurden in Barockmusik durch die Sänger während des Vortrags angebracht. Je intelligenter und begabter der Sänger, desto abwechslungsreicher waren seine Verzierungen. Der erste Teil einer Arie wurde kaum verziert (vgl. Tosi, 1723, engl. Übers. von Galliard, hier S. 42), im Mittelteil aber wurden schon einige

Verzierungen angebracht, im dritten Teil brach die Eitelkeit des Sängers dann mit voller Wucht durch.

„Wer da nicht verziert, ist kein großer Meister." (Tosi, deutsche Übersetzung von Agricola)

„Es zeugt von schlechtem Geschmack,
ein Adagio mit so vielen Verzierungen zu überladen,
daß von zehn Verzierungen nur eine einzige
mit der ursprünglichen Melodie harmoniert."
(J. J. Quantz, *Essay*, 1752)

Musikalische Verzierungen werden unterschieden nach der Stelle, wo sie in bezug auf die Hauptnote stehen: vorschlagend = *vor* der Hauptnote: Appoggiatura, Acciaccatura (kurzer Vorschlag), Schleifer, Mordent und Doppelschlag; nachschlagend = *nach* der Hauptnote: Nachschlag; oder verbindend *zwischen* der Hauptnote und der folgenden Note: Gruppetto (Doppelschlag).

Die Appoggiatura ist die am meisten charakteristische Verzierung in der Barockmusik. *„Sie ist mit Nachdruck vorhanden, ohne wesentliche Veränderungen in der Harmonie zustande zu bringen"* (Donington, 1977), und Nicola Vaccai sagt in der 11. Unterrichtsstunde seiner *Metodo Pratico* (Deutsche Ausgabe von 1865) *„Die Appoggiatura ist die schönste Verzierung des Gesanges; ihre Wirkung hängt davon ab, daß man ihr den richtigen Zeitwert gibt. Es ist nicht falsch, sie länger auszuführen, wohl aber sie zu verkürzen."* Die Appoggiatura kann von unten oder von oben kommen:

Abb. 31a

Die Acciaccatura ist ganz kurz, sie *„unterscheidet sich von dem langen Vorschlag dadurch, daß sie der Hauptnote nichts an Wert und Betonung nimmt"* (Vaccai 1865).

Abb 31b

Der Mordent ist nach VACCAI „*die vielgestaltigste und, weil er mit großer Leichtigkeit ausgeführt werden muß, zugleich die schwierigste Verzierung im Gesang. Er bildet sich aus zwei oder drei Noten und gibt dem Vortrag Grazie, ohne den musikalischen Gedanken und die vom Komponisten beabsichtigte Wirkung zu beeinträchtigen. Hierbei ist zu bemerken, daß alle jene Veränderungen, welche man im Vortrag als angebliche Verschönerungen (Fiorituren) anzubringen pflegt, sofern sie die ursprüngliche Gestaltung der Melodie und die vom Komponisten bestimmte Akzentuierung beeinträchtigen, ungehörig, fehlerhaft und verwerflich sind.*"

Abb. 31c

Auch die 14. Unterrichtsstunde ist bei VACCAI dem Mordent gewidmet:

Abb. 31d

Gruppetto oder Doppelschlag: In der 15. Unterrichtsstunde „*Quando accende*" gibt VACCAI eine Vorübung für den echten Doppelschlag, der in der 16. Unterrichtsstunde folgt: „*Piu non si trovano*", die als eine der schwierigsten Übungen VACCAIS gelten muß. Der Vorschlag muß hier deutlich vor der folgenden Hauptnote ausgeführt werden:

Abb. 31e

Abb. 31f

Poco Andante.

Più non si tro - vano tra mil - le a - man - ti sol due bell'
Zärt - li-ches Lie-besspiel, Seuf - zen und Schmachten, darfst du als

Als Einleitung zum Triller gibt VACCAI in der 17. Unterrichtsstunde *„Se povero il ruscello"* rhythmisch gesungene Sekunden, aber er kommt nicht zu einer Beschreibung, wie der *damals* aufkommende Kehltriller sich schließlich anhören soll. Aus Erfahrung wissen wir, daß die Sekunden-Übung selten zu einem echten Konzerttriller führt. Der leichte Sopran macht einen solchen Kehltriller meist ganz mühelos, schwerere Stimmen haben damit oft ein Leben lang Probleme.

Abb. 32

Allegro moderato.

Se po-ve - ro il ru - scel - lo
Du ar - mes, klei - nes Büch - lein.

Es gibt zwei Wege, die möglicherweise zu einem Triller führen: (1) Mit langsamen Triolen beginnen, die in schnelle Sechzehntel übergehen, und dann nur hoffen, daß das Zungenbein die Arbeit übernimmt und den Larynx zur Schüttelbewegung bringen kann:

Abb. 33a

(2) Oder Acciaccaturen der oberen Terz auf die Hauptnote singen; dies bringt den Kehlkopf meist eher dazu, in Bewegung zu kommen:

Abb. 33b

Verzierungen fachgemäß singen zu können, das wurde im 18. Jahrhundert zum „Gesangsunterricht" gezählt. JOHANN ADOLPH SCHEIBE dazu (zitiert nach DONINGTON): *„Zu einer guten Methode gehören die Appoggiaturen ... Triller, die Veränderung oder weitere Ausarbeitung der Noten ... und viele andere Dinge, die man besser hörend als aus einer Beschreibung erfaßt."*

Der Triller fällt schon unter die Verzierungen der alten Musik. Er wird, wie oben beschrieben, vom Musiker improvisierend oder auch nicht improvisierend hinzugefügt (Barock, Kastraten) oder vom Komponisten vorgeschrieben (Klassische Schule, seit MOZART).

Im Barock hat der Triller verschiedene Gestalten und heißt Trillo oder Tremolo. Tremolo steht meistens für

Abb. 34

mit kleinen Akzenten auf jeder Note.

TOSI (1723) verlangt einen festen Einsatz auf jeder Note: à, à, à und warnt davor, „kakaka" zu singen. Er empfiehlt, diesen Triller gleichmäßig auszuführen, andere Komponisten, MONTEVERDI z. B., wünschen ihn sich akzellerierend.

Im späten Barock wird der Trillo über den zu verzierenden Noten mit der Abkürzung „*tr*" notiert oder

∧∧∧∧∧∧

Abb. 35

Was man im Barock explizit den Trillo nennt, ist der Triller mit der oberen Sekunde.

Keine dieser Verzierungen wird mit heftigen Schüttelbewegungen des Larynx ausgeführt. Das kam erst im Laufe des 19. Jahrhunderts auf, als das Singen mit gesenktem Larynx nötig wurde um lauter singen zu können. Dann erst kam der „Konzerttriller" in Gebrauch.

Dieser Triller beginnt je nach Stilgefühl und Geschmack des Sängers mit oder ohne vorbereitende obere Sekunde.

Weil Verzierungen sehr lange das Wesentliche des Gesangsunterrichts ausgemacht haben (die Neuerungen des 19. Jahrhunderts ließen die Welt des Singens in ihren Grundfesten erzittern), beschäftigten sich alle Pädagogen mit ihnen.

JENNY LIND, die auch bei GARCIA studiert hat, legt in ihren Übungen den Akzent vor allem auf die oberste Note. Sie läßt mit dem Quintensprung anfangen, danach kommen die kleineren Intervalle, bis die Sekunde erreicht ist:

Abb. 36

Konzerttriller. Dieser sehr langen Triller, bei dem der ganze Larynx in Bewegung ist, kommen häufig in den Sopranarien der romantischen Opern Verdis und Donizettis vor.

Man muß einen Unterschied machen zwischen Trillern mit einem kleinen oder großen oberen Sekunde, abhängig davon, welche Stelle der Triller in der Tonleiter einnimmt.

Jean Baptiste Faure, der französische Gesangspädagoge, sagt dazu: *„Das Ohr kann nicht immer unterscheiden, ob man eine kleine oder eine große Sekunde singt"* [im Französischen *„trille mineur"* und *„trille majeur"*] ... *Der Zuhörer muß über den kommenden Triller durch die Vorbereitung auf den Triller informiert werden. Laß diese also deutlich sein."* (Aus: *La voix et le chant*, 1866)

Schließlich gehört zu den Verzierungen noch die „Cadenza". Es ist eine freie Verzierung auf der Dominante am Ende einer Arie im ersten, manchmal im zweiten, aber stets im letzten Teil. Der Sänger kann sich dort, wenn er das Hauptthema beachtet, in Virtuosität oder Lyrik ergehen, ohne an irgendein Tempo gebunden zu sein, denn das Orchester schweigt. Der Schlußton wird immer die Tonica sein müssen, hoch oder tief.

Vibrato

Vibrato (vgl. dazu auch den Ersten Teil) gehört zu der auf westliche (klassische) Art geschulten Singstimme und ist innerhalb der westlichen Kultur von Stil und Geschmack abhängig. Bei den Sängern besteht praktisch kein Konsens darüber, was ein schönes und zulässiges Vibrato ausmacht. Aber über eines besteht Einigkeit: Ein übermäßiges Vibrato ist für jedermann häßlich.

Bei der Sprechstimme kommt Vibrato in viel geringerem Maße vor, weil beim Sprechen selten ein langer Ton vorkommt. Das Vibrato zeigt sich am deutlichsten bei laut und hoch gesungenen Tönen und ändert sich in dem Maße, wie die Registrierung des gesungenen Tones geändert wird, wenn also eine andere Tonhöhe, ein anderer Vokal oder eine andere Lautstärke verlangt wird. Vibrato ist stark an Atembeherrschung gebunden; ein ungestützter Atem, aber auch ein zu starker Atemdruck, kann den Larynx übermäßig in schwingende Bewegung versetzen, so daß der gesungene Ton stark vibriert.

Ein schönes Vibrato gibt einem Ton Wärme und macht eine Stimme individuell. In einem lang angehaltenen gesungenen Ton ist es immer wahrnehmbar, in kurzen Tönen ist Vibrato, obschon oft nicht bemerkbar, immer in einem gewissen Maß vorhanden.

Jeder Stil hat sein eigenes Vibrato: Die Vokalmusik vor 1800 verträgt weniger Vibrato als die Musik des 19. Jahrhunderts. Die Liedkunst, die sich im 19. Jahrhundert entwickelte, verträgt weniger Vibrato als die romantische Oper dieser Zeit.

Jede Stimme hat ihr eigenes Vibrato: Weil jede Stimme ein ganz eigenes Vibrato hat, ist sie für einen bestimmten Stil besonders geeignet. Eine große Stimme mit einem deutlich wahrnehmbaren Vibrato paßt gut zu einigen Opern von VERDI, WAGNER, PUCCINI oder BIZET, die kleinere Stimme mit weniger Vibrato eignet sich für Musik des europäischen Barock und für die Rolle des jungen Mädchens und Liebhabers in der Oper. Aber eine kleine Stimme mit viel Vibrato wirkt weder im Barock noch beim Lied schön.

Kleine Stimmen haben nicht von vornherein wenig Vibrato und große Stimmen haben nicht grundsätzlich viel Vibrato. Mit der kleinen Stimme wird man wohl Susanna, aber nicht Brünnhilde singen, während das Vibrato in WAGNERS Musik (Brünnhilde) weniger störend sein würde als bei MOZART (Susanna). Wenn ein Baß die Rolle des alten Rocco in BEETHOVENS *Fidelio* singt, ist Vibrato nicht störend, aber in einer jüngeren Rolle (z. B. Leporello in *Don Giovanni*) darf der Baß nicht mehr Vibrato zeigen, als es natürlich ist. Ältere Stimmen haben oft ein weites Vibrato, und deshalb ist es meist unmöglich, einen älteren Sänger eine junge Rolle spielen zu lassen, es sei denn, daß die Stimme nicht vom Altersvibrato geplagt wird und daß der Darsteller noch jung genug aussieht.

DAS ERLERNEN DES VIBRATO

Es gibt keine technische Anweisung, um einem Sänger Vibrato beizubringen, so wie man lehren und lernen kann, mit den Fingern auf der Saite einer Geige Vibrato zu erzeugen. Der Gesangslehrer und der Student müssen zusammen geduldig darauf warten, bis das Vibrato sich einstellt, manchmal stärker, als es dem Lehrer lieb ist. Zur Übung kann man das entspannte Singen eines langen Tones in der Mittellage verwenden. Wenn der Atem fast verbraucht ist und die Atemstütze abnimmt, beginnt der Larynx oft zu vibrieren. Dieses Gefühl muß man versuchen wiederzufinden. Auch das bewußte Bewegen der Zunge kann ein Hilfsmittel sein, weil Zunge und Zungenbein mit dem gesamten Kehlkopf verbunden sind. Ferner gehört Vibrato vor allem zur erwachsenen Stimme. Ein zu früh auftretendes starkes Vibrato in einer jungen Stimme hört sich nicht gut an.

Ein Mildern des Altersvibrato ist nicht ganz unmöglich. Dann muß man bewußt mehr Luft verbrauchen, so daß der Larynx mit Sicherheit weniger schaukeln wird. Und weil die Zunge sich mitbewegt, kann man versuchen, diese bewußt still zu halten, ohne aber das Zungenbein stark nach unten zu drücken.

Kann ein junger Sänger sein Vibrato beeinflussen? Stimmphysiologen wie SUNDBERG und HIRANO behaupten, daß dies nur in sehr begrenztem Maß der Fall ist. Das Vibrato ist der Stimme eigen. Wenn es dem Sänger gelingt, sein Vibrato zu verändern, wird er diese Änderung nicht lange durchhalten können, und es wird auch einen gekünstelten Eindruck machen. Sein eigenes Vibrato kehrt prompt zurück!

Damit sich das Vibrato weniger ausgeprägt entfaltet, wird der Raum direkt oberhalb der Stimmfalten – der Pharynxraum – etwas verkleinert, hauptsächlich indem der Larynx weniger tief gehalten wird. Dabei kann auch die Stimmfaltenspannung etwas erhöht werden, *ohne* mehr Atemstrom zu gebrauchen, so daß nicht lauter gesungen wird. Hier bekommen wir es mit den schönen Wörtern Kneifen und Knödeln zu tun. Die Resonanzen im Stimmweg reagieren auf die Verengung des Raumes: Die Stimme klingt weniger voll. Das Vibrato ist jetzt weniger stark geworden, aber es wird nicht langsamer.

In einem lauter werdenden Ton kann der Höreindruck entstehen, daß das Vibrato schneller wird, mit anderen Worten: Das Ohr läßt sich täuschen. Wenn dieser Ton crescendiert, werden das Zungenbein, die Zunge, der weiche Teil des Gaumens mit dem Zäpfchen, ja, im schlimmsten Fall sogar der Unterkiefer in stärkere, aber nicht in schnellere Bewegung versetzt.

Noch einige Bemerkungen zum Vibrato: Das Ohr nimmt Vibrato als ein Ganzes wahr. Sänger der leichten Musik lassen oft *bewußt* einen Ton mit sehr straffem Einsatz in dem Augenblick in ein extrem starkes Vibrato übergehen. Darin zeigt sich das Vibrato, das zu ihrer Stimme gehört. Vibrato wird eher bei Frauenstimmen als bei Männerstimmen wahrgenommen. Französische Forscher gehen davon aus, daß dies mit der Größe des Larynx zusammenhängt.

Virtuosität

bezieht sich meist auf schnelle Läufe, hohe Töne und das sichere Treffen großer Intervalle. Aber auch eine rasend schnelle Artikulation gilt als virtuos! Man denke an die berühmte Arie des Figaro in Rossinis *Barbier von Sevilla*.

Voix mixte

Bei der Männerstimme gibt es einen Bereich in Umfang von ungefähr einer Oktave, in dem der Sänger zwischen der leichtmodalen Registrierung und dem Falsettregister wählen kann. *Oberhalb* dieses Bereichs liegen die Töne, die ausschließlich im Falsett gesungen werden können, *unterhalb* eine große Zahl von Tönen (eine Oktave), von denen die höchsten noch im Falsett gesungen werden können, die tieferen aber nicht.

In historischen Dokumenten wird der Begriff „voix mixte" selten gebraucht. In der Praxis der Sänger scheint es ein undeutlicher Begriff zu sein. Einige Sänger (Bariton), die von mir interviewt wurden, geben diametral entgegengesetzte Beschreibungen davon: (a) Es ist eine Mischung von Kopf und Falsett, und zwar um das Kraftlose daran zu vermeiden. (b) Voix mixte ist das Mischen der Bruststimme mit Falsett, das speziell geübt werden muß, um den Anforderungen des französischen Liederkomponisten erfüllen zu können. (c) Voix mixte ist der Beweis des Unvermögens, hohe Töne zu singen. (d) Da gibt es nichts zu mischen, wir haben eine Bruststimme – jetzt modales Register genannt – und ein Falsett; gebrauche einen Falsett-Ton, wenn es dir in den Kram paßt. (e) Es ist meine Bruststimme, aber ich mische ein wenig Falsett hinein. (f) Voix mixte ist das höchste Stückchen Bruststimme, das ich habe, vor dem Falsett. – Soweit diese sechs Kollegen.

In der wissenschaftlichen Stimmforschung wird in zahlreichen älteren und neueren Veröffentlichungen behauptet, daß für das Falsett die Weise des Registrierens drastisch zu unterscheiden ist von der modalen Art des Singens. Es gibt zwei Grundunterschiede:

(1) Im Schwingungsmuster der Stimmfalten ist im Falsett kein Tiefenphasenunterschied zu sehen; bei modalem Singen beginnt das Sich-Schließen der Stimmfalten *von unten* (man stelle sich einen Keilriemen vor).

(2) In der modalen Registrierung schließen sich die Stimmfalten in jedem Zyklus, im Falsett bleibt eine gestreckt-ovale *Öffnung* zwischen den Stimmfalten. Bei leichter Stimmgebung zeigen auch die Stimmfalten der Frau ein Falsettmuster.

Im Unterricht zeigt sich, daß die meisten Männerstimmen, auch die ausgeglichensten, eine Spur eines Bruchs erkennen lassen, wenn von modal nach Falsett oder zurück gesungen wird. Nur in großen Ausnahmefällen ist der Übergang *unhörbar*.

Nach den Forschungen von CASTELLENGO (Kongreß Besançon 1991) registriert der Elektroglottograph *immer* die Übergangsstelle von der einen zur anderen Registrierung, auch wenn das Ohr den Bruch nicht wahrnimmt.

Das elektroglottographische Bild für modales Singen ist:

Abb. 37

Das Bild für Falsett ist:

Abb. 38

Die horizontale Linie ist die Schlußphase, die aufgehende Linie ist die Öffnungsphase und die ablaufende Linie ist die Schließungsphase. So wird deutlich, daß das Falsett keine Schlußphase kennt.

Beim Falsettieren wird von Natur aus mehr Luft verbraucht als beim Singen mit sich schließender Stimmritze. Bei einer ungeschulten Stimme zeigt sich, daß für das Falsettieren 1,6 bis 7,3 mal so viel Luft gebraucht wird als für das modale Singen. Bei professionellen Alti ist dies bei hohen Tönen sicher nicht mehr der Fall. Ungefähr bei e^2 schließen sich die Stimmfalten des Altus wieder durch Druck der Laterales (man spricht von medialem Druck) (s. auch Falsett). Kann man diese Registrierung wohl noch Falsett nennen?

Aus diesen Ausführungen ist zu schließen, daß voix mixte keine Kombination von modalem Singen und Falsett sein *kann*, was immer der Sänger auch fühlen oder darüber sagen mag. In der Terminologie, die wir in diesen Kapiteln gebrauchen, steht „voix mixte" für „leicht modal".

Bei gut geschulten Stimmen können die beiden Registrierungsarten modal und Falsett beinahe ganz nahtlos ineinander übergehen. Das elektroglottographische Bild kann auch ganz allmählich von einem in das andere übergehen. Nur beim Crescendoton auf einer Höhe, wo *Falsett* gebraucht wird, ist eine bruchlose Egalisierung die große Ausnahme.

Der hohe, leise gesungene Ton wird oft mit weniger fest geschlossenen Stimmfalten gesungen, um einen weichen Effekt zu erzielen. Dies wird insbesondere in der Liedkunst angewandt. Ältere und heute lebende Liedsänger sind dafür berühmt: JOHANNES MESSCHAERT (1857–1922), HEINRICH SCHLUSNUSS (1888–1952), DIETRICH FISCHER-DIESKAU (geb. 1925), GÉRARD SOUZAY (geb. 1918) und die in unseren Tagen berühmt gewordenen Sänger THOMAS HAMPSON, MATTHIAS GOERNE, CHRISTOPH PRÉGARDIEN und ANDREAS SCHMIDT.

WECHSELJAHRE

In den Wechseljahren, in einem Alter zwischen 50 und 55 Jahren, kann vor allem die Frauenstimme von dem hormonalen Ungleichgewicht im Körper beeinflußt werden. Verlust an Höhe, übertriebenes Vibrato, Heiserkeit, unsauberes Singen und Konzentrationsschwierigkeiten können auftreten. Das Einnehmen von Hormonpräparaten kann dazu führen, daß der Übergang mit weniger Störungen vor sich geht. Frauen, die die Antibabypille einnehmen, haben weniger Probleme mit den Wechseljahren, die dann auch einige Jahre später eintreten als sonst. Nach dieser Periode hat die Stimme in jedem Fall an Klarheit verloren, aber mit einer guten Atemtechnik und einer guten Portion Selbsterkenntnis können viele Sängerinnen noch eine Reihe von Jahren nach dem Übergang weitersingen. Sängerinnen mit einer großen Karriere können es sich leisten, etwas weniger schön als vorher zu singen, wenn dem reifen Singen ein reifer Geist zugrundeliegt.

Auch bei Männern gibt es Wechseljahre, aber in etwas höherem Alter als bei Frauen: zwischen fünfzig und sechzig Jahren. Bei ihnen dauert der Übergang länger, und auch bei ihnen ist das zunehmende Alter hörbar.

Seien Sie sich bewußt, daß Sie entspannt stehen, aber doch Energie ausstrahlen.

Schauen Sie in den Spiegel, um zu sehen, ob Ihre Haltung Ihnen gefällt.

Sorgen Sie dafür, daß Sie vor allem während des Einsingens und des Übens ohne Geräusch einatmen, dann wird das auch in der Arie und im Lied so sein.

Singen Sie, wenn Sie sich angespannt fühlen, einmal auf *einem* Bein stehend weiter.

Jede Stimme muß leicht singen können. Die leichte Stimme muß auch belastende Übungen singen wie lange Linien und Crescendos.

„Faule" Stimmen müssen auf jeden Fall regelmäßig Schnelligkeitsübungen machen. In eine schnelle Stimme ist die Linie einzubauen, aber für die langsame Stimme ist eine schnelle Koloratur schwierig. Dies gilt auch für das Singen schneller Texte. Dafür muß leichte, schnelle Artikulation geübt werden.

Arbeiten Sie nicht verbissen weiter an einer Übung, die nicht gut geht; morgen wird es besser gehen. Machen Sie heute lieber andere Übungen, vielleicht überbrücken Sie die Schwierigkeit der vorigen Übung.

Es ist lustig, bei rhythmischen Übungen am Anfang die Akzente mit den Händen zu klatschen; die Motorik sitzt im ganzen Körper.

Versuchen Sie nicht, in der Höhe einen geschlossenen Vokal zu erzwingen, alle Vokale werden dem „a" gleichen. Dies gilt für alle Stimmen, aber insbesondere für den Sopran (s. S. 87: „Registrieren der Sopranstimme").

Versuchen Sie, Veränderungen der Mundstellung vor allem in der Länge auszuführen, dann verlieren Sie die Projektion des Tones nicht. Lassen Sie bei sehr hohen Tönen den Kiefer tun, was er tun will. Zeigen Sie dabei ruhig Ihre Zähne. Dann erst wird der Mund auch breiter.

Halten Sie auch bei kurzen, offenen Vokalen (dem „e" in „Pech", dem „i" in „Lippe", dem „ö" in „Hölle") die Mundhöhle weit; der akustische Raum von Mund und Rachen muß erhalten bleiben.

Versuchen Sie, einem sinnlosen Text eine Interpretation zu geben. Und interpretiere ihn auch einmal ganz anders.

Spontan scheinende Verzierungen müssen gut einstudiert sein.

Singen Sie für Blinde und Taube, sie müssen hören, bzw. sehen, was Sie singen.

Was Sie rotglühend in den Saal hinein werfen, kommt hellrosa an.

Es gibt kein Rezept für eine erste Gesangsstunde, auch nicht, wenn es sich um einen Schüler handelt, der noch niemals Gesangsunterricht gehabt hat.

Was erwartet dieser Student? Daß er von der ersten Stunde „etwas mitnimmt".

Worauf hofft der Lehrer? Auf (a) Stimme, (b) Musikalität – einschließlich einem guten Gehör – und (c) Intelligenz.

ad (a) Stimme ist da oder sie ist nicht da. Wenn bei der ersten Stunde eine Stimme sich zeigt, dann besteht eine gute Möglichkeit, daß diese Stimme entwickelt werden kann. Eine prachtvolle Stimme manifestiert sich deutlich, aber das bedeutet noch nicht, daß der Besitzer dieser Stimme auch gut damit umzugehen weiß; es ist wahrscheinlich, daß der Lehrer ihn das lehren kann.

ad (b) Musikalität ist ein Bündel von vielen Fähigkeiten (s. Stichwort „Veranlagung" im Kleinen ABC), die nicht erlernbar sind. Wenn keine Musikalität vorhanden ist, dann ist vom Musikstudium abzuraten. Wie entdeckt der Lehrer die Unmusikalität? Wenn ein Student einen vorgespielten Ton nicht nachsingen kann oder immer weiter falsch singt und auch wenn er einen einfachen Rhythmus nicht übernehmen kann. Beides hat *nichts* mit einer schönen Stimme zu tun! Auch muß man damit rechnen, daß eine schöne Sprechstimme keineswegs eine schöne Singstimme garantiert.

ad (c) Es gab früher viele schön singende Sänger, die nicht intelligent waren, keine Noten lesen konnten und von einem Pianisten vorbereitet wurden. Musikalische Intelligenz – auch von Menschen mit einer weniger schönen Stimme – äußert sich im schnellen Reagieren auf eine Frage oder Mitteilung des Lehrers; wenn an der *Stimme* zu hören ist, daß Anweisungen zur Melodie, Vokalbildung, zum Rhythmus und Vortrag umgesetzt werden können. Bei schwieriger Musik fällt der nicht-intelligente Sänger durch.

Notwendig sind ein gutes Gehör, ein Vorstellungsvermögen vom Ton – melodisch und harmonisch (welches Timbre will ich geben?) – , ein rhythmisches Vorstellungsvermögen von Tempo und Takt, ein musikalisches Gefühl für Phrasierung und Stil (das festzustellen, aber kaum zu beschreiben ist), eine Vorstellung davon, wie der Text gestaltet werden kann, Freiheit der Stimme, beeinflußt von der Freiheit der Haltung, was von jedem Lehrer auf eigene Weise zu realisieren ist.

Das Studium schafft keine Veranlagung, sondern entwickelt eine *vorhandene* Veranlagung. Eine gewisse Prädisposition muß vorhanden sein, um die angebotenen Mittel verarbeiten zu können; wenn dies wie von selbst geht, gelangt jemand sicher zur Gesangstechnik.

Wenn jemand die angebotenen Mittel (den Unterrichtsstoff) nicht koordinieren kann, wird dies unwiderruflich zu einem frühzeitigen Ende der Sängerausbildung führen.

Viele Schüler können zu einem *hygienischen* Gebrauch der Stimme kommen (ohne Hüsteln, Räuspern, Schnaufen, Lispeln, mit Zäpfchen-„r" singen und bei all dem Tiefatmen und gut plazieren), aber die Ausbildung zum Sänger zielt auf einen *ästhetischen* Gebrauch der Stimme. Dies ist weitreichender.

Gesangstechnik ist nicht eine Ansammlung von nicht systematisierten Unbestimmtheiten. Studium der Gesangstechnik soll spontanes Singen ermöglichen.

Es gibt einen hierarchischen Unterschied zwischen Berufssängern und Amateuren; der Berufssänger wird (versuchen) sein Brot mit Singen (zu) verdienen, der Amateur singt, weil er Spaß daran hat. Es ist auch möglich, daß ein Sänger keine ausreichende Veranlagung hat, um Singen zum Beruf zu machen; er kann dann ein guter Amateur sein. Aber auch für den Liebhaber sind Gesangsstunden (angenehm und) nötig, damit er seine Stimme nicht falsch behandelt.

40 Übungen zum Einsingen

Die Übungen sollen nicht auf einem Instrument begleitet werden; der Lehrer muß den Studenten hören können und der Student muß sich selbst hören können.

1 a. Versuchen Sie, einen kurzen Summton zu singen und danach einen langen.

1 b. Singen Sie im Sekundenabstand „monomonomo" und werden Sie leichter und schneller.

mo - no - mo - no - mo,   mo - no - mo - no - mo

2. Wechseln Sie „monomonomo" mit „miniminimi" ab, singen Sie im Quintraum.

3. Singen Sie wieder im Quintraum, beginnen Sie den ersten Ton mit einem „j", dann gelingt der Einsatz immer gut. Wählen Sie selbst den Vokal.

4. Lösen Sie die Zunge, indem jetzt im Quintraum „lojolojolojolojolo" gesungen wird. Sie dürfen ganz leicht und schnell mit „lililililililili" abwechseln.

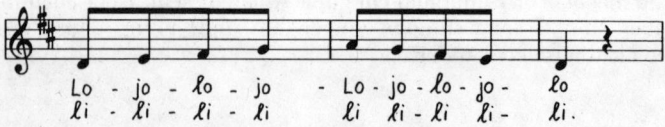

5. Verändern Sie das melodische Modell im Quintraum, aber setzten Sie den Vokal mit „l" oder „j" an.

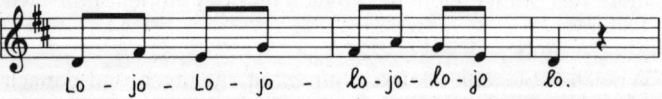

6. Erweiteren Sie diese Übungen zu einer Tonleiter mit steigenden Terzen; wenn Sie auch auf dem Rückweg die obere Terz singen, bleibt die Übung melodisch richtig.

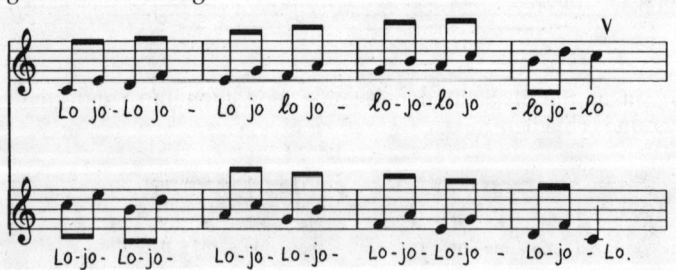

7. Gehen Sie wieder zurück zum Quintraum, singen Sie abwechselnd zwei Vokale, z. B. „o-i-o-i-o-i-o-i-o", ohne den Mund zu viel zu bewegen. Die Zunge macht die Arbeit, die zur Vokalveränderung führt.

8. Scharfe Punktierungen innerhalb der Quinte auf allen Vokalen. Achten Sie darauf, daß sich kein „h" einschleicht! Der Kehlkopf muß auf Impulse reagieren, die von der Bauchwand ausgehen (s. Stichwort „Akzentuieren" im Kleinen ABC).

9. Erweitern Sie dieses Modell bis zur None (= Oktave plus ein Ton).

10. Nun kann man zur Abwechslung legato und in Moll singen. Versuchen Sie, nachdem die Stimme inzwischen warm gesungen ist, welcher Vokal sich am besten plazieren läßt.

11. Versuchen Sie einmal, einen Lauf in Moll ebenso schnell und leicht zu singen wie einen Lauf in Dur.

12. Singen Sie mit korrektem, festem Einsatz eine Arpeggio-Übung, mit dem höchsten Ton beginnend; der Vokal kann frei gewählt werden. Sie können dabei kräftig in die Höhe gehn.

13. Es wäre gut, jetzt Übung 1a zu wiederholen, um die Stimme ausruhen zu lassen.

14. Danach fangen Sie wieder mit einer langsamen Legatolinie an.

15. Singen Sie allmählich schneller. Die Vokalfarbe verändert sich in der Höhe; halten Sie dies unter Kontrolle. Vergegenwärtigen Sie sich, welche Vokalfarbe und welche Tonqualität dargestellt werden sollten.

16 a. Singen Sie Text zu einem gebrochenen Akkord: Zu einem tiefen Ton paßt „con amore". Weil das „m" mit geschlossenen Lippen gesungen wird, kann bei hohen Tönen besser „con dolore" mit einem dünnen „l" (mit spitzer Zunge) gesungen werden. Noch höher kann dies zu „con dolare" werden. Nichts erzwingen in der Höhe, es gibt eine Grenze der Artikulation.

con   a —   mo — — — — — — re
con   do- Lo — — — — — — re.

16 b. Singen Sie diese Übung auf Sechzehntel.

con   a - - - mo - - - - - re
con   do - Lo - - - - - re.

17 a/b. Dasselbe Modell auf „Michelangelo". Langsam auf Achtel, schnell auf Sechzehntel.

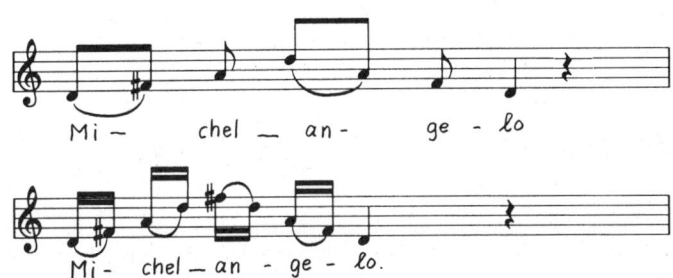

Mi — chel — an- ge - lo

Mi - chel — an - ge - lo.

18. Singen Sie nun innerhalb der Quinte leichte Staccato-Töne. Die kurzen Impulse entstehen durch das Zusammenziehen der Bauchwand; den Mund in „a"- oder „o"-Stellung.

ah, ah,
oh, oh,

19 a. Ein gebrochenener Akkord, Staccato.

19 b. Etwas schneller, jetzt über eine Dezime.

mp   mf   mf

19 c. Wiederholen Sie die obere Terz einmal.

20. Singen Sie einen gebrochenen Accord bis zur Dezime leicht staccato. Jetzt auf der Dezime stehen bleiben, um ein gleichmäßiges Crescendo-decrescendo aufzubauen, und dann legato nach unten singen. Denken Sie im voraus daran, mit dem Atem hauszuhalten.

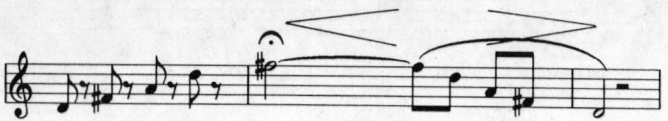

21 a. Legato: singen Sie einen gebrochenen Akkord bis zur Dezime. Keine „Stufen" singen. Sie dürfen Wahlweise laut *und* leise, laut *oder* leise singen. Männerstimmen können oben ihr Falsettregister einsetzen, indem sie in der Höhe plötzlich sehr leise singen. Es ist individuell festzustellen, wo genau das passiert.

21 b. Jetzt ganz langsam.

22. Tonleitermodelle: Halten Sie sich dabei strikt an ein selbst auferlegtes Tempo. Gut auf die rhythmische Einteilung dieser Übung achten!

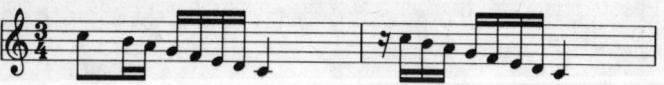

23. Geben Sie der Stimme einen ganz anderen Auftrag: Legato.

24 a. Sehr schnelle Sechzehntel. Geben Sie der Pause ihre genaue Länge. Sie können zusätzlich atmen, ohne aber ein Geräusch zu machen, indem Sie „loslassen".

24 b. Halten Sie ein flottes Tempo.

25. Singen Sie jetzt eine Legato-Linie ohne Akzente.

26 a. Koloratur: genau im Tempo bleiben; singen Sie jauchzend, singen Sie wütend, aber bleiben Sie genau im Tempo.

26 b. Erweitern Sie die vorige Übung. Hiernach müssen Sie dann selbst 26 c erfinden.

27. Stimmbelastende Übungen. Zuerst einen einfachen Schwellton: Crescendo-decrescendo. Bleiben Sie bei dem gewählten Vokal, schließen Sie den Mund nicht zu viel beim leiseren Singen. Lassen Sie vor allem beim leiseren Singen den Atem ununterbrochen strömen. Sie sollen pianissimo singen bis zu den hintersten Reihen eines imaginären Saales.

28 a. Eine Legato-Linie von einem tiefen Ton bis zu seiner Oktave. Dort crescendieren, decrescendieren und legato zurücksingen. Denken Sie rechtzeitig an einen ausreichenden Atem.

28 b. Gehen Sie mit einem Mal in die Höhe. Welcher Vokal gelingt am besten?

29. Wiederum ein Portamento auf einen hohen Ton hin, dort crescendieren und nach einer leichten Verzierung absteigen.

30. Eine Tonleiter in vier kleinen Stücken: Halten Sie während der Pausen die Atemspannung und machen Sie während der Pausen keinerlei Geräusch; Mund und Stimmritze bleiben offen: Abspannen! (vgl. Coblenzer und Muhar, Kap. 4)

31. Zwei leichte Triolen und auf dem darauf folgenden Sekunde crescendieren. Absteigend leicht singen.

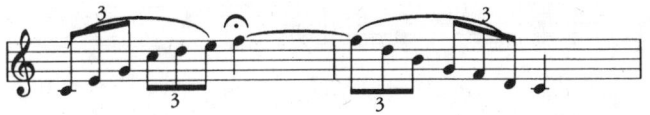

32. Diese Übung in einem zweiteiligen Takt langsamer ausführen, legatissimo.

33. Langsam in Moll, ruhiger Schwellton auf der Dezime.

34. Beginnen Sie mit einem festen Akzent auf einem hohen Ton, lassen Sie ihn durch ein Crescendo aufblühen und gleiten Sie spielend, aber im Takt, nach unten.

35 a. Übungen mit Text. Die Konsonanten müssen gut verständlich, aber dünn ausgesprochen werden; sie dürfen die Legato-Linie nicht unterbrechen: „O, Du Geliebter, Du!"

35 b. In der Höhe paßt das „ie" nicht jedem, deshalb nehmen wir hier einen französischen Text mit einem „a" auf dem höchsten Ton: „Belle Najade" (= Schöne Meerjungfrau).

36 a. Eine „begeisterte" Tonleiter. Laut, deutlich, aber ununterbrochen legato singen: „Guten Morgen, liebe Leute!"

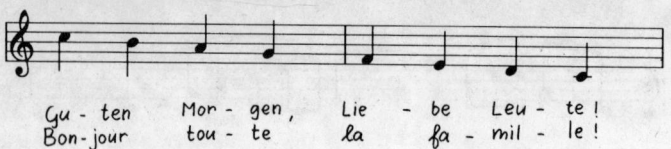

Gu - ten   Mor - gen,   Lie - be Leu - te !
Bon - jour   tou - te   la   fa - mil - le !

36 b/c/d. Dieselben Tonleitern auf einem Vokal. Verändern Sie die Mundstellung und damit den Obertonkomplex des gesungenen Tones so wenig wie möglich.

„Wie sie friedlich, sinnig blicket."

„Oben thront der Nonnen Kloster."

„Abraham saß nah am Abhang" (Texte aus *Der kleine Hey*, 1913).

37 a. Hier müssen Sie sehr rhythmisch singen. Werden Sie sich im voraus darüber klar, was Sie tun wollen, bereiten Sie Atem und Plazierung vor. Sehr aktiv beginnen!

37 b. Erweiterung der vorigen Übung. Schonen Sie sich nicht.

38 a/b/c/d/e. Zurück zu einem vollkommenen Legato.

39. Singen mit Ohren und Verstand:
a. Ganze Tonschritte

b. Große Terzen, abwärts und aufwärts

c. Jetzt in Triolen

40. Zum Schluß eine Tonleiter nach unten in Triolen; teilen Sie die Übung deutlich in zwei Teile. Auf halbem Weg soll man schön absetzen (vgl. COBLENZER und MUHAR, S. 18-20)

Gewöhnlich kommt ein Schüler *nicht* bereits zur ersten Unterrichtsstunde mit einer perfekten Atemtechnik, einer schön ausbalancierten Plazierung der Töne und einem ergreifenden Vortragsstil.

SCHÜLER 1

Ein junger Mann, gesund aussehend, normale Größe, macht einen lebendigen, intelligenten Eindruck, kann Noten lesen und singt in einem Studentenchor.

Nach einem kurzen Gespräch über seine Pläne, warum er Gesangsunterricht haben will, wird er gebeten, den Ton a^0 auf dem Vokal „o" nachzusingen. Er macht das gut und gleitet auch leicht eine Oktave tiefer. Das Timbre ist angenehm und paßt auch gut zur Tonhöhe. Dies deutet darauf hin, daß er Bariton sein könnte.

Aber welche Fehler wurden gemacht? (1) Er stand nach hinten gebeugt, die Hände in den Hosentaschen, und er bewegte sich erheblich hin und her. (2) Er atmete mit viel Geräusch ein. (3) Er sang den Vokal „o" mit eng gepreßter Mundöffnung, in die kaum ein „ie" gepaßt hätte.

Die Arbeit des Pädagogen, der von dem schönen Timbre begeistert ist, wird im folgenden sein:

(1) Das Korrigieren der Haltung. Erklären, warum man frei, aber aufrecht stehen muß. Die Füße ein wenig auseinander, genau unter den Hüften, die Schultern lose und ein wenig nach hinten, den Kopf hoch, als ob er an einem dünnen Draht an der Decke befestigt wäre. Nicht bewegungslos, aber wohl ruhig stehen; die Bewegungen, die in einem

späteren Stadium erlaubt sind, müssen auf das Singen bezogen sein. Eine gute Haltung unterstützt den Gebrauch der Muskeln zum guten Gebrauch der Stimme.

(2) Es folgt eine kurze Erklärung über das Sich-Öffnen und -Schließen der Stimmritze, so daß der Schüler ein besseres Bild davon bekommt, was es heißt, „mit offener Stimmritze" und damit ohne Geräusch zu atmen. Hierfür ist es eine gute Übung, zwischen Ton-Atem-Ton-Atem-Ton abzuwechseln, eventuell mit der nachahmenden Handbewegung von S. 161. Den Atem und die Handbewegung zu koordinieren, erfordert bereits erhebliche Konzentration.

(3) Mit einem Spiegel arbeiten, um das „o" auch *sichtbar* singen zu lassen, und den Schüler auf den guten Gebrauch des runden Mundmuskels hinweisen. Ein gut gesungenes „o" auf einen Ton oder zwei Töne mit ruhiger Ein- und Ausatmung ist ein ausgezeichnetes Ergebnis für eine erste Unterrichtsstunde, die 30 bis 45 Minuten dauert.

SCHÜLER 2

Ein junges Mädchen von 18 Jahren, eher klein. Sie ist etwas gespannt und still. Sie scheint für das Singen gut motiviert zu sein, weil sie es so gern tut. Sie besucht eine Fachhochschule. Die Sprechstimme wirkt etwas belegt, und vor allem der Einsatz der Vokale ist heiser. Deshalb lautet der erste Auftrag hier: Singen Sie einmal „mmmm" auf d[1]. Das ist für jede Frauenstimme eine angenehme Tonhöhe bei einem gesummten Ton. Der Ton klingt heiser, ist aber sauber. Sie kann mit dem gesungenen „mmmm" nach oben gehen bis g[1]. Das junge Mädchen scheint wenig Plazierung oder Resonanz zu fühlen, die Stimme reagiert nicht direkt, d. h, daß die Stimmfalten sich nicht sofort schließen. Das kann daran liegen, daß der Larynx noch nicht ausgewachsen ist.

Weil von Gesangstechnik nichts zu bemerken ist, muß viel mit dem Gefühl des eigenen Körpers gearbeitet werden.

Die Arbeit des Pädagogen: In diesem Fall ist zu erklären, daß das Knochengerüst durch Tonschwingungen zum Vibrieren gebracht wird und daß dies *nicht* zu hören, wohl aber zu fühlen ist. Indem sie mit dem Finger an ihrem Nasenbein entlang streicht, kann sie fühlen, *wo* im Knochen Schwingungen wahrzunehmen sind. Nachdem man sie nun auf diese Tatsache hingewiesen hat, kann das junge Mädchen in der Tat fühlen, wo Schwingungen sind. Das scheint bei ihr eher im Oberkiefer, in der Nähe der Schneidezähne zu sein als im Nasenbein. Das muß der Lehrer akzeptieren. Die Schülerin kommt nun, nicht weil es ihr bewußt ist, sondern weil es ihr vorgemacht wird, zu einem mehr nasalen Ton. Dadurch fällt etwas Druck unter den Stimmfalten weg.

Auf dieser Grundlage kann weitergearbeitet werden. Dem „mmm" wird ein geschlossener Vokal hinzugefügt: „mmmoooo". Selbstverständlich kann diese Lautverbindung auf einen höheren oder tieferen Ton gesungen werden, eventuell sogar mit einem kleinen Lauf innerhalb der Quinte. Durch den Auftrag, mit diesem Singen ein Gefühl des Schönen auszudrücken, kommt eine sympathische Veränderung des Timbres zum Vorschein. Eine deutlichere Klassifizierung der Stimme als die, daß es sich um „eine Art Sopran" handelt, ist noch nicht möglich.

Es ist in diesem Fall didaktisch richtig, viele der ersten Vokalisationsübungen mit einem „m" oder „n" oder etwas höher auf „ng" anfangen zu lassen, aber nicht höher, als mit einer kleinen Öffnung des Mundes gesungen werden kann. Auf den höchsten Tönen ist Nasalität doch nicht zu verwirklichen.

Für eine erste Stunde war dies ein sehr konzentriertes Arbeiten; es wurde dabei nichts anderes getan, als das Gleichgewicht zwischen der Spannung der Stimmfalten und dem Luftdruck zu korrigieren. Erst in den folgenden Stunden wird daran gearbeitet, durch Impulse von den Bauchmuskeln her zu einem aktiven Verschluß der Stimmfalten zu kommen.

Wenn diese Kandidatin sicherheitshalber zum Phoniater geht, und wenn dieser feststellt, daß die Heiserkeit wirklich keine pathologische Ursache hat (z. B. Knötchen auf den Stimmfalten), dann kann deutlich in einer bestimmten Richtung hin weitergearbeitet werden.

SCHÜLER 3

Ein langer, schlanker junger Mann mit einem schmalen Gesicht, einer schmalen Nase, langem Hals mit betontem Adamsapfel, 22 Jahre alt. Seine äußere Erscheinung läßt eine Bariton-Stimme vermuten. Aber was ist der Fall? Er singt in einem halbprofessionellen Ensemble Tenorpartien, fühlt sich dabei ausgezeichnet und läßt sich vom Dirigenten gern Anweisungen für seine Stimme gefallen. Er kann alles. Er ist in der Lage, eine Tonleiter vorzusingen und ein rhythmisches Modell im Quintumfang auszuführen. Den Atem nimmt er etwas „hoch", manchmal ist eine kleine Unsauberkeit zu bemerken. Musikalität und Intelligenz sind reichlich vorhanden, aber das Timbre der Stimme klingt oberhalb d^1 etwas meckernd.

Wenn ein Einsatz tiefer als B verlangt wird, schüttelt der junge Mann von vornherein den Kopf: Er will höher anfangen. Die hohen Töne, sogar bis c^2, nimmt er leicht und elegant.

Bei einer lauten Arpeggio-Übung zeigt sich, was nicht stimmt: Er nimmt die hohen Töne im Falsett. Sehr geschickt versteht er es, indem er die Töne in der Mitte seines Stimmumfangs leise singt, die Übergang zum Falsett nur minimal hören zu lassen. Er hat dies seit seinem Stimmbruch immer so ausgeführt und diese Praxis als normal erfahren.

Da dieser junge Mann intelligent ist, kann mit ihm am besten über die Grundlagen gesprochen werden, die die Klassifizierung einer Stimme ausmachen. Noch zweimal sagt er mit Nachdruck: „Aber ich *bin* Tenor", bis der Einsatz bei lautem Singen mißlingt, wenn er oberhalb f^1 stattfinden soll.

Jetzt beginnen vorsichtige Bemühungen des Lehrers, das Timbre der Stimme etwas dunkler anzulegen: ein ganz leichtes Gähnen, um die Stellung des Kehlkopfes zu beeinflussen und eine akustisch gut vorbereitete Mundhöhle. Es entstehen schöne Töne, die eher wie leicht baritonal als tenoral klingen. Mit dieser Plazierung klingt ein tiefes G noch gut, aber das Arpeggio nach oben bleibt, wenn der Sänger etwas lauter wird, zu seinem Schrecken und seiner Verwunderung auf f^1 stecken.

Erst als der Phoniater ihm versichert, daß er keine kurzen Stimmfalten hat, kann sich der Sänger mental damit abfinden, kein Tenor zu sein.

(Eine Zwischenphase in dieser ersten langen Unterrichtsstunde war die Frage, ob er das schöne Falsett kultivieren und Altuspartien singen wolle; aber das lehnte er ab.)

SCHÜLER 4

Ein junges Mädchen von 19 Jahren, ungefähr 1,65m groß, nicht zu dünn und nicht zu dick, ein recht breites Gesicht, eine Reihe prächtiger Zähne. Sie hat ein Jahr an einer Universität eine Sprache studiert und wurde durch den Leiter des Studentenchors, in dem sie singt, dazu angeregt, professionelle Gesangsstunden zu nehmen. Die Sprechstimme zeigt nicht deutlich das Timbre an, aber bei der ersten Frage: „Singen Sie mir diese drei Töne nach?" ist ein Klang zu hören, der der Vorbote einer schönen, warmen Stimme sein könnte. Ein zukünftiger Sopran mit einer prächtigen Mittellage.

Kleine negative Punkte sind: Ein unscharfes „s", ein Zäpfchen-„r" und manchmal ein nicht ganz reiner Einsatz. Das unscharfe „s" verlangt langsame Sprechübungen auf „sss-sss" (abwechselnd stimmlos und stimmhaft ausgesprochen), ohne den Luftstrom zu unterbrechen. Diese Übung kann bis zu einer schnellen, gut gestützten Übung erweitert werden: „ss-ss-ss-ss" (wieder abwechselnd stimmlos und stimmhaft ausgesprochen). Wochenlanges Üben unter Zuhilfenahme des Lehrbuchs *Der kleine Hey* wird notwendig sein.

Das Zäpfchen-„r" wird in der ersten Unterrichsstunde streng verboten und durch ein leicht artikuliertes „d" ersetzt.

Die Sprechübung „tatata-dadada" wirkt sowohl für das „r" als auch für das „s" sehr gut.

Die Sopranistin fürchtet sich vor hohen Tönen, obgleich sie weiß, daß sie diese treffen kann. Sie werden zunächst vermieden und sollen in den folgenden Stunden nebenbei angetippt werden. Es ist wichtig, der Schülerin wenigstens einmal zu beweisen, daß sie über die hohen Töne verfügt, indem der Pädagoge sie ganz aufrecht stehend und laut singend den Mund schön offen halten läßt, sobald sie höher kommt als a^2. Es kann schon darauf hingewiesen werden, daß hohe Töne allesamt wie „a" klingen, daß also beim Singen hoher Töne nicht an die Vokalfarbe gedacht werden muß.

Die Stimme erweist sich als „faul". Schnelles Singen auf ein punktiertes Modell innerhalb der Quinte mißlingt gänzlich, aber sie singt eine kurze Legato-Vokalise aus CONCONES Opus 9 mit einer erwachsenen, gesanglichen Linie vor. Virtuosität lehnt sie ab, das „passe" nicht zu ihr, sie sei ein Gegner von Dressur und will aus ihrem Gefühl heraus singen.

Die Arbeit des Pädagogen ist in diesem Fall schwer, weil sängerisches Material deutlich vorhanden ist, aber eine Mentalität, mit der ein Dialog vorsichtig aufgebaut werden muß.

Von einer einfachen Arie aus, etwa „Ch'io mai vi possa" von HÄNDEL, kann langsam an einer etwas leichteren Registrierung gearbeitet werden („Singen Sie einmal etwas freundlicher") und an zunehmender Schnelligkeit.

Der Satz „il mio bel foco" kann als Vokalise verwendet werden, so daß die Kandidatin nolens volens in eine kleine virtuose Übung hineinkommt.

Leichte Artikulation wird erreicht, indem auf eine Tonleiter nach unten gesungen wird: „Blaue Blümlein blühen blau, blaue Blümlein blühen blau". Immer mehr spielerisch singen!

Wenn man mit schnellen Übungen beginnt, wird eine Stimme keine Schwierigkeiten mit einer Legatolinie haben, aber wenn die Schnelligkeit nicht effizient geübt wird, wird eine „faule" Stimme damit immer Schwierigkeiten haben.

SCHÜLER 5

Ein kräftiger, großer junger Mann von 24, mit breiten Schultern, einem breiten Oberkörper und einem freundlichen runden Kopf.

In der Regel gilt: Jemand, der professionellen Gesangsunterricht nimmt, hat meist schon etwas gesungen und kommt motiviert ins Studio. Gesangsstunde wird vermutlich nie als Strafe angesehen.

Unser junger Mann singt nicht in einem Ensemble, aber er singt aus eigener Initiative alle Arien und Lieder, die er als Hörer kennengelernt hat: von SCHUBERTS „Leise flehen" bis „A foggy day in London town". Es zeigt sich, daß er eine große Baßstimme hat, die er nur bei forte einsetzen kann. Er atmet sichtbar hoch.

Stimmbruch? Nie etwas davon gehört. Falsett? Nie etwas davon gehört. Atem? Nie etwas davon gehört. Er denkt: „Singen ist einfach schön. Sagen Sie mal kurz, wie es richtig gemacht wird."

Arbeit des Pädagogen: In aller Ruhe von Anfang an mit der Erklärung des Atmens beginnen. Erklären, daß die obersten Rippen sich nicht ausdehnen können und daß das Hochziehen der Schultern keinen Einfluß auf die Atmung hat. Erklären, daß beim ruhigen Einatmen die Bauchwand nach vorn kommen darf und daß das Atmen geräuschlos stattfinden muß. Und daß später noch ein „weites" Gefühl bei den untersten Rippen hinzukommen wird, heute jedoch noch nicht. Heute liegt alles tief. Tief und ruhig. Beim ruhigen Ausatmen geht die Bauchwand wieder zurück.

Der erste Ton, den er jetzt singt, ähnelt nicht der kräftigen Tongebung seiner Arien. Die Stimme krächzt, der Ton bricht ab. Kommentar: „Ich quietsche wie ein Baby."

Rettung kommt durch den Vokal „ie", ein wenig gedeckt zur „ü"-Stellung hin. Bei der kleinen Mundstellung des „ie" strömt der Atem nicht so unkontrolliert aus dem Mund wie bei einem „a".

Drei Töne legato und leise zu singen, scheint eine unmögliche Aufgabe, aber der Text „hier zu mir" gelingt hervorragend. Es ist eine schwierige Aufgabe für den Pädagogen, die große Stimme zum Legato und Piano zu bringen. Das kann Jahre dauern, ebenso wie es Zeit kostet, einer kleinen, beweglichen Stimme etwas mehr Körper zu geben.

In der ersten Unterrichtsstunde mit dieser Stimme erscheint es als die einzige Möglichkeit, eine Textübung zu behandeln, die zunehmend leichter gesungen wird, ebenso wie bei dem vorigen Schüler. Der Unterschied liegt darin, daß unser Baß auch komisch singen will, wozu Schnelligkeit nötig ist. Es droht die Gefahr, daß er, wenn er im Buffostil singt, weniger Legato gebrauchen wird. Aber so weit kommen wir noch nicht. Es wird an Diminuendo-Tönen gearbeitet werden müssen und an leichten Staccati auf tiefen Tönen: g-h-d-h-g, beginnend mit G. Auch die bekannten Summ-Übungen, die ja den Luftdruck unter den Stimmfalten verringern, können verwendet werden.

Dazu braucht es Geduld.

SCHÜLER 6

Das junge Mädchen, das trotz ihrer 17 Jahre doch schon zur vorbereitenden Ausbildung einer Musikhochschule zugelassen wurde, ist eine gute Kandidatin. Sie ist motiviert, Sängerin zu werden, hat gerade ihr Abitur auf dem neusprachlichen Zweig eines Gymnasiums gemacht und einen Italienischkurs belegt.

Mit großen Augen und angehaltenem Atem wartet sie auf die erste Anweisung, dazu bereit, notfalls auch auf einen Baum zu klettern. Als diese Anweisung dann lautet „Lassen Sie Ihren Atem einmal los und lassen Sie die Arme baumeln", bricht sie beinahe zusammen.

„Jetzt dürfen Sie diesen Ton nachsingen". Sie atmet ausgiebig ein, um ihren Eifer zu zeigen. „Jetzt wieder loslassen". Wie soll man ihr in dieser ersten Stunde, von der sie geträumt hat, nun beibringen, wie sie ohne Grimassen einatmen und nach dem Ausatmen entspannen muß, was COBLENZER so treffend „Abspannen" genannt hat?

In erster Linie darf unsere Kandidatin etwas rufen und danach mit offenem Mund stehen bleiben. Das erste Wort ist „Hoi!" Sie muß lachen und findet dies eine verrückte Situation, nicht à la Leonore, aber nach einer weiteren Minute ist sie wieder bereit. Sie sagt willig „ho-ho-ho-ho", wobei nach jedem Mal „ho"-Sagen die Pause dazwischen länger wird.

Der breite elastische Gürtel, den das junge Mädchen trägt, ist sehr geeignet, eine der bekannten COBLENZER-Übungen machen zu lassen. Die eine Seite wird mit der Schnalle an einer Türklinke befestigt, sie selbst darf an der anderen Seite mit beiden Händen leicht ziehen. Beim *Beinahe*-Loslassen des Gürtels und der dadurch verursachten federnden Bewegung ihres Körpers darf sie „hop-hop" rufen und wie ein Kuckuck „ho-ho" singen. Sie begreift, worum es geht, hält in den Pausen brav ihren Mund und die Stimmritze offen und dadurch ihr Zwerchfell tief.

So soll sie lernen, ihre Anspannung und Entspannung unter Kontrolle zu bekommen. Nach jedem gesprochenen „hop-hop" und jedem gesungenen „ho-ho" muß das Gleichgewicht zwischen den sofort wieder bereitstehenden Einatmungsmuskeln und einer entspannten Kehle gefunden werden. Das Beispiel des Dozenten wirkt erhellend und stimulierend; außerdem muß es jedoch *erklärt* werden.

Es gibt Konsonanten, die diese Übung erleichtern: die Verschlußlaute (s. Stichwort „Artikulation" im Kleinen ABC). Zwei Lautverbindungen erweisen sich als sehr wirksam: „hoppa-hoppa", das sich zu „hop-hop" entwickelt oder über einen anderen Weg zu „pah-pah" und schließlich zu „ho-ho" und „ah-ah", das letztere mit gesungenem Einsatz: „hoppa-hoppa-hop-hop-ho; hoppa-hoppa-pah-pah-ah".

Das Wort „Welt" bietet die Möglichkeit, mit dem ausgespuckten „t" zu spielen. Zunächst scheint es „Weltah" zu sein, denn es ist schwer, nach dem „t" nichts zu tun. Danach bleibt der „Atem-Zurückzieh"-Effekt übrig. Nach einer Dreiviertelstunde Erklärung und dem Ziehspiel singt unser Vögelchen ein „pah-pah-pah-pah-pah" auf eine Quinte nach unten und hat noch genug Luft, um den letzten Ton eine Weile anzuhalten.

Kein Geschnaube mehr, kein aufgeblähter Oberkörper. Papagena tanzt nach Haus.

SCHÜLER 7

Ein kleiner junger Mann mit seiner ebenfalls nicht sehr großen Frau, seiner Begleiterin, meldet sich für Privatunterricht an. Es geht hier sicher nicht um eine „erste Unterrichtsstunde", sondern um einer erste Unterrichtsstunde in einem für ihn neuen Stil. Beide führen gemeinsam sehr musikalisch und fließend ein Rezitativ aus MONTEVERDIS Oper *Orfeo* aus.

Als er während seiner Ausbildung sein Falsettregister einzusetzen anfing, fühlte er sich dabei einerseits verloren und allein, andererseits fielen Verspannungen in der Stimme weg.

Nachdem er als „leichter Bariton" ein recht gutes Examen abgelegt hatte, arbeitete er den Gebrauch seines Falsetts selbst weiter aus und fand – intelligent und musikalisch, wie er ist – einen Platz in einem professionellen Ensemble, das ihn als Kontratenor auf den Plakaten ankündigt. Aber ein Gastdirigent bat ihn nun, und diese Frage kam für ihn völlig überraschend, um etwas mehr Legato, etwas mehr „a" und auch darum, lauter zu singen. Das waren keine Hinweise, sondern Forderungen.

Da steht er nun, der kleine Krauskopf, und erzählt schüchtern seine Geschichte. Die drei Fragen des Dirigenten werden in drei aufeinanderfolgenden Unterrichtsstunden behandelt.

Die Arbeit am Legato. Der Sänger singt „Würstchen", jeder Ton hat einen Bauch. Er hat nämlich gelesen, daß im Barock das Legato nicht so sehr gebunden wird wie in der romantischen Musik. Um ihn von den „Wurst-Tönen" abzubringen, soll er ein kleines Quintenmodell *blasen*, also ohne jede Stimmgebung, wobei die Aufmerksamkeit auf einen gleichmäßigen Luftstrom gerichtet ist. Dabei soll er seine Hände auf den Bauch legen, um jede Ungleichmäßigkeit der Atemführung registrieren zu können. Sehr konzentriert und mit geschlossenen Augen führt der Sänger diesen Auftrag aus. Das neue Gefühl weckt Verwunderung und Zufriedenheit.

In der zweiten Stunde muß er den „u"-Klang, der für viele Falsettisten so angenehm liegt (weil der erste Formant der Vokale „o" und „u" irgendwo in der Nähe von f^1-b^1 liegt), zum „a" hin öffnen. Seine Lippen zittern, sie sind zu wenig durch die gemeinen „pra-pre-pri"-, „fra-fre-fri"-Übungen vorbereitet worden. Vor dem Spiegel wird jetzt im Falsett innerhalb der eingestrichenen Oktave geübt. Auf *einen* Ton soll er singen: (1) mu-a, mu-a (Zähne zeigen!), (2) pa-u, pa-u (Lippen über die Zähne legen!) (3) Hurra! Hurra! Die Stunde endet in der Stimmung dieses Wortes.

Nun noch die Crescendo-Übungen, die die Stimme in den kommenden Monaten stärker machen müssen. Dabei wagt der Sänger manches Mal nicht, das Crescendo bis zum forte zu steigern, aus Angst, mit der Stimme umzuschlagen. Die muhende Tiefe kann mit einem „i" heller gemacht werden (der erste Formant des „i" liegt zwischen c^1–f^1). Erst bei b^1/c^2 gelingt es allmählich und die Stimme wird heller; es kommt ein strahlendes d^2-e^2-f^2. Dann erst geht es nicht mehr weiter. Jedes Register hat seine Grenzen.

In den folgenden Stunden soll versucht werden, dieses prächtige und starke Falsett aus der zweigestrichenen Oktave mit nach unten zu nehmen, sicher bis e^1. Wenn dies gelingt, werden die *bewußte* Atemführung und die *bewußt* gebrauchte Öffnung des Mundes zusammenwirken, um der ganzen Stimme mehr Projektion und Sitz zu geben.

DRITTER TEIL

GESCHICHTE

A. DIE OPER

1. DIE ENTWICKLUNG IM 17. UND 18. JAHRHUNDERT

ITALIEN

Die Geburt des neuen, monodischen (= einstimmig begleiteten) Gesang-
stils um 1600 in Italien kann als eine Ausdrucksform des Humanismus
betrachtet werden. Dies war eine Reaktion auf die in der Notre-Dame-
Schule von Nordfrankreich entwickelte Polyphonie, die in den Niederlanden eine enorme Blüte erlebte, aber die *Textverständlichkeit* vernichtet
hatte.

Um die Wende zum 17. Jahrhundert wurde der Mensch seiner selbst
mehr bewußt. Es war die Zeit der Renaissance in der Musik, die sich später
als die Renaissance in der Literatur durchsetzte. Die polyphone Kunst der
Niederländer war in ganz Europa verbreitet. Auch Venedig war solch ein
Zentrum der mehrstimmigen Musik. In der Kathedrale San Marco
erklangen bereits am Ende des 16. Jahrhunderts Werke für zwei Chöre:
Stimmgruppen oder instrumental-vokale Gruppen (Chori spezzati) standen sich im Raum gegenüber. ANDREA und GIOVANNI GABRIELI, Onkel und
Neffe, dirigierten Rücken an Rücken.

Für den Sänger war es die Zeit, in der er aus der Gruppe nach vorne
trat, um seine eigene Stimme besser hören zu können. Er hatte nun den
Wunsch, die Stimme zu schulen. Das *Wie* dieses Geschehens interessiert
uns. Wie wurde die Stimme in den Chören gebraucht, wie ging der Solist
damals mit seiner Stimme um?

MONODIE

Es hat Generationen gedauert, ehe der Solist „auf eigenen Füßen" stehen
konnte.

Obgleich die Musik des 16. Jahrhunderts als Ensemble-Gesang zu
charakterisieren ist, gab es auch damals schon die Gewohnheit, von einer
dreistimmigen Frottola oder Villanella die melodiöseste Stimme singen zu
lassen, während die anderen Stimmen instrumental ausgeführt wurden.
Dies geschah nicht als Improvisation. Vor und um 1600 wurden schon
Solomadrigale und -motetten, „Monodien" mit durchgehender Begleitung, gezielt für eine Solostimme geschrieben, um ein starkes Gefühl, das
in einem Ensemble so viel geringere Möglichkeiten hat, durch nur einen
Künstler hervorrufen zu können.

Beispiele hierfür findet man in den Solomotetten von CARLO GROSSI und LUZZASCHO LUZZASCHI, in den Madrigalen von GIULIO CACCINI und CLAUDIO MONTEVERDI und in den *100 Kirchlichen Konzerten* von LUDOVICO DA VIADANA, von denen eine Reihe für eine, zwei oder drei Solostimmen mit Basso continuo (durchgehendem Baß) geschrieben sind.

Diese Praxis herrschte im gesamten Barock und führte schon früh zur „Arie". Bekannt dafür sind z. B. die Arien in den Kantaten von BACH, in denen eine oder zwei Singstimmen von einem oder mehreren Solo-Instrumenten mit durchgehendem Baß begleitet werden.

LA CAMERATA

Indem man über die mögliche Form des griechischen Dramas nachdachte (von dem wir nicht wissen, welche Rolle die Musik darin gespielt hat, wahrscheinlich hat man nur die Reyen gesungen) und das Augenmerk auf das kirchliche Drama gerichtet hielt, das sich aus der kirchlichen Sphäre löste, kam man im Kunst- und Diskussionskreis „La Camerata" in Florenz dazu, das „Dramma per musica" zu entwickeln, ein Schauspiel, das musikalisch gestaltet wurde. Dies geschah im Hause des Grafen GIOVANNI BARDI, um 1600.

Die Regel, die von vielen Musikern, unter ihnen CACCINI und MONTE-VERDI, formuliert wurde und die sagt, daß das *Wort* gegenüber der Musik die Oberhand haben müsse, wurde die Richtschnur, an die sich die neue Bewegung halten wollte: „Prima le parole, poi la musica". Die Frage nach dem Vorrang von Text oder Musik sollte in der Geschichte noch oft auftauchen.

Die Mitglieder der „Camerata" strebten nach einer einfachen musikali-schen Form, in der das Wort exakt wiedergegeben werden konnte. Das erste Ergebnis war das rein deklamatorische, aber akzentuiert gesungene *Rezitativ.*

Die ersten monodischen Werke lassen schon erkennen, was für das Barock typisch ist: Die horizontale melodische Linie – vorläufig noch in der Weise des Rezitierens geschrieben –, die von einer harmonischen (vertika-len) in Ziffern notierten Begleitung des Basses („Generalbaß") gestützt wird.

Wurde die Stimme in diesen frühen solistischen Werken wie in der mit nur einigen Stimmen besetzten Gregorianik gebraucht oder kann man den Stimmgebrauch eher mit dem der solistisch umherziehenden Trouba-dours und Trouvères in Frankreich oder der Minnesänger im mittelalterli-chen Deutschland vergleichen? Auch diese wußten ihren Gefühlen schon musikalisch Ausdruck zu verleihen. Wie gestaltete sich ihre Technik, wie hat der Meistersinger HANS SACHS gesungen?

GIULIO CACCINI beschrieb im Vorwort eines Bandes mit Madrigalen die Richtlinien des neuen Stils: *Le nuove Musiche* (1602). Dieser Text ist als

Richtlinie für die Aufführungspraxis der vokalen Musik des frühen 17. Jahrhunderts gültig geblieben. Ein zweiter Band wurde 1614 in Florence veröffentlicht: *Nuove musiche e nuove maniera di scriverle.*

Begleitet von einem Cembalo, einer Laute oder einem Virginal und einer auf der Violone gespielten Baßlinie entwickelte sich die frühe Gesangskunst als ein „Singsprechen" auf Ton. Man strebte Textverständlichkeit an, eine neue Wertschätzung des Wortes, das während der Entwicklung der Mehrstimmigkeit oft im Gestrüpp des Kontrapunkts verlorengegangen war.

Bei diesem „Singsprechen" kann man vier Stile unterscheiden: (1) stile recitativo: der erzählende Stil, (2) stile rappresentativo: der vorstellende Stil, (3) stile concitato (besonders bei MONTEVERDI): der aufgeregte Stil, (4) stile espressivo: der expressive Stil.

Von den frühesten „drammata per musica" aus den Kreisen der florentinischen Camerata sind viele Werke verloren gegangen, aber einige Werke konnten anhand des erhaltenen Materials zuverlässig rekonstruiert werden.

Einige der frühen Werke die man rekonstruieren konnte, sind:

Florenz. GIACOPO PERI, *Dafne* (1597), PERI mit GIULIO CACCINI, *Euridice* (1601). CACCINI schreibt selbst auch eine *Euridice* (1602), die erhalten ist.

Rom. EMILIO DE CAVALIERI, *Rappresentazione di anima, e di corpo* (1600).

Mantua. CLAUDIO MONTEVERDI, *Orfeo, favola in musica* (1607), *Arianna* (1608).

CLAUDIO MONTEVERDI (1567–1643), eines der größten musikalischen Genies aller Zeiten, wurde 1613 Dirigent der Chöre von San Marco in Venedig, was ihn dazu inspirierte, zahllose kirchliche Werke zu schreiben, u. a. die *Vespro della beata Vergine.* Auch für seine neuen Opern konnte er auf gute Stimmen zurückgreifen; es sollen bereits geschulte Kastraten darunter gewesen sein. Seine Opern zeigen eine Entwicklung von der einfach angelegten Oper *Orfeo* (1607) zu den Opern *L'Incoronazione di Poppea* (1642) und *Il ritorno d'Ulisse in patria* (1641).

Sensationelle Neuigkeiten in seiner Orchestrierung waren das *Tremolo* und das *Pizzicato* der Streicher, die zuerst in *Il combattimento di Tancredi e Clorinda* (1624) zur Anwendung kamen (ein Werk aus einem seiner Madrigalenbücher; es ist eine „Mini-Oper", die von *kostümierten Sängern* gespielt wurde).

Venedig war die erste Stadt mit einem Opernhaus (1637) und es war auch die Stadt, die die Türen des Theaters für das einfache Volk öffnete. Sehr schnell hatte Venedig dann auch elf Opernhäuser, von denen „La Fenice" das berühmteste ist. 1637 wird MANELLIS *Andromeda* als erste Oper in Venedig im San-Cassiano Theater aufgeführt. In demselben Jahr spielt man auch CAVALLIS *Le nozze di Peleo e di Tete*, in der zum erstenmal eine Dacapo-Arie (mit einer Wiederholung des ersten Teils) vorkommt. PIETRO

Francesco Cavalli verwendet erstmals das „Recitar cantando": Das Rezitativ wird mehr und mehr gesungen.

In den römischen Opern sind der erzählende Aspekt des Rezitativs und die gefühlsmäßige Stimmung der Arie deutlicher voneinander zu unterscheiden.

Die Fortsetzung

So wie Monteverdi der wichtigste Vertreter der ersten Entwicklungsphasen der Oper war, so ist Alessandro Scarlatti (1660–1725) der große Mann in der Gruppe von Komponisten, die die Nachfolger der Bahnbrecher der Monodie sind. Während er zwischen Rom und Neapel hin und her pendelte, strahlte sein Genie auch auf andere Opernstädte aus. Er modellierte und entwickelte ein musikalisches Idiom zu einer Sprache des musikalischen Ausdrucks, die bis in die Tage Ludwig van Beethovens (1770–1827) verwendet wurde, das heißt, bis in die Zeit der Klassik.

Für Scarlattis letzte Schaffensperiode ist die Entwicklung des Streichorchesters kennzeichnend: Er folgt der Entwicklung im Geigenbau Schritt für Schritt, und in seinen letzten Jahren schreibt er seine schönsten Opern. Insgesamt schrieb er 70 Opern, in denen trotz des päpstlichen Verbots in Rom auch Frauen auf der Bühne standen; sie sangen neben den Kastraten.

Scarlattis letzte Opern und Kantaten stehen für das höchste musikalische und intellektuelle Niveau, das in dieser Zeit erreichbar war. Als Pädagoge zählte er den jungen Händel und Hasse in Komposition, Orgel *und* Gesang zu seinen Schülern.

Eine Oper am Anfang des 18. Jahrhunderts war nichts anderes als ein „kostümiertes Konzert". Ob nun historische oder mythologische Texte in Musik gesetzt wurden, die Handlung war immer unglaubwürdig. Die Rollenverteilung war stereotyp: Der Held und die Heldin haben eine hohe Stimme, ob sie nun Frauen oder Kastraten waren. Sogar ihr Platz auf der Bühne war immer der gleiche: Der *primo uomo* stand rechts vorn, die *primadonna* links.

Eine dramatische Oper mußte drei Hauptrollen haben, den ersten Sopransänger, die erste Sopranistin, und den Baß. Jeder mußte fünf Arien singen. Außerdem gab es zwei Rollen für den zweiten Sopran und die zweite Sopranistin, die nur zwei Arien singen durften. Es war auch streng verboten, die Sänger der kleinen Rollen mit Lorbeer zu bekränzen (vgl. Barbier, 1989).

Diese feste Rahmenbedingungen der Opern im 18. Jahrhundert wurden notwendigerweise lebendiger gestaltet durch (für diese Zeit) Aufsehen erregende stimmlichen Leistungen der Solisten und durch eine Bühnentechnik, die das Spektakel mit großartigen Bühnenbildern, mit Wasser, Feuer, wilden Tieren und Statistenaufgebot interessant machte.

Der Gesang hatte beinahe noch keine andere Funktion als schön zu sein und gelegentlich die Zuschauer zu rühren (viele Berichterstatter erwähnen ihre intensiven Gefühlsbewegungen beim Hören des Gesangs). In der Gesangskunst trat Virtuosität immer mehr in den Vordergrund, die Kastraten „gaben den Ton an", andere Sänger außer Soprane und gelegentlich ein Mezzo spielten kaum eine wesentliche Rolle. Wie oben erwähnt, wurden die Hauptrollen von *hohen* Stimmen gesungen; meist geht es um einen Helden (Kastrat) und seine Geliebte (Sopran). Ab und zu ist noch eine kleine Rolle bestimmt für einen Falsettisten, den Mann, der sein Falsettregister gebraucht, wo er es für nötig hält. Als die ersten Bässe MONTAGNANA und BOSCHI sich um 1720 hervortaten, hatten schon eine Kastratengeneration und eine Handvoll Soprane Geschichte gemacht.

Eine der wenigen Altsängerinnen, die bekannt wurde, ist VITTORIA TESI. Über sie schrieb man, sie habe wie ein Mann gesungen; sie wird – was für ihre Zeit eine Ausnahme war – sehr schwer registriert haben.

INTERMEZZO 1: DIE KASTRATEN
1600 - 1800

Seit den ersten Jahrzehnten des 17. bis ans Ende des 18. Jahrhunderts beherrschten Kastraten alle Opernhäuser Italiens, Deutschlands und Englands. In Frankreich kam der Kastrat nicht so sehr zum Zuge, wahrscheinlich weil die Gesangsliebhaber dort an der stimmlichen Leistung ihres eigenen Falsettsängers, des Haute Contre, Gefallen fanden.

In Anbetracht der Tatsache, daß in der liturgischen Musik Frauen seit altersher nicht singen durften, weil das Singen den Priestern vorbehalten war, wurden die hohen Gesangsrollen falsettierenden Männerstimmen und Knabenstimmen anvertraut (das blieb so bis zur Zeit J. S. BACHS). In den allerersten dramatischen Werken, die in Wohnhäusern aufgeführt wurden, traten sehr wohl Frauen auf – wie etwa die Frau und die beiden Töchter CACCINIS. Diese Sängerinnen mußten großenteils das Feld räumen, als die Oper in die Öffentlichkeit trat. (Jahrzehnte später eroberten sie sich allmählich ihren Platz zurück.)

An ihre Stelle traten die Kastraten, um mit ihren hohen Stimmen einzuspringen. Sie blieben 150 Jahre lang tonangebend auf dem Gebiet der Gesangskunst.

Es ist bekannt, daß in dem von dem Niederländer ORLANDO DI LASSO dirigierten herzoglichen Chor in München sechs Kastraten sangen. Im Chor der Sixtinischen Kapelle in Rom sangen spanische Falsettisten, die so schöne und starke Stimmen hatten, daß öfter die Vermutung geäußert wurde, es seien Kastraten darunter gewesen. Schon 1562 wurden die ersten italienischen Kastraten FOLIGNATO und ROSSINI und der spanische Kastrat SOTO in die Sistina aufgenommen. Ferner gab es einen sehr kleinen Kastraten, der „Spagnoletto" (der kleine Spanier) genannt wurde.

Seit dem Altertum wurden Knaben aus vielerlei Gründen kastriert: bei

Initiationsriten, aber auch als Strafe oder als Zeichen der Unterwerfung. Die Auswirkung auf die Gesangsstimme ist wohl eher zufällig entdeckt worden.

Wann genau zum erstenmal kastriert wurde, um die Knabenstimme zu erhalten, ist nicht bekannt. *„Da die Kastration im Prinzip offiziell verboten war, wurde sie meistens an geheimen Orten durchgeführt. Aus diesem Grund ist es leicht zu verstehen, daß keine Unterlagen über die Durchführung erhalten sind"* (FRITZ, S.51).

Bei der Kastration, die dazu diente, das Timbre der Knabenstimme zu erhalten, wurden bei einem Kind, das offensichtlich eine schöne Stimme besaß, vor der Pubertät, also ungefähr im 9. Lebensjahr, die Samenstränge im Geschlechtsteil durchtrennt und zwar auf solche Weise, daß die Geschlechtsdrüsen nicht mehr funktionierten. Wegen mangelnder Produktion androgener Hormone wurde die hormonale Entwicklung des Knaben blockiert. Seine Hoden bildeten sich zurück, er bekam weder Bart noch Brusthaare und der Kehlkopf entwickelte sich minimal, es bildete sich kein Adamsapfel. Deswegen behielt er die kurzen Stimmfalten.

Aber gerade wegen der verringerten hormonalen Einflüsse entwickelte sich der Knochenbau stärker als normalerweise, der entmannte Körper wurde überproportional groß. Aus Karikaturen wissen wir, daß Kastraten lange Gliedmaßen hatten. Aufgrund ihres ausgeprägten Brustkastens und ihres kleinen Kehlkopfes waren sie in der Lage, sehr leicht zu singen und die Töne lange anzuhalten. Sie wurden sechs Jahre lang geschult und begannen ihre Karriere ungefähr mit 15 Jahren. Um 1800 kamen die Kastraten aus der Mode, und das Kastrieren wurde von JOSEPH NAPOLEON, der damals König von Italien war, aus humanitären Gründen verboten. (Eine frühere Verurteilung des Kastrierens im Jahr 1755 durch PAPST BENEDIKT XIV. hatte keinen Erfolg gehabt.)

BEKANNTE KASTRATEN AUS DEM 17. UND 18. JAHRHUNDERT

> BALDASSARE FERRI (1610–1680, Vorläufer)
> SIFACE (1653–1697)
> NICOLINO (1673–1708)
> BERNACCHI (1685–1756)
> SENESINO (1700–1756)
> FARINELLI (1705–1782)
> CARESTINI (1705–1759)
> CAFFARELLI (1710–1783)
> GIZZIELLO (1714–1761)

Dies wird als die erste Belcanto-Periode bezeichnet. Neben diesen Kastraten sangen die Damen:

> FAUSTINA BORDONI (1695–1781)
> FRANCESCA CUZZONI (1700–1770)
> VITTORIA TESI (1700–1772)

In der Zeit dieser Sänger und des Pädagogen P. F. Tosi und des Nicht-Kastraten Porpora schrieben diejenigen Komponisten, die in dem bekannten Band *Arie antiche* (erste Ausgabe 1855) zu finden sind, nämlich Bononcini, Vater und Sohn Scarlatti, Paisiello, Stradella, Hasse und Georg Friedrich Händel, der viele Kastraten nach London holte.

In der Zeit der Pädagogen Mancini, Garcia sen. und des deutschen Pädagogen Hiller blüht die *zweite* Belcanto-Periode mit den letzten Kastraten:

Gaetano Guadagni (1725–1792, Glucks erster Orfeo)
Gasparo Pacchierotti (1740–1821)
Luigi Marchesi (1754–1829)
Girolamo Crescentini (1762–1846)
Giovanni Battista Velluti (1780–1861)

Zwischen diesen beiden Blütezeiten sind noch viele Kastraten mehr oder weniger berühmt gewesen: Guarducci, Majorano, Andrea Martini, der Gesangslehrer Aprile, der einzige bekannt gewordene deutsche Kastrat Berenstadt, und Venanzio Rauzzini, für den Mozart die Motette *Exsultate, jubilate* schrieb. Mozart muß Marchesi, Crescentini und andere Kastraten noch in der Blüte ihrer Stimme gehört haben, er bevorzugte aber offensichtlich die normal entwickelte Männerstimme (s. unten „Mozart").

Deutschland und Österreich

Nach dem 30jährigen Krieg, der von 1618 bis 1648 in Deutschland wütete und mit dem Westfälischen Frieden – einerseits mit Schweden und andererseits mit Frankreich – beendet wurde, war die Einheit des Deutschen Reiches erheblich geschwächt; die Fürsten der einzelnen Staaten kamen indessen wieder mehr zu Ansehen. Und dies war günstig für die Entwicklung der Musik.

Aus Nord- und Mitteldeutschland kamen zahlreiche Kirchenmusiker, wie Johann Hermann Schein und Heinrich Schütz und nach ihnen das große Genie Johann Sebastian Bach (1685–1750). Aber die Oper hat in dem gründlichen Deutschland zunächst wenig Chancen gehabt. Die erste deutsche Oper (mit italienischem Text), *Dafne* von Heinrich Schütz (1585–1672), ab 1617 Hofkapellmeister in Dresden, blieb eine Einzelerscheinung. Die Wiege der Oper in Deutschland stand in Hamburg, wo 1678, also viel später als in Italien, zum erstenmal „Singspiele" mit deutschem Text aufgeführt wurden. Das erste, *Adam und Eva* von Johann Theile, war ein braves Stück über das Paradies; der Titel diente auch dazu, gottesfürchtige Bürger zu beruhigen, die meinten, mit der Oper käme der Teufel in die Stadt.

In Hamburg schrieb Reinhard Keiser, der – eine Kopenhagener Periode von einigen Jahren abgerechnet – gut 25 Jahre lang Dirigent, Direktor und

Hauskomponist der Hamburger Oper war, zwischen 1703 und 1728 ungefähr 110 Werke für das Theater am Gänsemarkt (danach schrieb er sehr viel Kirchenmusik). GEORG PHILIPP TELEMANN, der als Kantor-Organist an fünf großen Kirchen in Hamburg zugleich arbeitete, wurde KEISERS Nachfolger an der Oper. Er wurde jedoch durch seine Kirchenmusik bekannter als durch seine Opern.

Der junge GEORG FRIEDRICH HÄNDEL hat hier seine ersten Erfahrungen gesammelt: Seine *Almira, Nero* und *Florindo* wurden gespielt; Werke, die noch wenig von HÄNDELS späterem italienischen Opernstil erkennen ließen.

In Dresden entstand ein großes Opernhaus, das 1662 mit *Il Paride* von BONTEMPI eröffnet wurde. J. A. HASSE wurde Hofkomponist: Er heiratete die Sängerin FAUSTINA BORDONI und schrieb rund dreißig Opern im italienischen Stil für ihre Stimme.

In Wien herrschten lange Zeit unklare Verhältnisse auf dem Gebiet der Oper: Zwar bestanden zwei Opernhäuser, es gab aber keinen Opernkomponisten von Format. Das Wiener Publikum liebte allerlei witzige Darbietungen, gab aber im 18. Jahrhundert der seriösen Oper keine Chance. Später wurde Wien freilich eine der wichtigsten Opernstädte. Der Hof ließ italienische Sänger kommen. Erst als die sparsame MARIA THERESIA gebot, daß keine Ausländer mehr singen durften, konnte sich die deutsche Oper dort verwurzeln: 1762 wurde GLUCKS *Orfeo ed Eurydice* – noch auf Italienisch gesungen – musikalisch gesehen als deutsches Produkt aufgenommen. Der Kastrat GUADAGNI sang die Hauptrolle.

In München kam es erst sehr spät (seit 1753) zu einem gut laufenden Opernbetrieb. Diese Stadt genoß im 16. Jahrhundert internationalen Ruhm durch die vierzigjährige Anwesenheit des großen niederländischen Kirchenmusikers ORLANDO DI LASSO (1532–1594), aber erst nach seinem Tod baute die Stadtverwaltung ein Opernhaus, in dem Musikwerke aus dem eigenen Land und auch aus dem benachbarten Italien aufgeführt wurden. Dieses Gebäude brannte indessen 1674 ab. Politische Ereignisse – z. B. zwei Kriege, die mit der Thronfolge zu tun hatten – standen dem Bau eines neuen Theaters im Weg. Erst 1753 wurde das bildschöne Cuvillié-Theater eröffnet. Hier fanden Aufführungen von GLUCKS Reformopern und von MOZARTS frühesten Opern statt. Die Opern *La finta Giardiniera* und *Idomeneo* von MOZART bedeuteten die ersten Schritte auf dem Weg zu einem deutschen, nationalen „Singspiel" auf hohem Niveau (s. „Opera buffa" und „Singspiel").

Mozart kann mit seinem Opernschaffen nicht zu Italien, Österreich oder Deutschland gerechnet werden, er gehört zu den alles überragenden Gipfeln in der Musikgeschichte. Ohne ihn wäre das deutsche Singspiel nie zu einem eigenen Ansehen gekommen, ohne ihn hätte Rossini nicht einen eigenen Platz in der Entwicklung der italienischen Oper einnehmen können. Mozart hat in seinem Werk alle Musik seiner Zeit sublimiert, sein Licht scheint in der gesamten Opernproduktion der zweiten Hälfte des 18. und des Beginns des 19. Jahrhunderts. *1750 – 1810*

Den Opern liegen italienische und deutsche Libretti zugrunde, die Textbehandlung ist in beiden Sprachen in der gleichen prächtigen Art auf die Stimme ausgerichtet.

> Der Tenor Benedikt Schak, der erste Tamino, hat Mozart
> um viele „i" in der Höhe gebeten: Er erhielt von Mozart
> die Worte *„Bildnis"* und *„Liebe"* an den Stellen,
> wo sie für den Tenor angenehm lagen.

In Salzburg geboren, reiste Wolfgang Amadeus schon im Alter von sechs Jahren mit seiner pianistisch begabten Schwester Marianne und ihrem Vater und Lehrer Leopold Mozart durch Europa und wurde als Wunderkind an allen Höfen verehrt und bejubelt. Die letzten zehn Jahre seines Lebens verbrachte er, mit Konstanze Weber verheiratet, in Wien. Die Eindrücke auf den internationalen Reisen in seiner Jugend haben dabei mitgewirkt, ihn zu einem der größten Musiker des 18. Jahrhunderts zu machen.

In Mozarts Oper entwickelten sich die Arie und das Rezitativ, die beiden Elemente, die die Oper bis hin zu Wagner prägen, zu ihrer Identität; und das dramatische Geschehen, der „Plot" der Oper, erhält unmittelbar einen menschlichen, psychologisch nachvollziehbaren Inhalt. Mit Ausnahme einiger seiner frühesten Opern, wie *Apollo et Hyacinthus* (von Mozart auf lateinischen Text geschrieben), *Mithridate* und *Idomeneo*, werden die historischen Fakten verlassen, und die Charaktere lassen stets alltäglicheres Verhalten erkennen, was auch in Mozarts Behandlung der Stimme zum Ausdruck kommt. Die Instrumentation der Arien richtet sich nach dem Textinhalt.

Mozart fühlte sich mehr zur Opera Buffa und zum Singspiel hingezogen, die er zu bis dahin ungekannter Blüte brachte, als zur Opera Seria, dem Genre, in dem er am wenigsten schrieb. Mozarts letzte Werke sind am bekanntesten geworden: *Die Entführung aus dem Serail* (Singspiel mit deutschem Text, 1782), *Le Nozze di Figaro* (Opera Buffa, 1786), *Don Giovanni* (Dramma giocoso, 1787) und *Die Zauberflöte* (Singspiel, 1791).

MOZART, der selbst als Achtjähriger in London für kurze Zeit von dem Kastraten MANZUOLI in Gesang unterricht wurde, erlebte viele hohe Stimmen in seinem Umfeld. Wie sollte es auch anders gewesen sein; die Zeit der schwereren Stimmgebung ließ noch ein halbes Jahrhundert auf sich warten.

Diese Stimmen sind sicher auffallend: Die Motette *Exsultate, jubilate,* ein Jugendwerk, schrieb er für den Soprankastraten VENANZIO RAUZZINI, der auch in der Uraufführung von *Lucio Silla* 1772 in Mailand sang. Auch die Idamantes-Partie in *Idomeneo* ist für einen Kastraten gedacht: VINCENZO DEL PRATO sang die Titelpartie.

Und was für eine Stimme wird JOSEPHA HOFER-WEBER, die Schwester von KONSTANZE, wohl gehabt haben, für die er das berühmteste f^3 der Musikliteratur schrieb?

Dann war da noch die andere WEBER-Schwester, MOZARTS erste große Liebe, ALOYSIA, die eine außergewöhnlich hohe und bewegliche Stimme gehabt haben muß. Mozart schrieb für sie einige Konzertarien, darunter die prächtige Arie *„Vorrei spiegarti o Dio"* KV 418, mit einem schwierigen e^3 an mehreren Stellen.

1786 schrieb MOZART *Der Schauspieldirektor,* eine Oper, in der sich zwei echte Koloratursoprane gegenüberstehen. Es waren ALOYSIA WEBER, die Donna Anna (in *Don Giovanni*) singen konnte, und CATARINA CAVALIERI, der Mozart auch die Konstanze-Partie (*Die Entführung*) widmete, aber die auch die Donna Elvira-Partie singen konnte.

Aus dem allen muß gefolgert werden, daß die Koloraturarien *nicht* schwer gesungen wurden (diese Ehre blieb den schwereren Stimmtypen des späten 20. Jahrhunderts vorbehalten), sondern daß Donna Anna und Donna Elvira leichter gesungen wurden, als es heute der Fall ist.

Auffallend sind auch die sehr tiefen Passagen in einigen Sopranarien: Sprünge von sehr hohen zu sehr tiefen Tönen sind bei MOZART keine Seltenheit. Fiordiligi springt in ihrer Arie *„Come scoglio"* vom g^2 zum tiefen b^0-a^0. Susanna singt in ihrer einzigen Arie im *Figaro* den Text *„notturna face"* auf a-f-c-b-b-a, und im *„Et incarnatus est"* in der *Großen Messe* in c-Moll muß der Sopran von einer Koloratur, in der c^3 vorkommt, nach unten zu einem tiefen h^0. NANCY STORACE war die erste Susanna, MARIA DEL BENE die erste Fiordiligi.

Hatten diese Soprane eine so starke Tiefe? Wie schalteten sie um auf eine schwere Registrierung, nasal oder gerade nicht nasal? Fielen ihnen diese Arien genau so schwer wie den heutigen Sopranen? Wenn wir lesen, daß MOZARTS Klavier auf a=422 Hertz gestimmt wurde, dann wundern wir uns weniger über das hohe f als über das tiefe a.

Dem Tenor, der hohen Männerstimme, die bei allen anderen Komponisten erst nach ungefähr 1840 wichtig wird, werden bei MOZART schon

Hauptrollen zugeteilt. Diese Tenorgestalten sind verliebte junge Männer, keine Helden, mit der Ausnahme von Tamino in *Die Zauberflöte*.

Der Mozarttenor muß ein perfektes Legato und eine schnelle Koloratur singen können. Nirgendwo verlangt MOZART von einem Tenor ein hohes c (c²⁾, so weit ist die Entwicklung der Männerstimme am Ende des 18. Jahrhunderts noch nicht. Man kann ohne weiteres annehmen, daß alle hohen Noten oberhalb g¹ in den Tenor- und Baritonarien falsettiert wurden. Das paßte in diese Zeit. Von dem Tenor SCHAK steht geschrieben, daß er – o Wunder! – nie fistulierte!

In MOZARTS Opern finden sich auch schon Hauptrollen für Bariton: Don Giovanni, Leporello, Figaro, Graf Almaviva, Guglielmo. Auch die Interpreten dieser Rollen haben sicher die Noten oberhalb des Registerübergangs im Falsett gesungen.

FRANKREICH
VON ROB BORST

Frankreich hat den erneuernden Einflüssen des Barock durch die Unabhängigkeitspolitik, die das Land im Hinsicht auf das übrige Europa führte, am längsten Widerstand entgegenzusetzen gewußt. Die Regierung LUDWIGS XIV. (1643–1715) war sehr national eingestellt; außerdem bestand in Frankreich die strenge Gilde der „Ménéstriers", in die Ausländer nur mühsam eindringen konnten. Die große Aufgabe der französischen instrumentalen Musik im 17. Jahrhundert ist die Begleitung der Tänzer am Hof. Das ist auch der Grund, warum in der französischen Musik dieser Zeit so viele Tanzformen vorkommen. „Haltung" und „Gebärde" sind deshalb sowohl in der frühen Oper als auch in der Kantate so wichtig geblieben. Diese Tradition des Hofballetts und das Aufkommen der gesprochenen Tragödie (der Klassizismus der Dichter CORNEILLE und RACINE) wirkten ursprünglich der Entwicklung der Oper entgegen. Aber allmählich wurde in den Hofballetts immer mehr gesungen. Dadurch wurde das Ballett zu einem Vorläufer der Oper, der „Tragédie lyrique". Italienischer Einfluß wurde langsam in Frankreich spürbar: 1647 fanden Aufführungen von LUIGI ROSSIS *Orfeo* statt, zu der Zeit, als MONTEVERDI mit seiner *Poppea* in Venedig bereits diesen enormen Schritt vorwärts in Richtung des Belcanto tat.

Daneben fühlte sich das Publikum von den Aufführungen der Hirtenspiele von ROBERT CAMBERT und PIERRE PERRIN angezogen. Das waren ebenfalls vorsichtige Versuche in Richtung Oper.

Damals, im Jahr 1653, kam der Italiener GIOVANNI BATTISTA LULLI als Page, Musiker und Tänzer an den Königshof, wo er seinen Namen in JEAN BAPTISTE LULLY änderte. Durch allerlei Intrigen und ein nie fehlgehendes

Geschick, den König für sich zu gewinnen (Lully war Tänzer und der König tanzte auch gern. Und Lully soll, als der König älter wurde, langsameren Tempi komponiert haben.), verstand er es, sich zum Hofkomponisten emporzuarbeiten. Damit war er in einer Position, von der aus er das Musikleben der Zeit um 1660 stark beeinflussen konnte. Der enge Kontakt zwischen Ludwig XIV. und Lully bewirkte, daß während vieler Jahre Musik beinahe zur Staatsangelegenheit wurde.

20 Jahre lang schrieb Lully Dutzende von Hofballetts, Pastoralen und Komödien und komponierte 16 Opern, unter ihnen *Le bourgeois gentilhomme* auf den Text des Bühnenschriftstellers Molière (1622–1673).

Ferner verarbeitete er Texte von Philippe Quinault, unter anderen zu *Cadmus et Hermione* und *Alceste*, die beide als Opern großen Erfolg hatten. Sie gehörten hundert Jahre später noch immer zum Repertoire der Académie de Musique.

Bei Lully wurde die Laute als Solo-Instrument durch das *Cembalo* ersetzt. Die Orchestration erfuhr eine große Entwicklung, und das *Rezitativ mit Begleitung* (ital.: recitativo accompagnato, franz.: récit accompagné) wurde eingeführt. Die Ouvertüre bekam eine dreiteilige Form: langsam, schnell, langsam. Die Verzierungen in der vokalen Musik wurden von Lully *vorgeschrieben*.

Zur Zeit Lullys kannte man auf der französischen Bühne folgende Stimmen: Sopran, Mezzosopran, beide „Dessus" genannt, Haute-contre (hoher Tenor mit Falsett), Taille (tieferer Tenor), Basse taille und Basse noble (s. Bérard im Kapitel über die Pädagogen).

Geraume Zeit nach Lully beherrschte der französische Theoretiker, Komponist und Dirigent Jean Philippe Rameau (1683–1764) die französische Oper, dessen *Hippolyte et Aricie* und *Castor et Pollux* heute wieder aufgeführt werden. Diese Werke brachten die Sänger zu mehr Expressivität, als es im italienischen Belcanto möglich war. Die französische Sprache und Gestik eröffneten andere Möglichkeiten.

Rameau kam in einen lange anhaltenden Konflikt mit dem Philosophen Jean-Jacques Rousseau, einem vielseitigen Theoretiker, der aber eigentlich kein professioneller Musiker war und der in seinen Werken das „Zurück zur Natur" verkündete. Rousseau war der Meinung, daß italienisch die für das Singen am meisten geeignete Sprache war.

Rameau war bei der Ausarbeitung des Rezitativs für Lully wichtig, aber er arbeitete es in einem neuen, weniger feierlichen Stil aus. Aus diesem Grund war Frankreich der richtige Boden für die Neuerungen des böhmisch-österreichischen Komponisten Christoph Willibald von Gluck (1714–1787), dessen Reformideen in Wien keinen Widerhall fanden.

Gluck war beinahe 60 Jahre alt – und das war vor 200 Jahren sehr alt –, als er nach Paris kam, und er stellte mit Veröffentlichungen im *Mercure de France* den Stand der französischen Oper zur Diskussion. Seine *Iphigénie en Aulide* (1774) und *Iphigénie en Tauride* (1779 für Paris geschrieben) wurden als Reformopern angesehen, in denen ein ganz neues Konzept zum Ausdruck kam. Oder war es vielleicht gar nicht so neu? Wie „La Camerata" sich um 1600, vertreten von CACCINI, der Verwässerung der Texte in der polyphonen Musik widersetzte, so proklamiert auch GLUCK eine Rückkehr zum Wort. Verzierungen kommen aus der Mode, ebenso die Da-capo-Arie, die den Fluß der Handlung unterbricht. (Es wurden jedoch noch lange Zeit hindurch Verzierungen gebraucht; die Sänger haben bis ins 19. Jahrhundert Noten gesungen, die vom Komponisten nicht notiert wurden. LULLY widersetzte sich bereits den freien Verzierungen, und am Anfang des 19. Jahrhunderts schrieben BELLINI und ROSSINI persönlich viele der erlaubten Verzierungen auf. Das waren dann schöne Variationen auf die Hauptthemen.)

GLUCK erreicht eine große Verinnerlichung des Gesangsstils, indem er z. B. das Recitativo accompagnato einführte. Ebenso wie GIULIO CACCINI seine Regeln für die „Neue Musik" als Vorwort zu einem Band mit Madrigalen veröffentlichte, so stellt GLUCK seine neuen Ideen im Vorwort zu seiner Oper *Alceste* dar: Er möchte zu den Prinzipien des ersten Musikdramas zurückkehren, verwendet dazu mythologische Themen und propagiert die „schöne Einfalt", den einfachen Ausdruck, der von den harmonischen Möglichkeiten ausgeht.

Ernsthafte Konkurrenz erfuhr Gluck von dem sehr italienisch schreibenden NICOLO PICCINI (1728–1800), der nach einem erfolgreichen Leben in Neapel mit 50 Jahren ebenfalls nach Paris zog – ähnlich wie GLUCK (vgl. unten „Italien. Opera buffa").

Nach der Uraufführung von PICCINIS in französischer Sprache geschriebener, aber sehr italienisch klingender Oper *Roland* kam es zu einem Streit zwischen PICCINI und GLUCK, der jedoch nicht von den beiden nicht mehr ganz jungen Meistern angezettelt wurde, sondern von dem sich in Geschmacksfragen stark unterscheidenden Publikum, und der so heftig war, daß von Gluckisten und Piccinisten gesprochen wurde. Der Streit fand dadurch ein Ende, daß GLUCK nach Wien und PICCINI nach Neapel zurückkehrten.

So ist die Pariser Oper am Anfang des 19. Jahrhunderts das Saatfeld sowohl für die französische als auch für die italienische Oper (s. ferner „Die Entwicklung im 19. Jahrhundert").

INTERMEZZO 3

ITALIEN. OPERA BUFFA
Die Opera buffa, die in Italien aufkam, war ursprünglich eine kleine Oper mit weniger ernstem Charakter. Es ist kein Wunder, daß schon bald ein Bedürfnis nach etwas Entspannung während der Opernaufführung entstand, die zur Zeit des Barock fünf bis sechs Stunden dauern konnte.

Buchstäblich als ein „Hors d'œuvre" wurden die frühen „Buffe" zuerst 1639 in Neapel in den Pausen zwischen den Opernakten aufgeführt: Kurze vollständige kleine Werke mit komischen oder sentimentalen Elementen, meistens in der Sprache des Volkes.

Diese Intermezzi lassen eine Verwandtschaft mit der frühen Theaterform der „Comedia dell'arte" erkennen, deren Form und Name von unbekannter Herkunft sind. Darin kommen in der Regel Figuren vor wie Arlecchino, Colombina, der Trottel Scapino, der alte Dottore und Pantalone, der Pantoffelheld.

Für eine solches komisches Intermezzo war eine einfache Geschichte wichtig: Die junge Dame, die des Geldes wegen einen älteren Herrn für sich interessieren will, oder der ältere Herr, der einem jungen Ding nachrennt. Das waren vielfach gebrauchte Motive, die immer Erfolg hatten.

Wesentlich war auch, daß die Melodien eingängig waren und der Text verständlich war. Um dem Problem des unverständlichen – weil gesungenen – Textes abzuhelfen, griff man zum gesprochenen Dialog zwischen Arie und Ensemble. Das ist lange Zeit ein wesentliches Element der komischen Oper geblieben. Ein anderes Merkmal ist das von allen Mitspielern gesungene Finale.

Berühmte Opere buffe des 18. Jahrhunderts sind *La Serva Padrona* von G. Pergolesi und *Pimpinone* von G. Ph. Telemann.

Es kann als selbstverständlich gelten, daß in diesen populären kleinen Werken keine Kastratenstimmen eingesetzt wurden. Der Baß und der Sopran klingen natürlicher, die Tenorstimme kommt manchmal in einer Nebenrolle vor.

Die Komponisten der Opera seria verteidigten sich gegen den Erfolg der komischen Intermezzi, indem sie auch leichtere Themen behandelten. Mozart integrierte viele Buffo-Elemente in seine Opern *Le Nozze di Figaro*, *Der Schauspieldirektor* und *Così fan tutte*, so daß Ernst und Traurigkeit wenig Chancen hatten, und er selbst nannte seine Oper *Don Giovanni* ein Dramma giocoso: ein fröhliches Drama.

Frankreich. Opéra comique

In *Frankreich* vollzog sich die Entwicklung der Opéra comique nicht ohne Probleme. In den meisten großen Städten wurden an Festtagen „Marktspiele" abgehalten, bei denen Akrobaten und Jongleure das zahlende Publikum mit Gesang und Possen belustigten. Das Singen störte offenbar die Magistrate, denn es kamen allerlei Verbote von der Obrigkeit, die von den Schauspielern aber behend umgangen wurden. Dürfen wir nicht singen? Dann sprechen wir. Dürfen es kein Dialoge sein? Dann sprechen wir Monologe. Dürfen wir überhaupt nicht mehr sprechen? Dann schreiben wir den Text auf eine Tafel und machen dazu Gebärden (Comédie aux écritaux). Und das Publikum sang dazu aus voller Brust die bekannten Melodien.

Trotz allem, was der Magistrat und die Schauspieler der Académie Royale sich ausdachten, spielten sie weiter. Zum Schluß bekamen sie ein eigenes Theater, das „Vaudeville-Theater" (abgeleitet von voix de ville: Stimmen der Stadt). Unter der Leitung des Italieners (!) EGIDIO DUNI entwickelte sich hier etwa 1750–1770 die Opéra comique, aus der viel später die französische Operette hervorging.

Eine Geschichte für sich ist die „Guerre des bouffons", eine Meinungsverschiedenheit zwischen den Freunden der „Comédie italienne" und den sich stets stärker fühlenden Vaudeville-Schauspielern. Der Streit spitzte sich zu, als eine reisende Gruppe Italiener nach Paris kam und 1752 mit Erfolg *La serva padrona* aufführte. ROUSSEAU brachte sogleich sein *Le devin du village* in Fontainebleau zur Aufführung, ebenfalls mit Erfolg. Eine wichtige Rolle spielte bei diesem Streit die Frage: Welche Sprache eignet sich am besten dazu, gesungen zu werden? Auf der einen Seite stand RAMEAU, der LULLYS italienisch orientiertes Werk weiter führte, aber doch an der Einführung der französischen Oper arbeitete, und auf der anderen Seite ROUSSEAU, der zwar eine französische Oper schrieb, aber italienisch als die für das Singen am besten geeignete Sprache favorisierte (s. *Lettre sur la musique française*, 1753). Es werden definitive Standpunkte eingenommen, aber auch wieder geändert. Bis zum Ende des 19. Jahrhunderts sang man in Paris französisch und italienisch, bis schließlich das Französische die Oberhand gewann, sowohl in der Oper als auch in der Opéra comique. Erst seit 1970 werden dort auch Opern in Originalsprache aufgeführt.

Strophenlieder mit Refrain sind die Merkmale der Opéra comique und später der Operette geblieben. Die Opéra comique wurde immer ernsthafter und wurde nur noch durch den gesprochenen Dialog definiert. Aufgrund dieser Definition würde *Carmen* (1875) von BIZET eine Komische Oper sein, weil in ihr gesprochen wird. (Zur „Operette" s. unten „Die Entwicklung im 19. Jahrhundert".)

DEUTSCHLAND. SINGSPIEL

Das Wort „Singspiel" findet sich schon vor 1700, als ausländische „Opere serie" ins Deutsche übersetzt wurden, wie das 1627 mit PERIS *Dafne* geschah. Auf dem Titelblatt zu einer Oper von LULLY steht 1648 „Ein hochdeutsches Singspiel". Das deutsche Singspiel war also ursprünglich *nicht* ein komisches Gegenstück der – kaum vorhandenen – deutschen Oper, denn ein „Tragisches Singspiel" gab es auch. Mit Singspiel bezeichnete man die Oper.

Die Wurzeln des *leichteren* Singspiels liegen in der Stegreifkomödie, die wegen ihres improvisierenden Charakters den französischen Marktspielen gleicht. Das deutsche Naturell ist aber introvertierter als das der

Franzosen und Italiener; das Singspiel bleibt in Deutschland lange Zeit hindurch eine recht ernsthafte Angelegenheit und entwickelt sich nach beiden Seiten, ernsthaft und leicht, nur langsam. Kennzeichen vor allem des leichten Singspiels ist das Lied.

Ein Jurastudent aus Leipzig, der sich „SPERONTES" nannte (1705–1750), war dabei der große Wegbereiter. Neben ihm begegnen wir dem Komponisten und Gesangspädagogen J. A. HILLER (1728–1804) mit einer überaus großen Produktion von Singspielen, von denen *Der Teufel ist los* und *Die Jagd* gelegentlich noch aufgeführt werden. Sicher hat HILLER mit dem großen Opernkomponisten HASSE (1699–1783) Kontakte gehabt, der 30 Jahre lang in Dresden so „tonangebend" war, daß er „Il caro Sassone", der liebe Sachse, genannt wurde.

HILLER führte schon ein einfaches Ensemble und den schüchternen Beginn von dramatischer Handlung ins Singspiel ein, wobei das letztere wörtlich als „Handlung" aufzufassen ist. Die Lieder aus seinen Singspielen wurden in Deutschland sehr populär.

Es erscheint merkwürdig, daß dieser Komponist von Singspielen auch einer der Nachfolger von J. S. BACH an der Thomaskirche zu Leipzig geworden ist. HILLER war ein begeisterter Anhänger von HAYDN und MOZART, und er war einer der ersten, der in Mitteldeutschland die englischen Oratorien von HÄNDEL in deutscher Übersetzung zur Aufführung brachte.

Themen in HILLERS Werken waren nicht nur Liebe und Tod wie in der italienischen Opera seria und Opera buffa, sondern auch der Wein, die Jagd und die Naturgewalten. „Sturm" lieferte natürlich Gelegenheit zu stark illustrierender Musik. Das Singspiel war kein minderwertiges Genre; das zeigt sich auch darin, daß J. W. VON GOETHE (1749–1832) einige Texte für Singspiele geschrieben hat, wie z. B. *Erwin und Elmira*, wozu dann J. F. REICHARDT die Musik komponierte.

Mit seinem *La finta giardiniera*, 1775 in München uraufgeführt, und *Der Schauspieldirektor*, 1786 in Wien erstmals gespielt, hat MOZART das Singspiel auf Opernniveau gebracht. *Die Entführung aus dem Serail*, in der Constanze zwei sehr traurige Arien singt, nennt er Singspiel, ebenso wie *Die Zauberflöte* (Wien 1791).

ENGLAND. MASQUE

Eher vom französischen Hofballett als von der italienischen Oper beeinflußt, entwickelte sich in England die „Masque" (auch „Mask" geschrieben), eine Art Maskerade. Dies war ein Theaterstück, in dem lyrische und dramatische Dichtung vorkamen, in dem getanzt und gesungen wurde. Um 1600 wurde hier bereits eine für diese Zeit hohe Perfektion erreicht. Die Texte schrieben vielfach Dichter, die als Vertreter der Elisabethanischen

Zeit bekannt sind, wie BEN JONSON, der die Komponisten ANTONIO SALIERI (Oper *Angiolina*, 1800) und RICHARD STRAUSS (Oper *Die schweigsame Frau*, 1935) noch zu inspirieren wußte.

Die etwas kümmerliche Entwicklung der Oper in England im 17. Jahrhundert hängt mit dem Bürgerkrieg zusammen, der 1649 ausbrach und der die Theater zum Schließen zwang. Das bedeutet aber nicht, daß in England nicht quasi öffentlich musiziert wurde. Im Gegenteil, die Zeit der KÖNIGIN ELISABETH I. (1558–1609) ließ Komponisten wie BYRD, WHEELKES, MORLEY, WILBEY, BULL und DOWLAND und die Scharen ihrer Nachfolger in hellem Licht erstrahlen. Sie werden nach dem Tasteninstrument Virginal, für das sie viele Werke schrieben, die „Virginalisten" genannt. Auf dem Gebiet der vokalen Musik produzierten sie Lieder, die alle Sängergenerationen als „Elisabethan Songs" kennen, sowie eine große Zahl kirchlicher Musikstücke, weltlicher und kirchlicher Madrigale und auch festlicher Hofmusik.

Musizieren war so beliebt, daß reiche Leute nur Personal in Dienst nahmen, das auch Musik machen konnte, und beim Barbier hing eine Laute in Reichweite, um denjenigen, die warten mußten, bis sie mit dem Haareschneiden oder dem Rasieren an die Reihe kamen, die Gelegenheit zu geben, in die Saiten zu greifen. Jeder, der nicht in der Lage war, seine Stimme in einem Quartett erklingen zu lassen, galt künstlerisch nur wenig (barbershop-songs).

Im 17. Jahrhundert wurden in London einige Werke aufgeführt, die man Opern nennen kann: *Cupid and Death* von CH. GIBBONS und M. LOCKE (1653) und *The Siege of Rhodes* (1656, von verschiedenen Komponisten). In diesem Werk stand zum erstenmal für England eine Frau auf der Bühne. Dies zeigt, daß alle Frauenrollen in Shakespeares Theaterstücken von Männern gespielt wurden.

CHARLES II. (1660–1685), der König der Restauration, war ein Musikliebhaber, der von seinen Reisen durch Frankreich und Italien Einflüsse der kontinentalen Musik nach England mitbrachte. Er ließ die Londoner Theater neu erbauen. Das Englische Musiktheater blühte auf.

HENRY PURCELL (1659–1695), einer der größten Vertreter Englands auf dem Gebiet der Musik, schrieb in seinem kurzen Leben Musik zu wohl 40 Theaterstücken, von denen viele von WILLIAM SHAKESPEARE stammen: *King Arthur*, *The Tempest* (Der Sturm) und *A Midsummernight's Dream* (Ein Sommernachtstraum). Seine einzige echte Oper *Dido and Aeneas* hat PURCELL für ein Mädcheninternat in Chelsea, nahe London, geschrieben.

Nach PURCELLS Tod war der Weg frei für italienische Einflüsse vom Festland. Es waren schon einige Werke von BONONCINI und MANCINI aufgeführt worden. Als aber HÄNDEL 1710 nach London kam, brachte er die gesamte Operntradition mit, einschließlich der Kastraten SENESINO und BERNACCHI. 1711 wurde *Rinaldo* aufgeführt, 1712 *Pastor Fido*, 1713 *Teseo*, und von 1720 bis 1723 kamen *Radamisto*, *Giulio Cesare*, *Floridante*, *Ottone*, *Flavio*,

Tamerlano, Rodelinda, Scipione und *Sosarme* zur Aufführung. Auf diese Weise hat die italienische Oper London geradezu überspült.

The Beggar's Opera (1728) von Christoph Pepusch zum Text von John Gay war eine englische Reaktion auf Händels italienische Sänger. Dies wurde der Beginn der „Ballad-opera", des stärksten englischen Gegenstücks zur Opéra comique und zum Singspiel. Händel mußte sich geschlagen geben und beschränkte sich nach jahrelangem Opernruhm auf das Komponieren von Oratorien zu biblischen Themen (*Joshua, Judas Maccabaeus, Jephta*), von denen *The Messiah* bis auf den heutigen Tag das bekannteste ist.

2. Die Entwicklung im 19. Jahrhundert

Einleitung

Das ganze 19. Jahrhundert ist der Schauplatz politischer Revolutionen und industrieller und kultureller Umwälzungen gewesen, auch das Jahrhundert der Erfindungen, wie z. B. der Eisenbahn, der Elektrizität und – für uns hier wichtig – des Kehlspiegels von M. Garcia (1854). Mit dieser Erfindung war Garcia in der Lage, die menschlichen Stimmfalten in Funktion zu betrachten und zu einer Beschreibung der „Stimmregister" zu kommen. Seine Erfindung bestätigte, was er in 1841 bereits geschrieben hatte, und seine Forschungen sollten für lange Zeit den Ausgangspunkt für die stets weiter fortschreitende Stimmwissenschaft bilden.

Als ganz Europa demokratischer zu denken begann, wurden auch die Möglichkeiten der Aufführungspraxis von Musik liberaler: Nicht nur am Hof – sofern er noch bestand – bestand ein Podium für den Musiker, die „Salons" luden Künstler ein aufzutreten, und die Oper wurde immer zugänglicher für das Volk. Und sehr wichtig für die Gesangskunst: Das Klavier kam ins bürgerliche Wohnzimmer.

Die „Epoche der Klassik" in der Musik, die sich vor allem in Österreich und in Deutschland herausgebildet hatte, führte von den Werken von Haydn und Mozart über Beethoven weiter zur „Romantik". Zunächst war die Romantik – das Wort ist von „Romance" abgeleitet – eine *literarische und philosophische Strömung,* die am Ende des 18. Jahrhunderts entstand. Aber das Wort diente im 19. Jahrhundert immer mehr auch zur Bezeichnung einer Epoche in der Musikgeschichte, wie das Wort „Barock", anstatt nur eine Bezeichnung für den Geist einer Zeit zu sein. Der Begriff „Romantik" erhielt seine spezifische Prägung in den Schriften der Gebrüder Schlegel: August Wilhelm (1767–1845) und Friedrich (1772–1829). Beide studierten Literaturwissenschaften und Philosophie und redigierten gemeinsam eine Reihe von Jahren die einflußreiche Zeitschrift *Athenäum.* Ihre grundlegendenen Aussagen gegen den Klassischen Stil wurden zu den Grundgedanken der Romantik. „Klassisch" stand für die Kunst, die sich an den klaren Formen des Altertums orientierte als eine Reaktion auf die übergroße Formenvielfalt des Barock. Die Romantiker richteten sich stattdessen stärker auf das Mittelalter und auf christliche Motive.

In der Musik rechnet man zu dieser Periode die Werke von FRANZ SCHUBERT (1797–1828), dessen Lebensjahre etwa mit den letzten 30 Jahren BEETHOVENS (1770–1827) zusammenfallen, bis zu RICHARD STRAUSS (Werke bis 1914).

In der zweiten Hälfte des 18. Jahrhunderts spielte das Gefühl schon einmal eine wichtige Rolle. Motive in der Literatur waren: Sehnsucht, Einsamkeit, Weltschmerz, Heimweh. Die Periode des „Sturm und Drang", beispielhaft dokumentiert in GOETHES Jugendwerk *Die Leiden des jungen Werther*, war ein Vorspiel für die später einsetzende Romantik.

Die Kennzeichen des romantischen Elements in der Musik sind: Ehrliche Gefühlsäußerungen, poetische Ausdrucksformen, Phantasie, aber auch Heroik (späte Kompositionen von BEETHOVEN, Werke von BERLIOZ) und Virtuosität (LISZT, PAGANINI).

Volkspoesie und Märchen, wie die von den Brüdern JAKOB und WILHELM GRIMM gesammelten *Kinder- und Hausmärchen* (1812–1822), wurden in Deutschland von jedermann eifrig gelesen. Dichter, die ebenfalls im romantischen Stil arbeiteten, waren LUDWIG TIECK, CLEMENS VON BRENTANO und EDUARD MÖRIKE.

Als die deutsche Literatur des beginnenden 19. Jahrhunderts in Frankreich bekannt wurde, fand die neue Kulturströmung auch dort ihren Weg. Unter anderem war die Novelle *René* (1805) von CHATEAUBRIAND ein Modell für die folgenden Entwicklungen. Ungefähr Mitte des Jahrhunderts schrieben die Dichter ALFRED DE VIGNY, ALPHONSE DE LA MARTINE, ALFRED DE MUSSET und VICTOR HUGO die gefühlvolle Poesie, die nach 1850 die Komponisten GABRIEL FAURÉ und CLAUDE DEBUSSY zum Schreiben eines Liedgenres inspirieren sollte, das eine ganz eigene, französische Atmosphäre erkennen läßt. (Logischerweise wird in vielen Fällen ein Lied komponiert, *nachdem* das Gedicht geschrieben ist.) Dies geschieht ein halbes Jahrhundert, nachdem in Deutschland das Kunstlied bei SCHUBERT zur Vollkommenheit gereift war.

Nicht nur im Lied, sondern auch in anderen Musikformen reichen Musik und Literatur einander die Hand, z. B. wenn BERLIOZ und LISZT Programmusik schreiben. Das sind Instrumentalwerke, denen häufig ein literarisches Thema zugrundeliegt. Die Titel geben den Inhalt der Werke wieder: *Totentanz, Frühlingsfeier, Bagatelle, Danse macabre*. Auch als ROSSINI, DONIZETTI und VERDI die Libretti für ihre Opern nach Theaterstücken von SCHILLER und SHAKESPEARE schreiben lassen, wird der literarische Text der Ausgangspunkt für die Musik.

Im Gegensatz zu VERDI dichtete WAGNER seine Texte selbst. Sie gründeten sich auf alte germanische Sagen und mittelalterliche Legenden. In seinen Dichtungen verwendete WAGNER sehr oft den Stabreim.

Das Zurückgreifen auf literarische Themen brachte eine veränderte musikalische Formgebung mit sich. Im Verlauf der traditionellen Entwicklungslinie der klassischen Formen ereignete sich ein Umbruch: Eine „Symphonische Dichtung" paßte nicht mehr in einen drei- oder vierteiligen Rahmen, und eine lange romantische Ballade sprengte die Grenzen des Strophenliedes.

Auch in der Harmonik wurden die Grenzen verschoben: Sich vom großen und kleinen Dreiklang entfernend erklingt ein *Clair de lune* von Fauré oder stärker noch von Debussy in einem ganz anderen Klangidiom als Schumanns *Mondnacht* von 1840.

Die Da-capo-Arie mit ihrer A-B-A-Form weicht in der Grand opéra einer zweiteiligen; sie besteht dann aus einem expressiven langsamen Teil, auf den ein schneller und virtuoser Teil folgt, der oft mit einer „Cabaletta" oder „Stretta" endet. Auch bei Mozart ist dieser Form schon nachzuweisen, z. B. in der Arie der Donna Anna *„Non mi dir"* aus *Don Giovanni*, in der ersten Arie von Madame Herz in *Der Schauspieldirektor* und in der Arie der Gräfin *„Dove sono i bei momenti"* aus *Le nozze di Figaro*.

Eine auffallende Neuheit dieser Zeit ist die Chromatik, eine Folge von Halbtönen, *auch* in den Gesangspartien. Man denke an die Sopranarie *„Casta diva"* aus *Norma* von Bellini.

Im Jahrhundert der Romantik wurde der Technik sowohl der Stimme als auch des Instruments eine andere Orientierung gegeben: Instrumentalisten wie Liszt (Klavier) und Paganini (Violine) kamen zu einer bemerkenswerten *Virtuosität*, während die Stimme, die früher von den Kastraten zu einer für das 18. Jahrhundert großen Vollkommenheit gebracht worden war, nun ganz langsam und mit viel Widerstand in den Dienst des *Ausdrucksvermögens* in der Legatolinie und im Wort gestellt wurde.

Diese Entwicklung, die am Ende des 18. Jahrhunderts, vor allem unter Glucks Einfluß, einsetzte – eine Tendenz, die gerade von der Virtuosität wegführte – verläuft *sehr* langsam und kommt erst am Ende des 19. Jahrhunderts bei Wagner zu einer deutlichen Form (s. unten Intermezzo 5: „Wagner").

Bei Gioacchino Rossini sehen wir, wie der alte italienische Stil in den neuen Stil der Grand opéra (*Guillaume Tell*) übergeht. Bellini und er schreiben die erlaubten Fiorituren ausdrücklich auf, und vor allem Bellini ordnet die Koloratur dem Ausdruck unter.

Die Wechselwirkung, die im 17. und 18. Jahrhundert zwischen dem Komponisten und dem Sänger stattfand, spielte auch im 19. Jahrhundert noch eine große Rolle. Der Komponist schrieb für einen bestimmten Sänger wegen seines Timbres und seines Stils, und der Sänger hatte das Recht, dem Komponisten seine Wünsche mitzuteilen. Bellini liebte die Stimme von Maria Malibran-Garcia, Rossini schrieb die Rolle des Grafen Almaviva im *Barbier* für den Tenor Manuel Garcia (den Vater des berühmten Manuel Garcia, von Maria Malibran und Pauline Viardot).

Die neuen Musikauffassungen des 19. Jahrhunderts stellen neue Anforderungen an die Stimme. Neben den immer lauter klingenden Instrumenten muß auch das Volumen der Singstimme größer werden; für die langen Linien, die Bellini und Meyerbeer verlangen, muß die Atemtechnik des Sängers verbessert werden. In den Werken Verdis müssen Soprane und Tenöre das hohe c erreichen, ohne daß ein Tenor dabei sein Falsett gebraucht.

Die Gesangsmethodik muß ihre Auffassungen den neuen Anforderungen anpassen.

Die Schule von Garcia jun., die, obgleich Garcia nur von 1842 bis 1850 in Paris lehrte, einen enormen Einfluß auf die Gesangskunst in der Stadt und dadurch auf die Musikwelt hatte, blieb noch ganz in Übereinstimmung mit dem „Brillamento" und der „Agilità" der Stimme. In den Theatern in Wien und in allen deutschen Opernstädten war diese „Italianità" groß in Mode.

Aber auch als Garcia in London lehrte (1850–1895), strömten große Teile der Sängerwelt zu ihm, um seine technische Unterstützung zu erhalten. 1850 hatte Garcia beschlossen, sich in London niederzulassen.

Erst als die deutschen Gesangsmethoden bekannt waren (Stockhausen 1884, Hey 1913), wurde das Ziel derer erreicht, die auch die Prosodie der Sprache in ihre Methodik aufnehmen wollten. Es ging damals nicht mehr nur um Verständlichkeit, sondern auch um den dramatischen oder poetischen Ausdruck der Worte.

„Man muß den Ausdruck ‚dramatische Interpretation' nicht mit einer vulgären Schau oder Exaltiertheit verwechseln, die die Stimme überanstrengt und zu übertriebenen Gesten führt, die sie begleiten."

(G. B. Lamperti, 1931)

EINIGE BERÜHMTE SÄNGER DES 19. JAHRHUNDERTS

Tenor	Domenico Donzelli (1790–1873)
	Giovanni Battista Rubini (1774–1854)
	Adolphe Nourrit (1802–1839)
	Gilbert Duprez (1806–1896)
	Joseph Titatschek (1807–1886)
Sopran	Giuditta Pasta (1797–1865)
	Wilhelmina Schröder-Devrient (1804–1860)
	Henriette Sontag (1806–1854)
	Jenny Lind (1820–1887)
	Marietta Alboni (1823–1894)
Mezzo	Benedetta Pisaroni (1793–1872)
	Caroline Unger (1803–1877)
	Maria Malibran-Garcia (1808–1836)
	Pauline Viardot-Garcia (1821–1910)

Bariton	Antonio Tamburini (1800–1876)
	Jean Baptiste Faure (1830–1914)
Baß	Ludwig Fischer (1745–1825)
	Nicolas Levasseur (1791–1871)
	Luigi Lablache (1794–1858)

Paris als Zentrum – die Operngenres

Das Leben der Oper in Paris war immer sehr turbulent. Lully entwickelte dort das „Ballet de cour" zur „Tragédie lyrique"; zwischen Rameau und Rousseau tobte ein Streit, bei dem es vor allem darum ging, ob die französische Sprache fürs Singen geeignet sei, was zu dem „Guerre des bouffons" führte; und bei dem Streit zwischen Gluckisten und Piccinisten ging es eigentlich immer noch um dieselbe Frage (s. oben Intermezzo 3).

Paris wurde immer mehr das Zentrum sowohl der eigenen als auch der italienischen Opernkultur. Die letztere hielt sich im „Théâtre Italien", wo alle großen Sänger aufgetreten sind. Viele Italiener arbeiteten vorübergehend am „Conservatoire de Musique" und schrieben mehrere ihrer Werke für die Pariser Oper. Manuel Garcia erregte großes Aufsehen mit seinen Veröffentlichungen und zog damit viele Sänger an.

Es folgt hier eine kleine Übersicht der bekanntesten italienischen Opernkomponisten, ihrer bekanntesten Werke und derjenigen, die sie in Paris geschrieben haben.

Giacomo Meyerbeer (1791–1864):
  Les Huguenots (Paris 1836)
  L'Africaine (Paris 1865)

Gioacchino Rossini (1792–1868) war von 1824–1836 Direktor des Théâtre Italien, kam 1848 nach einer Unterbrechung von 12 Jahren in Bologna in die Stadt zurück und pendelte dann zwischen der Opera buffa und der Grand opéra. Trotz Rossinis Verlangen nach einer „Melodia semplice" und einem „Ritmo chiaro" gab er Gelegenheit zu brillantem Gebrauch der Stimme, aber legte die Koloraturen zum größten Teil selbst fest:
  Tancredi (1813)
  L'Italiana in Algeri (1813)
  Il barbiere di Siviglia (1816, nach Beaumarchais)
  Otello (1816, nach Shakespeare)
  Guillaume Tell (Paris 1829, nach Schiller)

Vincenzo Bellini (1801–1835) schrieb Koloraturen mit einer ausdrucksvollen, sängerischen Legatolinie. Die Singstimme war wichtiger als das Orchester. Er arbeitete zwischen 1833–1835 in Paris:

    Norma (1831)
    La somnambula (1831)
    I Puritani (Paris 1835)

GAETANO DONIZETTI (1797–1848) hinterließ 70 Opern aller Genres. Er wirkte von 1838 bis 1842 in Paris:

    Anna Bolena (1830)
    L'Elisir d'amore (1832)
    Lucretia Borgia (1833, nach Victor Hugo)
    Lucia di Lammermoor (1835, nach Walter Scott)
    Don Pasquale (Paris 1843)
    Diese Oper gilt als die letzte italienische Opera buffa.

Die Operngenres, die in Paris gepflegt wurden, waren im 19. Jahrhundert:

Grand opéra. Meist durchkomponiert und mit gesungenen Rezitativen. Man arbeitet mit großen Massenchören und prächtigen Bühnenbildern:

    D. F. E. AUBER, *La muette de Portici* (1828)
    G. ROSSINI, *Guillaume Tell* (1829)
    G. MEYERBEER, *Les Huguenots* (1836)
    H. BERLIOZ, *Les Troyens* (1856–58)

Opéra comique. Herkommend von der Opéra bouffe und übergehend in die Operette. Kennzeichen sind ansprechende Melodien und ein Finale, an dem alle Mitwirkenden beteiligt sind.

    A. BOIELDIEU, *La Dame blanche* (1825)
    G. DONIZETTI, *La fille du régiment* (1840)
    G. DONIZETTI, *Don Pasquale* (1843)
    J. OFFENBACH, *Les contes d'Hoffmann* (1881)

Drame lyrique. Erhielt etwa 1850 seine Form und kehrte im Gegensatz zu den groß angelegten Vorstellungen der Grand opéra zurück zum intimen Ensemble. Weil darin gesprochene Dialoge vorkommen, besteht eine Nachbarschaft zur Opéra comique. Es wird deshalb nicht in der Opéra aufgeführt, sondern im Théâtre Lyrique oder in der Opéra Comique.

    CH. GOUNOD, *Faust* (1859, nach Goethe)
    A. THOMAS, *Mignon* (1866, nach Goethe)
    L. DELIBES, *Lakmé* (1883)
    G. BIZET, *Les pêcheurs de perles* (1863)
    G. BIZET, *Carmen* (1875, nach Mérimée;
    später wurden gesungene Rezitative hinzugefügt,
    um das Stück in der Opéra aufführen zu können)

Ein Werk wie *Pelléas et Mélisande* (1892) von CLAUDE DEBUSSY (1862–1918) bildet einen Höhepunkt des Impressionismus und ist ein Meilenstein in der Entwicklung der französischen Oper. Das *Wort* wird darin bis in seine äußersten Dimensionen ausgeleuchtet.

Die Operette

Die französische Operette ist regelrecht aus der Opéra bouffe hervorgegangen. Wo soll man in den Werken von Jacques Offenbach zwischen beiden Genres eine Grenze ziehen? Sein *Contes d'Hoffmann* heißt nun einmal eine „komische Oper" und kommt in *Reclams Operettenführer* nicht vor, wohl aber im *Concise Oxford Dictionary of Opera*.

Immerhin erfüllen gut 100 Operetten Offenbachs alle Anforderungen, die an dieses Genre gestellt werden: Das Libretto ist witzig, die Musik für den Zuhörer nicht schwierig und sicher wird oft getanzt. Offenbach scheut in seinen Werken auch die Parodie nicht: in *Orfée aux enfers* wird Orpheus ein wenig lächerlich gemacht, und in *La belle Hélène* wird die bildschöne Helena besungen, die, vom trojanischen Prinz Paris geraubt, zum „Anlaß" des Trojanischen Krieges wird. Seine gesellschaftliche Umgebung, das flatterhafte Leben im Paris der sechziger Jahre des 19. Jahrhunderts, nimmt Offenbach auch in *La vie Parisienne* und in *La duchesse de Gérolstein* aufs Korn.

Offenbach ist Altersgenosse von Verdi und Wagner, und man darf wohl voraussetzen, daß er ihre Werke gehört hat. Aber in seinem eigenen Theater „Les Bouffes Parisiens" hielt er Abstand von seinen großen Kollegen. Sein Einfluß erstreckte sich indessen bis nach Wien, wo er Franz von Suppé zu ebenso schönen Operetten inspirierte (s. unten „Wiener Operette").

Weitere bekannte französische Operettenkomponisten sind Florimond Ronger, genannt Hervé, und Alexandre Charles Lecoq.

Intermezzo 4: Giuseppe Verdi (1813–1901)

Verdi treibt die italienische Oper zu einem neuen Höhepunkt. Ebenso wie sein Zeitgenosse Wagner umspannt er mit seinem Werk nahezu das gesamte Jahrhundert, wobei freilich Wagner einen völlig neuen Weg ging. Verdi paßt sich an den neuen Erfordernissen seiner Zeit an, aber setzt damit doch eine schon in Gang gekommene Entwicklung fort.

Für die Werke, die im Repertoire geblieben sind, griff er auf literarische Themen zurück: Für die frühen Opern *Macbeth* auf eine Tragödie von Shakespeare und für *Nabucco* auf einen biblischen Stoff. Der Text oder Inhalt wurde für Verdi wichtiger als die Musik, wie eine seiner Bitten an den *Macbeth* der Uraufführung bezeugt: *„Ich bitte Sie mit Nachdruck, die* *dramatische Situation und die Wörter zu studieren, die Musik kommt von selbst. Dienen Sie mehr dem Dichter als dem Komponisten".* Obwohl man diesen Satz VERDIS berücksichtigen muß, sind seine Werke ausgezeichnet zu singen.

Die dramatischen und tragischen Inhalte beeinflußten seinen Schreibstil in dem Sinn, daß eine regelrechte Umkehr in Richtung auf die Grand opéra stattfand, mit vielen Chören, die oft eine einprägsame Melodie zeigen. Der unisono gesungene Chor *„Va pensiero"* aus *Nabucco* machte VERDI in ganz Europa berühmt.

Opern wie *Nabucco* und *Il battaglio de Legnano* appellierten an die Freiheitsgefühle der Italiener, deren Land zu dieser Zeit zum Teil von Österreich regiert wurde. VERDI nahm aktiv am Freiheitskampf teil, und seine Opern bewirkten, daß nicht nur Opernliebhaber, sondern das ganze Volk ihn als Helden verehrte. Seine größten Inspirationen erhielt VERDI durch traurige und tragische Ereignisse: Sie brachten ihn dazu, seine herausragendsten Melodien zu schreiben.

Obwohl er in Mailand wohnte, hielt VERDI sich oft in Paris auf, zum Beispiel von 1847 bis 1849, während der Februarrevolution.

Die französische Literatur inspirierte ihn häufig: *Rigoletto* ist eine Bearbeitung von VICTOR HUGOS *Le roi s'amuse* (trotz leichtfüßiger Melodien wie der Tenorarie *„La donna e mobile"* hat *Rigoletto* doch eine tragische Handlung), und *La Traviata* ist eine Bearbeitung von *La dame aux camélias* von ALEXANDRE DUMAS jun. Zum Anlaß der Weltausstellung schrieb er *Les vêpres Siciliennes* (Paris 1855).

Auch die Erstaufführungen von *Macbeth* und später von *Don Carlos* fanden in Paris statt; seine übrigen Opern erlebten ihre Premieren abwechselnd in Mailand, Venedig und sogar in St. Petersburg.

Alle Aspekte großer Opern sind in vielen Werken VERDIS zu finden: die imposanten Chöre, das Ballett, das große Fest (*La Traviata*).

VERDI UND DIE STIMME

Es ist sicher, daß VERDI, bedingt durch seine Ehe mit der Sängerin GIUSEPPA STREPPONI die *Stimme* mit großer Umsicht behandelte. Strepponi hatte großen Einfluß auf die Singbarkeit seiner Werke. Bei allen inspirierenden Texten verliert VERDI niemals aus dem Auge, daß die italienische Oper ein Genre ist, in dem die Stimme an erster Stelle steht.

Die Situation wird durch die Melodie charakterisiert, selten durch die Harmonik, wie farbenprächtig diese manchmal auch sein mag.

Auf diese Weise hat VERDI in hohem Maße einen Beitrag zur *Entwicklung der Singstimme* geleistet: die Technik wurde in eine Richtung gebracht, die zum Teil auch WAGNER gutheißen konnte, nämlich in der Männerstimmen kein Falsett mehr und in den Frauenpartien ein hohes c in einer Legatolinie. Die letzteren müssen sich wie bei WAGNER zu einem dramatischeren Typ entwickeln, eine Desdemona ist keine Gilda mehr.

Dem *Mezzo* kommt größere Bedeutung zu (Amneris in *Aida*, Preziosilla in *La forza del destino,* Prinzessin Eboli in *Don Carlos*). Der *Bariton* bekommt Hauptrollen: Rigoletto, Don Carlos.

Alle Musik von VERDI ist gut zu singen, „liegt gut" für die Stimme, ist auch genau für ein bestimmtes Stimmfach gedacht. Der Komponist suchte seine Solisten für die Premiere von weither zusammen und leitete selbst die Proben.

VERDIS bekannteste Bühnenwerke:

> *Nabucco* (Mailand 1842)
> *I Lombardi* (Mailand 1843)
> *Macbeth* (Florenz 1847, nach Shakespeare)
> *Luisa Miller* (Neapel 1849, nach Schiller)
> *Rigoletto* (Venedig 1851, nach Victor Hugo)
> *Il Trovatore* (Rom 1853)
> *La Traviata* (Venedig 1853, nach Alexandre Dumas jun.)
> *Les vêpres siciliennes* (Paris 1855)
> *Simone Boccanegra* (Venedig 1857)
> *Un ballo in Maschera* (Rom 1859)
> *La forza del Destino* (St. Petersburg 1862)
> *Don Carlos* (Paris 1867, nach Schiller)
> *Aida* (Kairo 1872)
> *Otello* (Mailand 1887, nach Shakespeare)
> *Falstaff* (Mailand 1893, nach Shakespeare)

DIE BESONDERE STELLUNG DEUTSCHLANDS UND ÖSTERREICHS

Im Gegensatz zu Italien nahm Deutschland nicht an der Entwicklung der „Grand opéra" teil, diesem gemeinsamen Produkt von Italien und Frankreich, sondern begann mit BEETHOVENS deutschsprachigem *Fidelio* eine sehr eigene deutsche Operngeschichte. Einflüsse der florierenden „Opéra comique" sind jedoch unverkennbar.

Die deutschen Komponisten wenden sich von antiken Themen, wie Orpheus oder Medea, ab; sie verwenden Stoffe aus der Natur: der Wald, die See, Märchengestalten, die Welt der Elfen. Aber auch Abu Hassan, eine Figur aus dem damals langsam bekannter werdenden Orient, erscheint auf der Bühne. „Man moduliert vom Schönen zum Charakteristischen" (D. Fischer-Dieskau, in: *Töne sprechen, Worte klingen,* 1985).

Die Arien klingen weiterhin wie Lieder und haben meistens Strophenform (z. B. *„Als Büblein klein an der Mutterbrust",* Baßarie aus *Die lustigen Weiber von Windsor* von OTTO NICOLAI). Im Rezitativ entsteht vorsichtig eine illustrierende Begleitung, wozu sich bei GLUCK bereits ein Jahrhundert früher Ansätze finden lassen. Der gesprochene Dialog wird jedoch weiterhin verwendet.

Gewiß haben FRANZ SCHUBERTS Lieder, die so schnell beliebt wurden, einen Einfluß auf die Entfaltung der deutschen Oper gehabt, obwohl alle Versuche SCHUBERTS mißlangen, selbst eine Oper zu gestalten, wahrscheinlich wegen der schlechten Libretti, die er in die Hände bekam (z. B. *Alfonso und Estrella, Rosamunde*).

Ernste deutschsprachige Opern:

C. M. VON WEBER	*Der Freischütz* (Berlin 1821)
	Euryanthe (Wien 1823)
	Oberon (London 1826)
H. MARSCHNER	*Hans Heiling* (Berlin 1833)

Komische deutschsprachige Opern:

A. LORTZING	*Zar und Zimmermann* (1837)
	Der Wildschütz (1842)
	Der Waffenschmied (1846)
O. NICOLAI	*Die lustigen Weiber von Windsor* (1849, nach Shakespeare)

DIE WIENER OPERETTE

Die sogenannte „Wiener" Operette ist mehr oder weniger ohne Vorgeschichte entstanden. Natürlich gibt es Wurzeln, die bis weit ins Singspiel zurückreichen, aber das sind wenige. An ihrer Wiege stand der Wiener Komponist JOSEF LANNER (1801–1843), der mit seinem Streichquartett zum Vergnügen der Tanzlustigen in den berühmten Weinlokalen in und um Wien Ländler und Walzer spielte. Dieses Quartett wurde unter anderem durch JOHANN STRAUSS VATER (1804–1849), Bratschist, zu einem Streichorchester erweitert. Und was begleiteten diese Musiker? Den Wiener Walzer, der später zum Kern der Operette wurde.

Der multikulturelle Charakter der österreichischen Bevölkerung gibt ihren Kunstäußerungen oft eine gefühlvolle Richtung; so finden wir auch in der Wiener Operette häufig „Klänge der Heimat" und „Zimbalklänge". Durch die politische Vereinigung von Österreich und Ungarn kommt es nach 1860 in der Wiener Operette zu einem „würzigen Balkanduft".

Böhmische und ungarische Einflusse führen dazu, daß die Operette ihre Verbindung mit dem deutschen Singspiel eines DITTERS VON DITTERSDORF und mit der Komischen Oper von LORTZING gänzlich verliert.

Das Genre bleibt sich in seiner Entwicklung selbst treu: Einflüsse von OFFENBACH, der um 1850 in Wien gespielt wird, und von der Singbarkeit von DONIZETTIS letzter Opera buffa werden verarbeitet.

Harmonisch gesehen bleibt die Operettenpartitur meist im Bereich von Dominante und Tonika, genau so wie es in der französischen Operette der Fall ist. Die Operette soll Vergnügen bereiten, keinen Stoff zum Nachdenken bieten. Die Themen sind einfach, oft aktuell, und selbstverständlich spielt die Liebe eine große Rolle. Aber es sind keine tragischen Liebesgeschichten, nach vielen Verwicklungen kommt es immer zu einem glücklichen Ende.

Bekannte Komponisten und ihre berühmtesten Werke:

FRANZ VON SUPPÉ (1819–1895)　　　　*Leichte Kavallerie* (1864)
　　　　　　　　　　　　　　　　　　　Die schöne Galathée (1865)
　　　　　　　　　　　　　　　　　　　Boccaccio (1879)

JOHANN STRAUSS (1825–1899) schrieb etwa 500 Walzer, Polkas und Galopps und reiste mit seinem Walzerorchester bis nach Amerika.
　　　　　　　　　　　　　　　　　　　Die Fledermaus (1874)
　　　　　　　　　　　　　　　　　　　Eine Nacht in Venedig (1883)
　　　　　　　　　　　　　　　　　　　Der Zigeunerbaron (1885)
　　　　　　　　　　　　　　　　　　　Wiener Blut (1899)

KARL MILLÖCKER (1842–1899)　　　　　*Die Dubarry* (1879)
　　　　　　　　　　　　　　　　　　　Der Bettelstudent (1882)
　　　　　　　　　　　　　　　　　　　Gasparone (1884)
KARL ZELLER (1842–1898)　　　　　　　*Der Vogelhändler* (1891)
FRANZ LÉHAR (1870–1948)　　　　　　　*Die lustige Witwe* (1905)
　　　　　　　　　　　　　　　　　　　Der Graf von Luxemburg (1907)
　　　　　　　　　　　　　　　　　　　Das Land des Lächelns (1930)
LEO FALL (1873–1925)　　　　　　　　　*Die Dollarprinzessin* (1907)
　　　　　　　　　　　　　　　　　　　Madame Pompadour (1923)

INTERMEZZO 5: RICHARD WAGNER (1813–1883)

Der Weg, der vor allem von C. M. VON WEBER mit der deutschen romantischen Oper beschritten hatte, wurde von WAGNER weiter verfolgt, wie VERDI die von DONIZETTI und ROSSINI begonnene Entwicklung fortsetzte. Anfänglich spielten auch Einflüsse der Grand opéra mit: GLUCK, MEYERBEER, AUBER, ROSSINI.

Was bei WAGNER jedoch nach den frühen Opern *Rienzi* und *Der fliegende Holländer* geschah, war viel drastischer als die Entwicklung der Oper, wie sie bei VERDI stattfand. WAGNER schuf ein ganz eigenes Genre, das mit einer neuen Terminologie beschrieben werden muß:

Thematische Motive werden bei WAGNER „Leitmotive" in der Stimme und im Orchester. Dies sind intensive Charakterisierungen von Personen, aber auch von Erinnerungen, Klangsymbole für Begriffe wie Liebe, Schicksal, Tod, aber auch besondere Ereignisse. Zuweilen sind die Motive symphonisch miteinander verwoben; die Orchestermusik wird dann zum Bestandteil des Dramas, der Handlung.

Das Verflochtensein aller Künste – Musik, Literatur, Tanz und Bühnenbild – nennt WAGNER ein „Gesamtkunstwerk".

Die Pflege der Aussprache führte zum „Sprechgesang", was bei Wagner gewiß *nicht* bedeutete, daß auf Ton gesprochen wurde. Dafür liebte der Komponist die Singstimme zu sehr. Zusammen mit JULIUS HEY gründete er nämlich die „Erste Deutsche Singschule".

Die meisten seiner Opern sind ganz und gar durchkomponiert. Die Arien muß man mit einer Lupe suchen; sie gehen aus einer Einleitung hervor, die sicher kein Rezitativ mehr zu nennen ist: *„O du, mein holder Abendstern"* oder *„Dich, teure Halle"* aus *Tannhäuser* sind Beispiele hierfür. Die zu singende Melodie löst sich ganz von der Begleitung und wölbt sich in eigener Lyrik darüber („Unendliche Melodie").

Obwohl WAGNER als Schüler bereits Werke von GOETHE und SHAKESPEARE las, hat er ihre Werke niemals zum Gegenstand seiner Opern gemacht. Er schrieb seine Texte selbst; häufig verwendet er den Stabreim. Die Themen sind meist den alten germanischen und mittelalterlichen Sagen und Legenden entnommen.

Der Komponist ist zugleich Kunsttheoretiker und veröffentlicht seine eigenen Auffassungen über Kunst in *„Das Kunstwerk der Zukunft", „Oper und Drama"* und anderen Essays.

Aufgrund der Tatsache, daß WAGNER selbst nicht viele dramatische Anweisungen für die Handlung auf der Bühne gegeben hat, konnte bei späteren Aufführungen vor allem von seinem Enkel WIELAND WAGNER, eine ganz andere Regie geführt werden. Bei den Bühnenbildern wurde viel abstrahiert und „entwaldet"; statt Göttergewändern wurde gewöhnliche Alltagskleidung getragen. Das hat für die gesamte Aufführungspraxis Folgen gehabt. Regisseure verschoben Opern in der Zeit, so daß Wotan manchmal im Frack und Musetta (*La Bohème*) in Jeans auftreten konnten.

Einige Regisseure drückten am Ende des 20. Jahrhunderts den Inszenierungen einen so eigenen Stempel auf, daß man zum Beispiel vom „Ring von PATRICE CHÉREAU" oder vom „Ring von HARRY KUPFER" spricht.

Wie VERDI 1813 in Leipzig geboren, begann WAGNERS Musikausbildung schon früh, denn als Zwanzigjähriger schrieb er seine erste Oper *Die Feen*. In den Jahren, die zwischen diesem Erstlingswerk und seinem letzten Werk *Parsifal* liegen, war WAGNER fortwährend auf Reisen und auf der Flucht vor Gläubigern (er wollte und konnte nur ein Leben in Luxus führen), oft an politischen Aktivitäten beteiligt, zum Beispiel an der Februarrevolution von 1848, und häufig in Liebesaffairen verwickelt.

Die Beziehung, die er mit MATHILDE, der Frau von OTTO WESENDONCK, hatte, inspirierte ihn zu dem prächtigen Liederzyklus *Wesendoncklieder;* die Texte stammen von MATHILDE WESENDOCK selbst.

COSIMA, seine letzte Frau, die noch mit dem Pianisten und Dirigenten HANS VON BÜLOW verheiratet war, als sie WAGNERS erstes Kind zur Welt brachte, ist ihm bis an seinen Tod kompromißlos treu geblieben und hat Bayreuth zu einem wahren Mekka der Wagnerliebhaber gemacht.

Der Komponist selbst war oft genug in Geldnot und, um seinen Lebensunterhalt zu verdienen, arrangierte er z. B. Opern von DONIZETTI für weniger authentische Aufführungen. Er bearbeitete die Ouverture zu *La Favorite* für Flöte und Klavier! 1864 kam er aus den ständigen Geldsorgen heraus, als der junge König LUDWIG II. von Bayern für finanzielle Unterstützung sorgte und dies auch weiterhin mit längeren Unterbrechungen bis zu seinem Tod tat. Mit diesem Geld ließ WAGNER ein Festspielhaus bauen, das seinen Idealen entsprach. Akustisch ist es etwas Besonderes: das Orchester sitzt unter einer Überdachung, die sich wie eine Muschel hinter dem Dirigenten erhebt. (Es gibt Dirigenten, die sich daran nicht gewöhnen können.)

WAGNER UND DIE STIMME

Beweglichkeit der Stimme (Koloratur) kommt in den Hauptrollen nicht vor. Nur ab und zu singt ein „Waldvogel" oder „Hirtenknabe" Läufe. WAGNER hat für seine „unendliche Melodie" gekämpft; dabei müssen wir bedenken, daß die GARCIA-Schule noch tonangebend war und daß WAGNER und HEY einen einsamen Kampf austrugen. Wenn im Walhalla die Walküren in Gesang ausbrechen, singen sie „hojotoho" und keine Vokalise auf „ah". Das hohe c wird nicht nur Legato, sondern auch lang angehalten verlangt. Dazu ist Atemstütze und Stimmvolumen notwendig.

WAGNER hat mit den Sängern, die die Uraufführungen singen sollten, selbst gearbeitet. Nicht wie VERDI, um die Oper so aufgeführt zu sehen, wie er sich vorgestellt hatte, sondern weil er fand, daß der durchschnittliche Opernsänger sein Fach nicht verstand. *„Sie können nichts, ehe ich es ihnen selbst beigebracht habe, Wort für Wort und Note für Note"* (zit. nach PLEASANTS, 1983).

Wie sehr WAGNER auch PALESTRINA und MOZART liebte, wie sehr er auch wünschte, daß das italienische Belcanto in seinen Opern gebraucht werde, seine vokale Kunst gründet sich auf Wortausdruck und symphonische Begleitung.

Bühnenwerke	*Rienzi* (Dresden 1842)
	Der fliegende Holländer (Dresden 1843)
	Tannhäuser (Dresden 1845)
	Lohengrin (Weimar 1850)
	Tristan und Isolde (München 1865)

Die Meistersinger von Nürnberg (München 1868)
Der Ring des Nibelungen (Bayreuth 1876)
Parsifal (Bayreuth 1882)

Wagner arbeitete zwanzig Jahre lang an seiner Tetralogie *Der Ring des Nibelungen: Das Rheingold, Die Walküre, Siegfried, Götterdämmerung.* Im August 1876 wurde der ganze „Ring" zum ersten Mal in Bayreuth aufgeführt, dirigiert von Hans Richter.

RUSSLAND

Die Oper in Rußland ist nicht wie in Italien aus Protest gegen die Mehrstimmigkeit und auch nicht wie in Frankreich aus dem Ballett hervorgegangen, obgleich Rußland eine glänzende Tradition des Kirchenchorgesangs hat und an Volkstänzen reich war und ist. Sie entwickelte sich erst im 18. Jahrhundert, als Zar Peter der Grosse um 1720 die Grenzen des Landes öffnete und nicht nur niederländische und englische Schiffsbauer nach Rußland holte, sondern auch italienische Operngesellschaften nach Moskau und St. Petersburg einlud. Elisavetna Petrovna, die Tochter des Zaren, war so begeistert von den Italienern, daß viele Dirigenten und Sänger durch ihre finanzielle Unterstützung jahrelang in Moskau und St. Petersburg bleiben konnten. Unter ihnen: Galuppi, Traetta, Paisiello, Cimarosa und vor allen Franceso Araia (1709–1770), der schon 1735 mit einem großen Opernensemble nach St. Petersburg kam. Er komponierte dort zahlreiche italienische Opern, aber schließlich 1755 auch eine Oper in russischer Sprache: *Cephalis und Prokris*, eine Opera seria.

Inzwischen begannen auch russische Komponisten, sich an dieses Genre heranzuwagen. Aus den Chorschulen, deren Ursprung man bis ins 11. Jahrhundert zurückverfolgen kann (wie die von Novgorod), war eine gute Singtradition hervorgegangen. Die von Peter dem Grossen gegründete russische Hofkapelle ist immer für ihre tiefschwarzen Bässe berühmt gewesen! Es gab auch ein Hoftheater des Zaren, in dem gesungen und getanzt wurde.

Mikhail Sokolovski und Mikhail Matinski waren die ersten russischen Opernkomponisten aus der 2. Hälfte des 18. Jahrhunderts; im Bolschoi-Theater in St. Petersburg wurden sowohl italienische und als auch russische Opern aufgeführt.

Katharina II. („die Große", 1729–1769), eine deutsche Prinzessin, die den Enkel des großen Zaren Peter heiratete und 33 Jahre lang Zarin von Rußland war, interessierte sich für die Theorien der französischen Aufklärung. Dieser Begriff wird von dem deutschen Philosophen Kant wie folgt beschrieben: *„Aufklärung ist der Ausgang des Menschen aus sein selbst verschuldeten Unmündigkeit."* Im Zeitalter der Aufklärung begann die

Emanzipation verschiedener unterdrückter und wenig entwickelter Menschengruppen, ein Gedanke, der die Zarin reizte.

In der Oper sah sie die Möglichkeit, die gesellschaftlichen Zustände zu kommentieren. In diesem Sinn schrieb sie höchstpersönlich Libretti für Opern von PASHKEVICH und BORTNYANSKI.

Nach einer Periode geringerer Opernproduktionen blühte die Gattung im 19. Jahrhundert wieder auf. In dieser Zeit gewannen die französische Grand opéra und die deutsche Märchenoper Einfluß auf die russischen Komponisten.

Mit GLINKAS *Ein Leben für den Zaren* (1836) und *Ruslan und Ludmilla* (1842) hat die russische Oper einen erkennbar russischen Charakter bekommen, worin direkt, parallel mit westeuropäischen Opern aus dieser Zeit, Männerstimmen Hauptrollen sangen.

Nach der Revolution von 1917 wurden unter LENINS Regime die Komponisten jedoch an streng einschränkende Regeln gebunden (sozialistische Themen). Wie schwer muß es manchem russischen Komponisten gefallen sein, einen Kompromiß zwischen einer Ideologie, die sie nicht teilten, und ihren künstlerischen Ausdruckswillen zu finden? Solange wirkliche „Revolutionsopern" fehlten, wurden auch geliebte Werke mit neuen Titeln ausgestattet: *Les Huguenots* hieß plötzlich *„Die Dezemberkämpfer"* und *Tosca „Auf in den Kampf für die Kommune"*.

Dies alles führte zu einem Aufschwung der russischen Oper in den zwanziger Jahren des 20. Jahrhunderts. Zahllose Opernhäuser wurden neu gebaut, sogar für experimentelle Opernaufführungen.

Insbesondere die Opern *Die Nase* (1930) und *Lady Macbeth von Minsk* (1934) von DIMITRY SHOSTAKOWITSCH waren Anlaß zu heftigem Streit auf politisch-musikalischem Gebiet. Dieser fand unter anderem seinen Ausdruck in einem Artikel in der *Prawda*: *Chaos statt Musik* (28. Januar 1936). Die Oper geriet deutlich unter ideologischen Einfluß.

Von den Opern, die nach 1930 geschrieben wurden, haben nur wenige den Weg ins Ausland gefunden, z. B. PROKOFJEVS *Die Liebe der drei Orangen*.

Russische Opern aus dem 19. Jahrhundert, die auch in anderen Teilen Europas berühmt geworden sind:

MIKHAIL GLINKA (1804–1857)	*Ein Leben für den Zaren* (1836)
	Ruslan und Ludmilla (1842)
ALEXANDER BORODIN (1833–1887)	*Prinz Igor* (1869, uraufgeführt 1890)
MODEST MUSSORGSKI (1839–1881)	*Boris Godunov* (1874)
PETER I. TSCHAIKOVSKIJ (1840–1893)	*Eugen Onegin* (1879)
	Pique Dame (1890)

Einleitung

Die Entwicklungen, die in der Romantik einsetzen, bewegen sich auf vielfältige Weise über den Jahrhundertwechsel hinweg; Stilrichtungen und Benennungen für etwas, das ein *neuer Stil* genannt werden könnte, sind Legion. Die Vielfalt der Strömungen und Ausdrucksformen ist von heute aus betrachtet noch nicht zu überblicken:

Impressionismus und Expressionismus sind Begriffe, die sowohl für Malerei als für Musik gebraucht werden, weil die Malerei in diesen Stilrichtungen direkte Auswirkungen auf die Musik hatte. Wurde der „Impressionismus" nicht von Debussy zum Klingen gebracht, nachdem er Monets Gemälde *Impression, aufgehende Sonne* gesehen hatte?

Der Expressionismus erlaubte die ungehemmte Äußerung von Gefühlen auf der Leinwand und in der Musik. Mit einem großen Sprung kommt man aus den romantischen Wolken wieder auf den harten Boden der Tatsachen zurück.

A-tonalität, Bi-tonalität, freie Tonalität, das Zwölftonsystem waren neue Ausdrucksmöglichkeiten der Musik, die sich von bestehenden formalen Bindungen löste.

Serialismus ist eine musikalische Sprache, in der eine Reihung der 12 Töne einer chromatischen Tonleiter benutzt wird. Nicht nur die Tonhöhe und Tondauer, sondern auch die Lautstärke, Intensität und Akzentuierung werden von vornherein vom Komponisten angegeben (Messiaen). Aus der festliegenden Reihefolge baut der Komponist seine Themen. Alle Töne der Skala sind gleichgewichtig. Es gibt keine Tonika, Dominante oder Subdominante.

Größere Materialnähe und direkterer Materialkontakt, die auch durch die großen Katastrophen dieses Jahrhunderts mit bedingt sind, bilden einige der Facetten, die der Sprache des Musikers die Richtung weisen. Die materialistische Einstellung der Menschen führt dazu, daß auf Instrumenten oft anders gespielt wird, als es bis dahin üblich war: Man zupft oder streicht die Saiten des Klaviers, man schlägt mit dem Bogen oder mit der Hand auf den Korpus einer Geige.

Während der ersten Jahrzehnte des Jahrhunderts ist die Stimme den Anforderungen der Musik des Impressionismus noch gewachsen, obgleich es eine geistige Umkehr bedeutet, um von Schumann zu Debussy zu gelangen. Der Expressionismus erfordert eine große Freiheit beim Gebrauch der Stimme. Die Frage war für viele: Kann man es wagen, die Stimme anders einzusetzen als fürs Singen? (S. den Beitrag von Anne Haenen im Anhang.)

Wenn man die Feststellung träfe „Die Musik vom Anfang des 20. Jahrhunderts läßt sich gut singen", so wäre dies falsch. Auch diese Musik ist damals mit „nicht zu singen" beurteilt worden, aber mit der fortschreitenden Gewöhnung der Stimme und entwickelten Hörgewohnheiten ist sie „singbar" geworden. Die Stimme muß dafür bewußt eingesetzt werden.

Ein Sänger, der nicht anders als mit einer „Rumtatata-Begleitung" arbeiten kann, verpaßt nun den Anschluß.

Der deutsche Liedsänger RAYMOND VON ZUR MÜHLEN hat 1878 im Blick auf Lieder von RICHARD STRAUSS gesagt: „Ich singe solchen Plunder nicht!" DUPARCS Musik war sehr lange als „unsingbar" abgestempelt. Welches Aufsehen erregte der Niederländer THOMAS DENIJS, als er dessen Lieder 1910 in England zum erstenmal sang. So meinte die Generation der Sänger, die gegen Ende des 20. Jahrhunderts pensioniert wird, am Beginn ihrer Karriere, daß Musik von SCHÖNBERG, BERG und MESSIAEN nicht zu singen wären, und sie hörten PENDERECKIS *Threnos* mit Bestürzung. Aber im Lauf der Zeit gewöhnten sich Gehör und „Stimmfalten" an die „neuen" Töne.

DAS LETZTE BELCANTO

Auf VERDI folgt eine Periode der „veristischen" (wahrheitsgetreuen) Oper, die in den Jahren um die Jahrhundertwende anzusetzen ist. VERDI selbst hat sich davon ausdrücklich distanziert. Naturalistische und realistische Stoffe sind dem Alltagsleben entnommen, und nun finden sich neben den geläufigen Opernthemen Liebe und Tod auf vielfache Weise auch Armut, Mord und Totschlag. In *La Bohème* teilen sich vier Personen einen Hering und in *Tosca* ermordet die Diva eigenhändig ihren Angreifer. Salome küßt den Mund des enthaupteten Jochanaan. Und 1921 schreibt HINDEMITH eine Oper, die *Mörder, Hoffnung der Frauen* heißt. Und schließlich ist *Herzog Blaubarts Burg* (1911) von BELA BARTÓK eine mitleiderweckende Frauengeschichte ohne ein Quentchen Romantik.

Das letzte *italienische* Belcanto ist in bekannten veristischen Opern zu finden: In PIETRO MASCAGNIS *Cavalleria rusticana*, in RUGGIERO LEONCAVALLOS *I pagliacci (Der Bajazzo)* und dann in den Opern GIACOMO PUCCINIS (1858–1924), in denen, wie bei VERDI, alle Abstufungen der Stimme vorkommen.

Zu den bekanntesten Werken PUCCINIS zählen: *Manon Lescaut* (1893, spielt in Frankreich und Amerika), *La Bohème* (1896, spielt in Paris), *Tosca* (1900, spielt in Rom), *Madama Butterfly* (1904, spielt in Nagasaki/Japan), *Il trittico* (1918) mit *Il tabarro* (spielt in Paris), *Suor Angelica* (spielt in Italien) und *Gianni Schicchi* (spielt in Florenz/Italien) und *Turandot* (1926, spielt in Peking/China).

Für die deutsche Opernliteratur ist RICHARD STRAUSS (1864–1949) die große Gestalt des Übergangs zur Moderne. Er war sehr berühmt als MOZART-Dirigent. Auffallend ist, daß seine Werke je länger je milder werden sowohl in Hinsicht auf die Themen als auch auf die Stimme: Wenn (vor allem) Sängerinnen die Rollen von Elektra und Salome recht schwierig fanden (stimmlich sind sie schwierig und harmonisch werden hier die äußersten Grenzen der Tonalität erreicht), dann warten sie ungeduldig, bis sie die Marschallin, Oktavian oder Sophie im *Rosenkavalier* singen dürfen. Diese Oper ist exemplarisch für die letzte Entwicklungsphase der Romantik, harmonisch raffiniert und stimmlich verfeinert. Auf diesem herrlich zu singenden Niveau liegen auch die Opern *Arabella* und *Ariadne auf Naxos*.

Seine bekanntesten Werke: *Salome* (1905), *Elektra* (1909), *Der Rosenkavalier* (1911), *Ariadne auf Naxos* (1912), *Arabella* (1933)

Seit der Zeit, in der der Inhalt der Opern wichtig wurde, haben die Librettisten eng mit den Opernkomponisten zusammenarbeiten müssen. So auch METASTASIO mit MOZART, PIAVE und BOÏTO mit Verdi, aber selten hat es eine intensivere Zusammenarbeit gegeben als die zwischen RICHARD STRAUSS und HUGO VON HOFMANNSTHAL, wie in der erhaltene Korrespondenz bezeugt ist.

England. BENJAMIN BRITTEN (1913–1976) vermittelte der englischen Oper nach dem Zweiten Weltkrieg einen enormen Impuls. Der sehr eigene und doch auch konservative Charakter der englischen Musik erhielt eine erkennbare Identität, aber blieb zugleich unmißverständlich englisch.

Die Wurzeln seiner Musik liegen in der Stimme und in BRITTENS Geistesverwandtschaft mit PURCELL; zu einigen Vokalwerken PURCELLS hat BRITTEN eine neu harmonisierte Begleitung geschrieben.

Brittens bekanntesten Opern: *Peter Grimes* (1945), *The Rape of Lucretia* (1946), *Albert Herring* (1947), *The Beggar's Opera* (1948), *Billy Budd* (1951), *Gloriana* (1953) und *A Midsummer Night's Dream* (1960).

Erneuerungen in der Oper kommen aus Deutschland. CARL ORFF (1895–1982) aus München greift für seine Themen auf mittelalterliche und antike Texte zurück, er entwickelt eine sehr charakteristische Rhythmik, für die er ein neues Schlagwerk entwirft. ORFF sieht seine Werke – darin nähert er sich WAGNER an – als „Gesamtkunstwerke". Die Stimme kann weiterhin auf „klassische" Weise gebraucht werden: *Carmina burana* (1937), *Die Kluge* (1943), *Antigone* (1949), *Oedipus, der Tyrann* (1959), *Prometheus* (1968).

Erneuerungen im Gebrauch der Stimme verlangt KURT WEILL (1900–1950). Die politisch engagierten Texte von BERTOLT BRECHT fordern einen rauhen Umgang mit der Stimme, der anfangs viele Sänger abschreckte.

The Beggar's Opera von JOHN CH. PEPUSCH (1667–1752), die in dem Streit gegen HÄNDEL 1728 in London aufgeführt wurde, war schon 1750 in New York zu sehen. Es gab um diese Zeit in den Städten der Vereinigten Staaten schon eine blühende Tradition von „Ballad Operas". Und natürlich hatten schon italienische Opernensembles den Ozean überquert.

Die erste amerikanische Oper, von der Text und Musik erhalten sind, ist *The Archers* (die Geschichte von Wilhelm Tell) von BENJAMIN CARR (1768–1831), der seiner Herkunft nach Engländer war. MANUEL GARCIA SEN. (1775–1832, s. unten „GARCIA") führte dort mit einer Gesellschaft, in der u. a. sein Sohn Manuel, seine älteste Tochter Maria und seine zweite Frau sangen, die damals erst kürzlich geschriebenen ROSSINI-Opern auf sowie viele Werke, die er selbst nach den Bedürfnissen seines eigenen Ensembles an Ort und Stelle mit großer Geschwindigkeit komponierte. Das Ensemble brachte 1826 in Amerika die erste Aufführung von MOZARTS *Don Giovanni*, wobei GARCIA SENIOR, der eigentlich Tenor war, die Bariton-Hauptrolle sang.

Selbstverständlich taten sich auch amerikanische Komponisten hervor, die das Startzeichen für eine eigene amerikanische Oper gaben, obwohl sich die ersten Bemühungen auf diesem Gebiet als Eintagsfliegen erwiesen.

Gleichzeitig mit der ersten großen Welle deutscher Sänger kam auch die deutsche Oper nach Amerika. WAGNERS *Lohengrin* wurde 1871 in New York erstmals aufgeführt.

Die aus vielen Kulturen stammenden amerikanischen Sänger stürzten sich mit Begeisterung auf diese Musik, und die Komponisten verarbeiteten diese europäischen Einflüsse. So entstand eine Musik, in der alle ursprünglichen Kennzeichen zu einer neuen Identität zusammenschmolzen, die man amerikanisch nennen konnte. Deren Eigenschaften waren: Starke rhythmische Elemente (die Synkope), Spontaneität, ein warmer romantischer Klang, der die Sentimentalität nicht immer zu vermeiden suchte, und oft auch ein galanter Humor.

Viele amerikanische Komponisten reisten nach Europa, um an der Quelle der europäischen Musik ihre Fähigkeiten weiter zu entwickeln, und in den Vereinigten Staaten selbst entstanden Opern-Festivals, die dafür sorgten, daß die eigenen Produktionen bekannt wurden.

Am Anfang des 20. Jahrhunderts gab es eine große Anzahl amerikanische Opernkomponisten, die hohes internationales Ansehen genossen. GEORGE GERSHWIN eroberte das Publikum der Welt mit der Oper *Porgy and Bess* (1935). SAMUEL BARBER wurde bekannt durch seine Oper *Vanessa*, auf ein Libretto des Komponisten GIAN CARLO MENOTTI, und durch *Cleopatra*, mit der das neue Gebäude der Metropolitan Opera in New York 1966 eröffnet wurde.

Sehr bekannt wurde GIAN CARLO MENOTTI, geb. 1911, der auch ein brillanter Theatermann war. Seine bekanntesten Werke sind: *Amelia Goes to Ball* (1937), *The Old Maid and the Thief* (1939), *The Medium* (1946), *The Telephone* (1947), *The Consul* (1950), *Amahl and the Nightvisitors* (1951).

DAS MUSICAL

Während die Wiener Operette ohne allzu viele Modernisierungen im 20. Jahrhundert Bestand hatte durch die Werke von Komponisten wie LEO FALL (*Die Dollarprinzessin*), FRANZ LÉHAR (*Das Land des Lächelns*), ROBERT STOLZ (*Zwei Herzen im Dreivierteltakt*), EMMERICH KÁLMÁN (*Die Czárdásfürstin* und *Gräfin Mariza*), RALPH BENATZKY (*Im weißen Rößl*) und NICO DOSTAL (*Die ungarische Hochzeit*), kam aus Amerika das neue *Musical* nach Europa.

Diese Gattung wurde speziell in den Theatern am Broadway in New York entwickelt, und die Musicals werden dort oft jahrelang gespielt. Wie in der Operette finden wir hier Ensembles, gesprochenen Dialog und Ballett. Die Musik ist vital. Aber das *äußerliche* Glitzern wurde in der weiteren Entwicklung immer wichtiger und die Stimme wurde schließlich ganz anders gebraucht als in der Tradition des Belcanto. Dann wird auch elektronische Verstärkung notwendig.

Den Auftakt machten 1920 die Werke von JEROME KERN (*Sunny*/1925, *Showboat*/1927), RICHARD RODGERS und anderen Komponisten aus den Vereinigten Staaten.

In der Folgezeit erscheinen sehr viele erfolgreiche Musicals, z. B. GEORGE GERSHWINS *Girl crazy* (1930), COLE PORTERS *Kiss Me Kate* (1948) oder LEONARD BERNSTEINS *Westside Story* (1957).

DIE STIMME IM 20. JAHRHUNDERT

Entwickelt sich die *Stimme* im 20. Jahrhundert noch weiter? Oder sind der höchste und tiefste, der leiseste und lauteste Ton schon erreicht? Die Frage, wie die Stimme am Ende des vorigen Jahrhunderts geklungen hat, läßt sich nicht beantworten. Ebensowenig wie die Frage, in welche Richtung der Geschmack sich verändern wird.

Jedenfalls begleiten nun große Organisationen wie die „Voice Foundation" in Amerika und England diese Entwicklung und die wissenschaftliche Erforschung des physiologischen Funktionierens der Stimme ist in vollem Gange.

Am Anfang dieses Jahrhunderts ist der Stimmgebrauch in der leichten Musik ganz „ungestützt". Und in dieser Hinsicht ist schon wieder etwas verändert: Ein Sopran wagte es vor 1920 kaum, ihr schweres Register einzusetzen; jetzt, am Ende des Jahrhunderts, ist das ganz und gar üblich.

Eine Popsängerin geniert sich eher, einen Ton im leichten Register zu singen – aus Angst, „klassisch" zu klingen (s. den Beitrag von Maria Rondèl im Anhang). Sogar die Sprechstimme ist tiefer und sonorer geworden, man achte auf die Ansager in den Medien. In Archivfilmen von 1960 fallen die hohen Sprechstimmen dagegen auf.

Neu ist sicher auch die Rückkehr der falsettierenden Männerstimme 1950 (s. im Ersten Teil unter „Register" und im Zweiten Teil unter dem Stichwort „Altus"). Durch das Auftreten der Alti, besonders in der Barockmusik, hat sich *diese* Aufführungspraxis nach 1950 deutlich verändert.

Wer ist ein guter Lehrer?

Der gute Pädagoge (a) kennt die Wirkungsweise der Stimme und weiß sie durch Hinweise auf Haltung und Atem zu unterstützen, (b) interessiert sich für seine Schüler und nicht nur für ihre Stimme, (c) weiß seine Schüler zu schönem und faszinierendem Singen anzuleiten, (d) erzählt keinen wissenschaftlich unhaltbaren Unsinn und beherrscht nicht nur sein Instrument, sondern auch sein Fach. Zunächst ein kurzer Rückblick.

Die ersten *Anweisungen*, wie die Stimme entwickelt werden kann, findet man in den Schriften der Chorschulen. Blasius Rosettis *Libellus de rudimentis musices* (Büchlein über die Anfangsgründe der Musik), datiert von 1529, und ist speziell für den Chorsänger geschrieben. Es richtet sich an den Sänger, der im mehrstimmig besetzten Madrigal allein singen sollte. Dieser Solist mußte laut singen. Laut singen ist die erste Forderung, die dem frühen Solosänger gestellt wurde, denn er kann sich nicht mehr auf eine Stimmgruppe verlassen, sondern muß allein zu hören sein. Laut singen wird dann auch eine Forderung in der Oper, so sehr, daß P. F. Tosi (1723) schreibt: *„Wer seine Stimme verlieren will, muß piano singen"*

Ludovico Zacconi unterscheidet in seinem Buch *Prattica di musica*, das 1592 in Venedig erschien, deutlich die Falsettisten von den modalen (gewöhnlichen) Sängern und insistiert auf der Notwendigkeit, die Oktave zwischen dem Falsett und dem modalen Register zu üben.

Der englische Komponist, Lautenspieler und Sänger Thomas Morley sagt in seiner *Plaine and Easie Introduction to Practicall Musicke* (1597): *„Unsere Kirchensänger müssen lernen zu vokalisieren und rein zu singen, um in ihren Worten Frömmigkeit und Leidenschaft auszudrücken."*

Das bedeutet: Die frühen Anweisungen für Solisten beziehen sich nur auf das Ergebnis, nicht auf das „Wie", das dazu führt.

Auch kritische Aussagen, die zu dieser Zeit sehr drastisch klingen, sind bereits zu finden. Le Cerf de la Viéville schrieb 1725: *„Die Italiener haben eine schlechte Aussprache, weil sie die Zähne geschlossen halten und ihren Mund nicht weit genug öffnen, außer bei Koloraturen, bei denen sie ihren Mund eine Viertelstunde lang offen halten, ohne Zunge oder Lippen zu bewegen. Nur in Frankreich geben sich die Sänger [die] Mühe, den Mund so zu gebrauchen, wie es sich beim Singen gehört"* (zit. nach Donington, 1977).

Offenbar findet diese Art von Kritik noch immer: Richard Miller schreibt in seinem *English, French, German and Italian Techniques of Singing* (1978, S. 50) *„... es ist schwer, in England einen Chor zu finden, in dem die Sänger nicht akut in einem Gähnen eingefroren zu sein scheinen."*

Die ersten Gesangspädagogen traten hervor, nachdem die junge Kunstform der Oper Anforderungen an die Singstimme stellte. Sobald jemand erkennen ließ (oder läßt), daß er etwas besser kann oder weiß (oder denkt zu wissen) als die anderen Sänger oder Pädagogen, strömen die Studenten zu ihm.

Die Methodik des Singens muß immer den Erfordernissen der Partitur folgen: Es gibt immer einen Zusammenhang zwischen der Art, wie auf der Bühne gesungen wird, und der Partitur, einen Zusammenhang zwischen dem „musikalischen Zeitgeist" und der Pädagogik, die der Gesangslehrer entwickeln muß.

Die sehr kurz gefaßte, in diesem Buch angebotene Darstellung der Operngeschichte und der Aufführungspraxis endet kurz nach 1900, nachdem die Musik von VERDI, WAGNER, DEBUSSY und RAVEL Gemeingut geworden ist. Die Darstellung der Pädagogen und ihren Gesangsschulen endet wenig später, nachdem im Unterricht die Technik des „tief gestellten Larynx" für den klassischen Sänger selbstverständlich geworden ist.

Für die „neuen vokalen Techniken", die darin bestehen, daß Artikulatoren für das Erzeugen von anderen Geräuschen als gesungenen Tönen eingesetzt werden, lese man den Beitrag von ANNE HAENEN im Anhang.

DER GROSSE VORLÄUFER: GIOVANNI MAFFEI DA SOLOFRA

MAFFEI (Geburts- und Sterbejahr sind nicht bekannt) betrachtete sich selbst in erster Linie als Arzt und schrieb in dieser Eigenschaft als erster eine Abhandlung über die Stimme auf physiologischer Grundlage: *Discorso de la voce* (1562). Er sagt von sich selbst: „*Che non solo musico sia, ma ancora dottissimo medico e filosofo*" („Daß ich nicht nur Musiker bin sondern auch ein hochgelehrter Arzt und Philosoph"). Maffei nennt sich selbst darin auch einen Amateur, der ohne Lehrer singen lernen will.

Den Kehlkopf beschreibt er als „*capo nella canna*", einen Kopf auf einem Stock, in dem die Luft zurückschlägt. „Die Mutter der Stimme ist die Luft." Ferner sind noch „*molti nervi e molti moscoli*" zu beschreiben, die MAFFEI in diesem Traktat aber nicht beschreibt.

Die einzige Art, „ritterlich" singen zu lernen und auf eine Weise, die dem Ohr behagt, ist das Singen aus der Kehle: „*cantar di gorga*" (auch „*di garganta*"). Er bezeichnet dies ferner als einen Lehrgang für passaggi, Verzierungen. (Wie lange hat nicht der Gesangsunterricht darin bestanden, Verzierungen zu studieren! AR.)

Einige ausgewählte Beispiele aus seinen zehn Regeln:

„Eine gute Stimme muß groß und elastisch sein, tief und hoch." „Am besten singe man Übungen innerhalb der Quinte: ut, re, mi, fa, sol".

Für das Üben der Koloraturen gibt es fünf Vokale, von denen das „o" am besten geeignet ist, weil es die Stimme rund macht; das „u" erregt

Schrecken und gleicht dem Geheul der Wölfe; ein „i" erinnert an das Gejammer eines Lamms, das seine Mutter verloren hat. Über das „a" und das „e" wird nichts gesagt. Die Zunge muß an den Wurzeln der unteren Schneidezähne liegen: *„al radici dei denti di sotto"*.

Man darf erst vier oder fünf Stunden nach einer Mahlzeit üben, denn bei vollem Magen ist der Luftweg nicht glatt und sauber.

„Öffnen Sie den Mund nicht weiter als es beim Sprechen nötig ist".

Ein Sänger, der von Natur aus eine Baßstimme hat, kann, wenn zu wenig Soprane da sind, einen Sopran imitieren: Das heißt *„falsetto"*. Diese Stimmgebung entsteht durch schnellere Bewegung der Luft.

Der Meister rät dem Sänger, vor dem Spiegel zu üben, um sich selbst zu sehen, und in einer Höhle zu singen, um sich selbst zu hören.

Maffei hat ein Rezept für Bonbons, die gegen Ermüdung der Stimme helfen sollen: Man nehme vier getrocknete Feigen, geschält, 16 Gramm Krauseminze, 24 Gramm Gummiarabikum. Die Mischung stampfen und Bällchen daraus machen, die man während der Nacht im Mund behalten soll.

Ferner finden wir Angaben über Rezepte für Getränke, die für die Stimme heilsam wirken. Das Verlockendste davon scheint das Rezept für *„brodo di gallina"*, die Hühnerbrühe.

„Die Musik liegt nicht außerhalb der freien Künste und muß deshalb in derselben Weise wie die Rhetorik oder eine andere Kunst gelernt werden, nämlich indem sie künstlerisch erfühlt wird und weiterhin durch Übung und Nachahmung." (ADRIAN PETIT COCLICUS im *Compendium musici*, 1520)

DREI ITALIENER AUS DEM 16. BIS 18. JAHRHUNDERT

GIULIO CACCINI (1545–1618)

Für diese historische Übersicht ist Giulio Caccini der erste wichtige Pädagoge. Er war ein *„Canto famoso"*, ein berühmter Sänger. 1590 gehörte er zu der kleinen Gruppe Dichter und Musikanten, die sich in der „Camerata" um GRAF BARDI in Florenz geschart hatte. Die Skizzen, die VINCENZO GALILEI von einer ersten Monodie (einstimmigem Gesang mit Begleitung) machte – diese wurde damals als Neuheit betrachtet –, kamen unter den Händen von CACCINI zur Blüte; ihnen folgten schon bald Werke von PERI, CAVALLI und CESTI. Zusammen mit seiner Frau und seiner Tochter FRANCESCA sang CACCINI seine ersten Rezitative, begleitet von einer Chitarrone, im Hause des GRAFEN BARDI und des GRAFEN JACOPO CORSI. Das Publikum war begeistert. (Zu CACCINIS Lebzeiten war die große Zeit der Kastraten noch nicht angebrochen.)

Die wichtigen Pädagogen
Übersicht

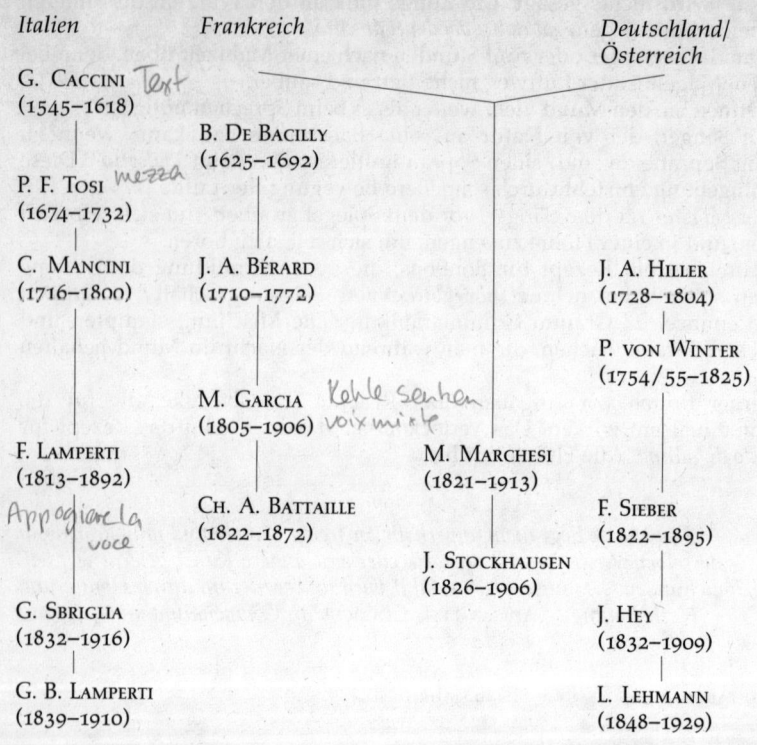

Italien	Frankreich	Deutschland/Österreich
G. Caccini *Text* (1545–1618)		
	B. De Bacilly (1625–1692)	
P. F. Tosi *mezza* (1674–1732)		
C. Mancini (1716–1800)	J. A. Bérard (1710–1772)	J. A. Hiller (1728–1804)
		P. von Winter (1754/55–1825)
	M. Garcia (1805–1906) *Kehle senken voix mixte*	
F. Lamperti (1813–1892)		M. Marchesi (1821–1913)
Appogiarela voce	Ch. A. Battaille (1822–1872)	F. Sieber (1822–1895)
		J. Stockhausen (1826–1906)
G. Sbriglia (1832–1916)		J. Hey (1832–1909)
G. B. Lamperti (1839–1910)		L. Lehmann (1848–1929)

Niederlande/Deutschland

J. Messchaert
(1857–1931)

F. Martienssen-
Lohmann
(1887–1971)

164

Nach 1600 schrieb CACCINI keine „Dramen" mehr, aber wohl eine große Zahl von Werken für Solostimme, denen stets wichtige Vorworte zur Gesangstechnik vorangingen. Sein Traktat *Le nuove musiche* (Die neuen Musiken) von 1602 ist der Ausgangspunkt für die Ausführung der Monodie in dieser Zeit.

CACCINI weist deutlich darauf hin, daß er in einem *neuen* Stil schreibt. Was er als neue Methodik des Singens einführte, läßt sich wie folgt zusammenfassen:

Eine Stimme muß in der für sie natürlichen Lage geschult werden, und zwar im Umfang eines Hexachords (6 Töne).

Man soll immer Mezzoforte üben (120 Jahre später warnt TOSI auch vor zu leisem Singen).

Durch das Singen kleiner Koloraturen in der Mittelstimme soll die Stimme elastisch werden.

Erst später darf den Schwelltönen Aufmerksamkeit gewidmet werden.

Immer für ausreichenden Atem sorgen.

Die Vokale müssen sauber klingen.

Man muß sauber treffen können.

Es muß auf a-i-o-u vokalisiert werden.

Wir dürfen wohl annehmen, daß die Vokale in dieser Zeit noch nicht dunkel, „gedeckt", waren. Das kam erst, nachdem die Stimme nach 1850 Tragweite und Projektion zu suchen begann.

CACCINI verabscheut das *„cercare il tuono"*, das Suchen oder „Aufziehen" des Tons. Er empfiehlt als Heilmittel dagegen den *„esclamazione"*, den Ausruf. Er wird damit gewiß einen Sforzato-Einsatz, der langsam leiser wird, oder auch ein schnelles Crescendo mit einem langen Decrescendo gemeint haben.

Wenn CACCINI sagt, daß er der *„voce piena"*, der vollen Stimme, den Vorzug gibt gegenüber der *„voce di testa"*, in diesem Fall dem Falsettregister (AR), müssen wir bedenken, daß sowohl die ersten Kastraten als auch die frühen modal singenden Solisten beide Register gebrauchten, das schwere und das leichte. Das ist auch so auf der Aufnahme (1902) mit dem letzten Kastraten im Kirchendienst des Vaticans, ALESSANDRO MORESCHI, zu hören.

Wichtig ist bei CACCINI: das Wort steht im Vordergrund, Schulung der Stimme innerhalb des Hexachords, Einsatz auf *„esclamazione"*.

Das nächste, speziell für den solistischen Gesangsunterricht geschriebene Buch, das uns überliefert ist, wurde 1723 von dem Soprankastraten und großen Pädagogen TOSI veröffentlicht: *Opinioni de cantori antiche e moderni, o sieno osservationi sopra il canto figurato*. Darin verherrlicht er, wie es alle Pädagogen aller Zeiten taten und tun werden, die alten Sänger und kritisiert die Gesangskunst seiner eigenen Zeit, die beinahe ausschließlich auf Virtuosität baut. Sowohl seine „alten" als auch seine „neuen" Sänger sind meistens Kastraten; denn das ganze 17. und ein großer Teil des 18. Jahrhunderts wurde von Kastraten beherrscht. Das Buch kam gewiß einem Bedürfnis entgegen, denn es wurde bald nach Erscheinen in viele Sprachen übersetzt; schon 1757 von JOHANN FRIEDRICH AGRICOLA – Komponist, Organist (er studierte bei J. S. BACH) und Gesangslehrer in Berlin –, der den vereinfachten Titel *Anleitung zur Singkunst* wählte.

TOSI, der die meisten Sänger der ersten Kastratenzeit hörte und viele selbst ausgebildet hat, plädiert für Textverständlichkeit – ebenso wie CACCINI um 1600 und GLUCK um 1750 – im Gegensatz zur Stimmakrobatik der großen Sänger seiner Tage. Virtuosität darf wohl als Ausdrucksmittel benutzt, aber nicht zum *Selbstzweck* werden.

Einige Zitate aus der originalen Übersetzung von AGRICOLA (in ihrer Schreibweise den heutigen Regeln angepaßt, alle Hervorhebungen AR.):

„Eine der vornehmsten Sorgen des Meisters muß auf des Schülers Stimme *gerichtet sein. Es mag eine* Bruststimme *(voce di petto) oder eine* Kopfstimme *(voce di testa) sein; so muß sie immer rein und hell herauskommen; ohne daß sie (wie man sagt) durch die Nase gehe, oder in der Kehle stecken bleibe."*

„Was ist aber die Bruststimme, die Kopfstimme *und das* Falsett? *Daß die von den Welschen* (gemeint ist: den Italienern, AR.) *erfundene Benennung der Kopfstimme sehr uneigentlich sei, wird ein jeder von sich selbst leicht einsehen können."*

TOSI möchte Falsettregister und modales Register bruchlos ineinander übergehen lassen: *„Einigen Sängern, vornehmlich weiblichen Geschlechts, geht dieses glücklich vonstatten ... Die meisten Sänger männlichen Geschlechts, vornehmlich Tenoristen und Bassisten, können diesen Absatz der Stimme nicht so leicht verbergen."*

Dieser große Pädagoge hat schon eine Ahnung davon, daß Luft und Tonhöhe miteinander zu tun haben: *„Wenn der Kopf der Luftröhre in dem Grunde der Kehle mehr und mehr steigt, nach dem die Töne steigen"*, wird der Raum für die Luft im Mund stets kleiner und der Ton also höher. (In der Methodik des 20. Jahrhunderts wird in Verbindung mit dem nach vorn geneigten Schildknorpel und der Öffnung des Kiefers empfohlen, bei hohen Tönen diese physiologischen Gegebenheiten zu berücksichtigen und den Mund zu öffnen.)

„Die Bruststimme ist ordentlicher Weise stärker als jene" (die Kopfstimme, AR.). Offenbar denkt *Tosi*, daß der Luftweg bei denen, die eine Bruststimme haben, länger ist als bei denen, die eine Kopfstimme haben. Aber was meint Tosi damit, daß jemand eine Kopfstimme hat? Rätselhaft bleibt auch seine Feststellung: *„Die Bruststimmen sowohl als die* Kopfstimmen *haben also Falsettöne."* Und dann steht auf dieser Seite auf einmal ein Satz, der zeitlos gültig ist: *„Alle und jede* natürliche [!] *Stimmen ... können in der Höhe einige Falsettöne angeben."*

Agricola hatte vernommen, daß der Arzt A. Ferrein 1741 in Paris gesehen hatte, wie die Stimmfalten funktionieren, und ergänzt Tosis Text an dieser Stelle um die Schlußfolgerung, daß die Stimmfalten *„bei einer Bruststimme mehr elastisch und folglich härter, bei einer Kopfstimme aber weniger elastisch und folglich weicher sind."*

Noch einige Zitate von Tosi:

Über Plazierung in Mund und Nase. *„Wenn der Schall in der Luftröhre hervorgebracht worden ist, so geht er zum Teil zum Munde heraus, zum Teil aber durch die Nase, nachdem er darin reflektiert worden ist ... Wenn man die Nase zuhält, so wird der Schall ... nicht so reflektiert, daß er wieder zurückkommen und durch den Mund herausgehen kann; sondern er verliert sich in den weichen Teilen der Nase ... Wenn der Schall sich durch die Nase bewegt, so ist er vernehmlich; nicht aber wenn die Nase fehlt, verstopft ist oder zugehalten wird. Mit einem Worte, die Nase ist ein Sprachgewölbe."*

Über den Larynx. Die *„Verkürzung und Verlängerung* (der Luftröhre, AR.) *wird durch das Steigen und Fallen des Knotens am Kopfe der Luftröhre sichtbar."*

Über den Bruch. *„Geht man im Singen wieder mit diesen Falsettönen nach der Tiefe zurück, so wird einer ... finden, daß bei einem gewissen Tone der Kopf der Luftröhre seine hochgespannte Stellung auf einmal verläßt, und sich wieder an seinen vorigen Ort setzt."*

Über den Schwellton: Wer einen schönen Schwellton singen will, *„der höre mehr die Vorschriften des Herzens, als die Gesetze der Kunst."*

Ratschläge. *„Man muß den Schüler immer stehend singen lassen."* – *„Er* (der Lehrer, AR.) *verweise es ernstlich, wenn Grimassen mit dem Kopfe, dem Leibe, und vornehmlich mit dem Munde gemacht werden. Der Mund muß eine solche Stellung annehmen, welche mehr einem angenehmen Lächeln als einem ernsthaften Amtsgesichte gleicht."* Agricola kommentiert dies folgendermaßen: *„Wenn man lächelt, so zieht man die Lippen, nach beiden Seiten zu, mehr auseinander. Hierdurch erhalten ... viele den Vorteil, daß sie die Zähne besser bedecken können."*

Wie sehr die Meinungen über gesangstechnische Fragen sich ändern, zeigt sich in den folgenden Zitaten: Jacobo da Bologna (ca. 1360): *„Das richtige Singen besteht* nicht *darin, laut zu singen."* Ludovico Zacconi ist 1580 der Meinung, daß die Stimme nur durch leises Singen ausgebildet werden kann. Und dann sagt Tosi 1723: *„Die Erfahrung lehrt, daß man dem Piano nicht* *trauen darf ... und wer die Stimme verlieren will, der lasse sich nur oft damit ein."*

Bei Tosi ist wichtig: Eine Mundstellung wie beim Lächeln wird empfohlen, man soll nicht leise singen (außer bei hohen Tönen), und es ist wichtig, zurück zu finden zur Textverständlichkeit.

Giambattista Mancini (1716–1800)

Mancini war Schüler des Kastraten Bernacchi und des Komponisten Padre Martini. In seiner Zeit sangen die letzten großen Kastraten. Seit 1760 arbeitete er am kaiserlichen Hof zu Wien als Lehrer der Prinzessinnen. Er schrieb ein ausführliches Werk mit dem Titel *Pensieri e riflessioni pratiche sopra il canto figurato* (1783).

Mancini empfiehlt, zuerst den Stimmtyp festzustellen und danach erst die Stelle des Registerübergangs aufzusuchen. (Im 20. Jahrhundert ist die Bestimmung des Registerbruchs ein Teil der Stimmklassifikation, AR.) Mancini empfiehlt den Registerausgleich: Die tiefsten Mitteltöne soll man mit Bruststimme singen, die höchsten Mitteltöne auch schon im Falsett. Wahrscheinlich meint Mancini, wenn er „Mitteltöne" sagt, die zentrale Oktave in der Gesangsstimme, die man nach Wahl modal oder im Falsett singen kann (s. „Il ponticello" im Ersten Teil).

Bei Tenören wird es nötig sein, die höchsten Brusttöne zu mäßigen, jedoch die letzten Töne des Falsetts zu verstärken.

Sauberes Singen kann gelernt werden, indem man Intervalle übt. Bei Mancini ist der *Atem* beim Singen das Gegenteil des natürlichen Atmens und muß durchaus geübt werden. Ausatmen muß 25 Sekunden lang möglich sein. Die Stimme bekommt durch häufiges, regelmäßiges und vor allem behutsames Atmen mehr Kraft.

Mancini beharrt nicht so sehr auf dem Artikulieren als vielmehr auf dem Vokalisieren.

Die Mundstellung muß für jeden individuell festgestellt werden. Bei zu weit geöffnetem Mund wird der Ton in der Kehle gebildet. Die Zunge soll man nicht auf die Lippen legen, denn das führt dazu, daß man durch die Nase singt. Mit einer gestreckten und verdickten Zunge kann man nur stammeln.

Bei starken, rauhen Stimmen kann man nichts anderes tun, als sie leiser und sauberer singen lassen. Mancini sagt nicht, *wie* das gehen soll.

Man soll nicht schreien: Man soll Solfeggien auf lange, tiefe Töne, und auch ruhige Ausgleichsübungen singen. Schwache Stimmen soll man in tiefen Registern langsame Solfeggien üben lassen. Die Töne müssen in voller, vornehmer Aussprache hervorgebracht werden, um eine kindliche Tongebung abzulegen. Für *leichtes* Singen übe man leichte Koloraturen innerhalb einer Oktave. Für *unsauberes* Singen ist oft mehr das Ohr als die Kehle oder die Stimme verantwortlich.

Bei Mancini ist wichtig: Das Atmen beim Singen geschieht nicht auf natürliche Weise, Register müssen sich überschneiden, nicht artikulieren, sondern vokalisieren.

ZWEI FRANZOSEN AUS DEM 17. UND 18. JAHRHUNDERT

BÉNIGNE DE BACILLY (1625–1692)

BACILLY wurde 23 Jahre, nachdem CACCINI seinen Traktat *Le Nuove musiche* veröffentlicht hatte, geboren und muß wohl noch von dieser Schrift beeindruckt gewesen sein. Vielleicht hat er deshalb 1668 sein Buch ausdrücklich genannt *Remarques curieuses sur l'art de bien chanter, et particulièrement pour ce qui regarde le chant français* (Lehrreiche Bemerkungen über die Kunst des richtigen Singens, und besonders im Hinblick auf das französische Singen). Das italienische Singen ist selbstverständlich in Frankreich bekannt (s. oben das Kapitel über die französische Oper: der *Orfeo* von ROSSI wurde nicht positiv beurteilt), und es ist deshalb nicht verwunderlich, daß der Franzose, für den die Prosodie so wichtig ist, dies kritisch betrachtet.

Die wichtigsten Aussagen von DE BACILLY sind:
Eine schöne Stimme ist nicht dasselbe wie eine gute Stimme.
Der Lehrer muß selbst singen können.
Man arbeite an einer richtigen Bildung der Töne und an der Intonation.
Der Schüler übe sich in einer guten Aussprache.
Keine Begleitung beim Üben, höchstens mit einer Theorbe.
Es gibt zwei Register: Brust und Falsett.
Die besten Übungen sind Läufe.
Es ist nötig, die Länge der Vokale gut zu berücksichtigen.

JEAN ANTOINE BÉRARD (1710–1772)

Die Lebensdaten dieses Sängers liegen mehr oder weniger parallel mit denen von MANCINI, so daß anzunehmen ist, daß BÉRARD die italienische Kastratenkunst kannte. Die Franzosen schätzten Kastraten nicht, sie waren zufrieden mit ihrem eigenen „Haute contre", dem französischen Falsettisten. Der Unterschied des französischen Altus von seinen anderssprachigen Kollegen der gleichen Stimmlage bestand darin, „daß der französische Altus, während er modal singt, gelegentlich auch nach oben blickt, und die übrigen Alti vom Falsett aus gelegentlich nach unten blicken" (s. im Anhang dazu den Beitrag von REBECCA STEWART).

BÉRARD war als Haute contre bekannt. Es ist denkbar, daß er eine leichte Tenorstimme hatte mit einem Falsettregister von großen Umfang. Diesen hohen Stimmtyp kann man auch in vielen Opern RAMEAUS wiederfinden, in denen BÉRARD zwischen 1727 und 1743 in der Opéra von Paris gesungen hat, denn RAMEAUS Opern verlangen von allen Stimmen eine sehr hohe Tessitur.

Von 1745 an unterrichtete BÉRARD am Pariser Konservatorium und 1755 veröffentlichte er sein *L'art du chant* (Kunst des Singens), ein Buch, in dem stolz gesagt wird, es sei „eine physiologische und anatomische Studie der Tonerzeugung".

BÉRARD teilte die Klänge in zwei Kategorien ein: vornehme und majestätische Klänge – leichte, zärtliche und manirierte Klänge.

Seine Musikbeispiele entnahm er Werken von LULLY und RAMEAU und er verwendete eigene Zeichen für die Verzierungen.

Der Larynx. Auch BÉRARD hat die Experimente des Arztes A. FERREIN (1741) zur Kenntnis genommen, der gesehen hat, wie die menschlichen Stimmfalten sich bewegen, aber er zieht daraus seine eigenen Schlüsse: Für hohe Töne muß der Sänger den Larynx heben, für tiefe Töne muß er ihn sinken lassen, und zwar *„par degrés"*, gradweise. Um sechs Töne höher zu singen, muß der Sänger seinen Kehlkopf sechs „Grad" steigen lassen. Die Entdeckung FERREINS, daß die Stimmfalten etwas mit Tonhöhe zu tun haben, stieß noch nicht auf viel Verständnis. Ein Sänger, der den Mechanismus der Stimme gut studiert hat, kann dunkle und helle Klänge hervorbringen: man bringe für dunkle Klänge die Lippen nach vorn, für helle Klänge ziehe man sie zurück (Das „Tunen" des Stimmwegs ist also *nicht* neu, AR.).

Aussprache. Der korrekten Aussprache des Französischen widmet BÉRARD viel Aufmerksamkeit. Es ist populär, wenn man sagt: gloère, victoère, während es korrekt heißen muß: gloire, victoire, mit einem „a"-Laut.

Stimmtypen. Weil der Stimmtyp für BÉRARD mit der Länge und Dicke der Stimmfalten zusammenhängt, teilt er die Stimmen folgendermaßen ein: Basse noble, Basse taille, Taille, Haute contre. Die Frauenstimmen heißen *„Dessus"* (oben).

Bei BÉRARD ist wichtig: Der Sänger kann/muß seinen Larynx „gradweise" steigen oder sinken lassen. BÉRARD teilt die Stimmen ein nach der Länge und Dicke der Stimmfalten, er richtet die Aufmerksamkeit auf korrekte Aussprache.

Studierte man früher wohl so lange, wie oft gesagt wird? SBRIGLIA sagt, daß er drei Jahre braucht, um eine Stimme auszubilden, JEAN BAPTISTE FAURE debütierte nach zwei Jahren Studium am Konservatorium als erster Bariton an der Pariser Opéra und VICTOR MAUREL war 20 Jahre alt, als er die Rolle des Amonasro sang. STOCKHAUSEN wettert: *„Selten widmet sich ein stimmlich begabter Sänger nun noch drei Jahre seinem Studium."*

ZWEI DEUTSCHE AUS DEM 18. UND 19. JAHRHUNDERT

Weil in Deutschland die Entwicklung der Oper spät beginnt, erscheinen auch die ersten Bücher zur Methodik des Singens verhältnismäßig spät – im Vergleich zu den italienischen Büchern von vor und um 1600.

JOHANN ADAM HILLER (1728–1804)

HILLER hatte als Kind eine schöne Sopranstimme und sang seit seinem 18. Lebensjahr im Dresdner Kreuzchor. Es bleibt eine offene Frage, ob er dort mit achzehn Jahren noch Sopran sang oder schon mutiert hatte. Er hatte Unterricht im Flöte- und Klavierspiel und im Generalbaß. 1771 begründete er eine Singschule, 1781 organisierte er die ersten Gewandhauskonzerte, die noch heute bestehen, und 1789 wurde er Kantor an der Thomaskirche in Leipzig, wo J. S. BACH einer seiner berühmten Vorgänger gewesen ist.

HILLER komponierte Singspiele, die der Ausgangspunkt für die deutsche Oper wurden, *„denn"*, so sagte er, *„noch haben wir kein singendes Theater"* (zit. nach GÖPFERT, 1988, S.57).

Es gibt vier Bücher von HILLER über die Methodik des Singens, in denen er AGRICOLAS TOSI-Übersetzung weiterzuführen versucht. Daraus folgen hier einige Regeln:

Eine gute Stimme muß hell, rein, stark, elastisch, fest, leicht, gleichmäßig und von ansehnlichem Umfang sein.

Hell ist die Stimme, wenn sie frei aus der Brust herausströmt. Der Mund darf so weit offen sein, daß ein kleiner Finger zwischen die Zähne paßt. Die oberen Schneidezähne sollen nicht bedeckt, die unteren sollen von den Lippen halb bedeckt werden.

Die Grenze zwischen Brust- und Kopfstimme darf nicht auffällig sein.

Man vermeide Erkältungen, Rauch, Stoff, scharfe, fette, herbe und auch süße Speisen; und man achte auf die Menge dessen, was man ißt und trinkt.

HILLER warnt, häufiges *Sitzen*, vor allem mit eingezwängten Unterleib wie beim Schreiben, sei für die Stimme schädlich.

Bei HILLER ist wichtig: Legato entsteht, indem die Vokale lang gezogen werden; man darf in den Koloraturen kein „h" einschieben, auch kein stummes „e" zwischen zwei Konsonanten (vgl. unten LEHMANN!); bei einem Diphtong muß der erste Vokal am längsten klingen; *„gut gesprochen ist halb gesungen."*

PETER VON WINTER (1754/55–1825)

Die „verspätete Geburt" der deutschen Oper verursachte Probleme: Wie sollte man den vertrauten italienischen Stil des Singens mit der deutschen Sprache vereinbaren? HILLER sah dieses Problem noch nicht. PETER VON WINTER beschäftigte sich intensiv damit und veröffentlichte 1824 eine *Vollständige Singschule*, die von den Lauten der deutschen Sprache und nicht mehr von der italienischen Lautung ausging.

VON WINTER ist nach den wenigen (Lebens-)Daten, die von ihm überliefert sind, nicht als Sänger bekannt, wohl aber als Dirigent und als Komponist von Singspielen.

Für die deutsche Gesangsausbildung spielte VON WINTERS Buch die Rolle eines Wegweisers zum Gebrauch der eigenen Sprache beim Singen, was nicht allein für die Oper nötig war, sondern auch für die zur Blüte kommende Liedkunst. Dies war *„die Zeit, in der neben der romantischen Oper der Liederfrühling von Österreich her einzog"* (D. FISCHER-DIESKAU, 1985, S. 331).

VON WINTER rät, nicht ausschließlich mit Vokalen zu üben, sondern auch Text zu gebrauchen. Ferner empfiehlt er, Schwelltonübungen zu singen und langsam Intervalle über große Abstände treffen zu lernen.

Bei VON WINTER ist wichtig: Er schreibt die erste deutsche Methodik des Singens, gibt aber nach FISCHER-DIESKAUS Meinung zu früh zu schwierige Übungen, nämlich Schwelltöne und Übungen über einen großer Tonumfang, und er ist davon überzeugt, daß eine Sprachausbildung für Sänger sehr wichtig sei.

DIE INTERNATIONALE ENTWICKLUNG IM 19. UND 20. JAHRHUNDERT

Mit der Entwicklung der Oper wurde die Gesangspädagogik von Italien nach Paris verpflanzt, wo viele Stimmforscher sich um MANUEL GARCIA scharten, bis dieser 1850 definitiv nach London zog. Die neue Gesangstechnik regte damals schon die Forschung an, wurde aber erst im 20. Jahrhundert Gemeingut.

Zusammengefaßt kann man sagen, daß das Neue darin bestand, daß die leichte, von den Kastraten herkommende Gesangstechnik für die Anforderungen, die Berlioz, Wagner und Verdi an die Stimme stellten, nicht mehr brauchbar war. Die Anpassung der Technik an die damals neue Musik bestand darin, nach Möglichkeiten für ein größeres Stimmvolumen zu suchen. Dies fand man, indem man den Kehlkopf ein wenig sinken ließ, wie etwa bei einem Seufzer oder einem leichten Gähnen. Dadurch, daß hierbei der weiche Gaumen automatisch nach oben geht, entsteht ein größerer akustischer Raum. Vielleicht hatte man dies bei praktischen Übungen entdeckt. Werden dabei die Lippen ein wenig gerundet (Lampertis „Blume der Lippen"), erhält die Stimme eine größere Tragkraft.

Man kann daraus die Folgerung ziehen, daß in dem für das Singen so ereignisreichen 19. Jahrhundert eine neue Gesangstechnik durch dieses „Tiefer-Stellen" erst ermöglicht wurde. Durch lauteres Singen verschoben sich die Registerübergänge zu anderen, höheren Stellen im Stimmbereich. Der Kehlspiegel ermöglichte es, das Funktionieren der Stimmfalten zu beobachten, hatte aber auch zur Folge, daß phantastische Theorien erfunden wurden, weil ja nicht jeder einen Kehlspiegel zur Verfügung hatte. Die Daten der Forscher sind häufig falsch interpretiert worden.

Im folgenden Kapitel werden eine Reihe von Pädagogen aus dem 19. und dem Anfang des 20. Jahrhunderts vorgestellt, die auf die eine oder andere Weise für die Geschichte des Singens und den Fortgang der technischen Entwicklung wichtig gewesen sind. Es ist dabei unmöglich, auch nur annäherungsweise vollständig zu sein.

Manuel Garcia (1805–1906)

Am 16. November 1840 legte Garcia der Französischen Akademie der Wissenschaften seinen Artikel *Mémoires sur la voix humaine* (Aufzeichnungen über die menschliche Stimme) vor, eine Zusammenfassung der schon bekannten stimmphysiologischen und pädagogischen Fakten, die die Grundlage für alle weitere Stimmforschung bilden sollte. In diesem Vortrag beschreibt er das Funktionieren des gesamten Stimmapparats.

Es geht um drei Kernpunkte:

(1) Die Stimme hat zwei Möglichkeiten des Registrierens – „Brustregister" und „Falsett-Kopfregister" – die sich etwa in der Mitte der eingestrichenen Oktave überschneiden. Es ist für seine Zeit bemerkenswert und für die Zeit danach verwirrend, daß er dieses Gebiet des Stimmbereichs bei Männern „Falsett" nannte (während bereits Garcia sen. „Medium" sagte); Garcia jun. wußte schon, daß das Schwingungsmuster der Stimmfalten in diesem Gebiet bei Mann und Frau identisch ist. Er sagt ausdrücklich, daß zwischen Falsett und Kopfstimme kein Bruch liegt,

sondern ein allmählicher Wechsel des Timbre. Weiterhin zeigte er, daß im Falsett mehr Luft verbraucht wird als im Brustregister.

N. B. GARCIA behauptet, daß Knabenstimmen nach dem Stimmbruch ihr Kopfregister verlieren. Deshalb stehen der Männerstimme lediglich Bruststimme und Falsett zur Verfügung, von denen hauptsächlich das Brustregister gebraucht wird. Das Falsett und das, was von der Kopfstimme übrig ist, sind Reste der Kinderstimme. Bässe verfügen über nahezu kein Falsett, Tenor und Haute contres dagegen wohl (Abb. 38). Frauen und Kinder singen meistens in ihrem Falsett- und Kopfregister.

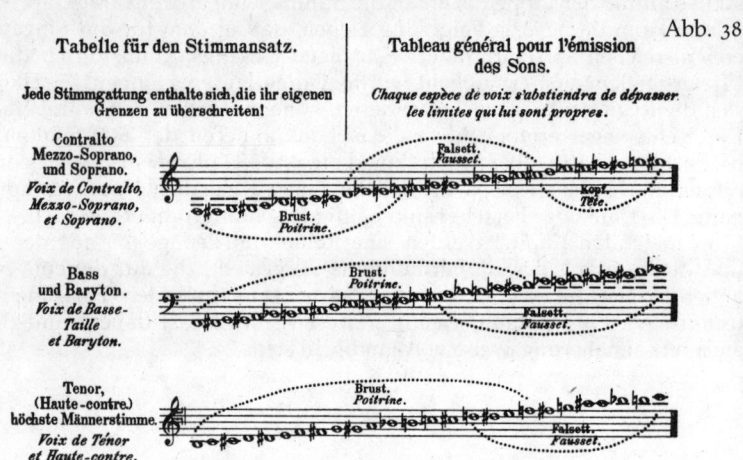

Abb. 38

Tabelle für den Stimmansatz.

Tableau général pour l'émission des Sons.

Schon 1840 arbeitete GARCIA seinen Vortrag um zum ersten Teil seines *Traité complet* von 1841, der 1847 in zweiter Auflage erschien. (Vor allem dieser zweiten Auflage, von der 1982 ein Nachdruck erschien, sind die Ausführungen dieses Kapitels entnommen.) In der letzten Auflage (in englischer Sprache unter dem Titel *Hints on Singing* in London 1894 erschienen, von H. KLEIN 1911 in bearbeiteter Fassung für die USA neu herausgegeben und in dieser Fassung 1982 in New York nachgedruckt) behält GARCIA seine Registereinteilung bei, aber er vermeidet den Ausdruck „Falsett", weil er, vor allem für die Frauenstimme, ungebräuchlich geworden war. Er sagt jetzt Brust-, Mittel- und Kopfstimme. GARCIA hat zwar seine Terminologie geändert, nicht aber seine Meinung.

(2) Schüler von GARCIA demonstrieren während seines Vortrags von 1840 den Gebrauch des *„Timbre sombre"* und *„Timbre clair"* (gedeckte und offene Vokale), und zwar *sowohl* im Brust- *als auch* im Falsettregister. Das „Decken" besteht im Tieferstellen des Larynx und im Nach-vorn-hin-Modulieren des *„Tuyau"*, d. h. des Stimmwegs. Ein angehobenes Gaumen-

segel (z. B. wie beim Gähnen) ergibt ein dunkles Timbre („*voix couverte*"), ein tiefes Gaumensegel führt zu einer „*Voix claire*". Frage: Enthält GARCIAS „*Voix claire*" eine Spur von Nasalität?

Mit „gedecktem Falsett" geht GARCIA weiter als die Physiologen DIDIER und PÉTREQUIN, die am 1. Juni 1840 – also fünf Monate vor GARCIAS Vortrag – schon über „Decken" sprachen, aber nur bezogen auf das Brustregister.

(3) Von der ersten (1841) bis zur letzten Ausgabe des *Traité* von 1894 bleibt GARCIA bei seinen Auffassungen über den Stimmeinsatz, den „*Coup de glotte*": Der Atemstrom wird einen Augenblick unter den Stimmfalten komprimiert, die sich danach mit einem trockenen, leicht knallenden Laut öffnen. Das hält GARCIA für den einzig schönen, gesunden Stimmeinsatz, der auf das Maß des Ausdrucks, wie Martellato, Marcato oder Portamento, abgestimmt werden muß.

In Veröffentlichungen von GARCIAS Zeitgenossen FERDINAND SIEBER (1863), JEAN BAPTISTE FAURE (1868), und JULIUS STOCKHAUSEN (1884) kann man exakt dieselbe Formulierung lesen. Erst gegen Ende des 19. Jahrhunderts wird diese Art des Stimmeinsatzes vermieden, weil er bei recht lautem Singen zu hart ausfällt.

GARCIA berichtet 1855, diesmal vor der Königlichen Akademie in London, über seine Erfahrungen mit dem in den vorangegangenen Jahren konstruierten Laryngoskop: Mithilfe von zwei Spiegeln, wie sie der Zahnarzt gebraucht, und einem Lichtstrahl hat er gesehen, wie seine eigenen Stimmfalten sich bewegen. Seine Beobachtungen bewiesen alles, was er aus Erfahrung schon wußte.

Das Einatmen geschieht durch das Zusammenziehen des Zwerchfells. Magen und Bauch werden eingezogen, der Brustkasten wird gehoben. Ausatmen muß mit kleiner Mundöffnung, offener Glottis und geräuschlos geschehen.

Die Mundstellung ist bei Garcia noch nicht weit offen, aber er empfiehlt, die Mundwinkel etwas nach oben zu ziehen, ohne daß daraus ein Lächeln wird.

Die Triller müssen schon mit hinauf- und heruntergehendem Kehlkopf geübt werden (vgl. STOCKHAUSENS „Nachtigallenschlag").

Bei Garcia sind die drei genannten Punkte wichtig: Die zwei Hauptregister überschneiden sich, „*Timbre sombre*" und „*timbre clair*" in beiden Registern, der feste Stimmansatz („*Coup de glotte*") gilt als schön.

FRANCESCO LAMPERTI (1813–1892)

FRANCESCO LAMPERTI und sein Sohn GIOVANNI BATTISTA (s. u.) waren, im Gegensatz zur Familie Garcia, keine Sänger, aber sie kannten die Stimme sehr gut. FRANCESCO hält sich bei der Frauenstimme an das italienische

Prinzip der drei Register – Brust- , gemischtes- und Kopfregister – während er bei der Männerstimme lediglich von einem Brust- und einem gemischten Register spricht. Falsett schätzt er nicht besonders, denn er strebt nach einer „laut schallenden Stimmqualität, die entstehen soll, wenn die Schallwellen den harten Gaumen berühren."

Vor allem soll erwähnt werden, daß wir bei LAMPERTI SEN. die erste Beschreibung des „Appoggio" (Atemstütze) finden. Er schreibt in seiner *Abhandlung über die Kunst des Singens* (ca. 1875): *„Um einen Ton anzuhalten muß man die Luft langsam ausströmen lassen. Um das zu erreichen, streben die (Ein-)Atmungsmuskeln durch ihre Tätigkeit danach, die Luft in den Lungen zurück zu halten; diese setzen die Tätigkeit der Ausatmungsmuskeln entgegen, die gleichzeitig die Luft zum Ausströmen bringen um einen Ton zu erzeugen. Auf diese Weise entsteht ein Gleichgewicht der Kräfte zwischen zwei Handlungsinstanzen, das ‚Lotta vocale' (Streit der Stimme) genannt wird. Vom Erhalt dieses Gleichgewichts hängt die richtige Stimmgebung ab, und nur hierdurch kann die wahrhafte Ausdruck beim Singen gefunden werden"* (Zit. nach C. TIMBERLAKE, in *The NATS Journal*, 51/2, 1994).

MATHILDE DE CASTRONE MARCHESI, GEBORENE GRAUMANN (1821–1913)

MATHILDE GRAUMANN studierte anfangs bei dem Komponisten OTTO NICOLAI in Wien, anschließend vier Jahre lang (1843–1847) bei MANUEL GARCIA JUN. in Paris. Sie hatte eine so offensichtliche Veranlagung zum Unterrichten, daß sie, wenn GARCIA krank war, seine Unterrichtsstunden übernahm.

1848 geht GARCIA nach London und MATHILDE GRAUMANN folgt ihm, um von dort aus Konzertreisen als Mezzo nach dem europäischen Festland zu unternehmen. 1852 heiratet sie SALVATORE MARCHESI, Bariton und ebenfalls Gesangslehrer. Alle Pädagogen kennen sein Opus 15, das fälschlich *Vokalisen* genannt wird. Es sind ausgezeichnete Übungen auf Text.

1854 findet man die MARCHESIS in Wien, wo MATHILDE am Konservatorium unterrichtet; 1865 ist sie Professorin in Köln und von 1868 bis 1878 wieder in Wien.

Sie hat eine Reihe von Bänden mit Übungen und Vokalisen herausgegeben. Dem gleichbleibenden Vorwort zu diesen Bänden ist ihre Methodik zu entnehmen. Hier folgen einige Zitate und Gesichtspunkte ihrer Methodik:

„Es ist selbstverständlich, daß der Lehrer, bevor er die schwere Aufgabe des Unterrichtens auf sich nimmt, zunächst die unentbehrlichen Studien zur Anatomie, Physiologie und Akustik gemacht hat."

Haltung. So natürlich wie möglich, den Kopf aufrecht, die Schultern lose, die Brust frei. Vermeide alle Steifheit.

Mundstellung. Die Mundstellung des Lächelns, die der Vokal „e" mit sich bringt [Wie modern! AR.], liegt im Streit mit den Gesetzen der Tonerzeugung. Sie empfiehlt schon das „a".

Atem. Die normale Atmung bei einem gesunden Menschen ist die Zwerchfell- und abdominale Atmung. Der ganze Thorax kann dabei erweitert werden, das Zwerchfell senkt sich. Die anderen Arten der Atmung füllen die Lungen nur zum Teil. Sie rät ihren Schülerinnen davon ab, ein Korsett zu tragen: dann ist die Atmung viel zu lateral! Weite Kleidung ist besser!

Einsatz. Als glühende GARCIA-Anhängerin propagiert MATHILDE auch den „Coup de glotte", den sie folgendermaßen umschreibt: *„Bereite den Mund vor auf das gedunkelte ,a', bereite die Stimmfalten vor; so kannst du das, was du beim ersten Babyschrei getan hast, deinem Willen unterwerfen."*

Register. Die Stimmritze (Vibrator) steht beim Singen unter Spannung; die Intensität des Tons entsteht *dort*, begleitet von Veränderungen im Klangkanal (dem resonierenden Element). In Anbetracht der Tatsache, daß die Funktionen der Stimmritze sich hierbei nicht ändern, muß die Ursache der verschiedenen Registerfärbungen also im Resonator gesucht werden. Beim Registerübergang ändert sich wohl die *Stellung* des Larynx; dadurch wird die Luft nach drei verschiedenen Resonanzräumen geleitet. Deshalb hat die Frauenstimme *drei* Register: Brust- , Mittel- und Kopfregister.

Ton ist auf Luft bezogen, wie Farbe auf Licht bezogen ist. Kein Ton ohne Luft, keine Farbe ohne Licht. Die Luftsäule geht nach oben zum vibrierenden Element, der Resonator empfängt die vibrierende Luft und färbt sie ein durch seinen eigenen Widerhall.

Um das Brustregister mit dem Mittelregister zu verschmelzen, muß die Sängerin die höchsten Töne des tiefen Registers im voraus decken. Jede Anstrengung beim Singen in dieser Höhe ist schädlich. Weil die Sprechstimme nie im Kopfregister liegt, ist dieses so schwer zu erobern. Die höchsten Töne des tiefsten Registers liegen bei e^1, f^1, fis^1.

Man unterscheidet vier Kategorien von Frauenstimmen: Kontra-Alt, Mezzosopran, dramatischen Sopran und Koloratursopran. Einige Altstimmen entwickeln aufgrund einer außergewöhnlichen Larynxdisposition zu wenig Kopfstimme. Die kurzen Stimmen kommen selten vor und können höchstens eine Konzertkarriere machen. Das Mittelregister endet bei f^2, fis^2.

Übung der Stimme. Rationelle und fortschreitende Übung der Stimme kann zu einer großen Elastizität und Beweglichkeit der Muskeln führen, ohne die Muskeln zu ermüden. Am Anfang darf die Schülerin nicht länger üben als drei bis viermal täglich zehn Minuten; dies so steigern, bis man einige Male am Tag eine ganze Stunde singen kann.

Artikulation. Artikuliere deutlich, ohne der vokalen Linie Gewalt anzutun. Übe die Konsonanten über längere Zeit, so daß sie leicht werden. Die moderne, getragene Art des Singens macht für den Schüler die Schulung des Mechanismus der Stimme nicht überflüssig.

Stil. Unmusikalisches Üben ist Zeitverlust. Der Schüler muß verstehen, analysieren, was er gerade übt. Es gibt nur zwei Stile: den guten und den schlechten Gesangsstil, ebenso wie es auch nur eine gute und eine schlechte Gesangsmethode gibt. Es gibt also keine französische, deutsche oder italienische Methode. Die deutsche Sprache hält sie für zu guttural, die französische für zu nasal.

> *„Jede Kunst besteht aus einem technisch-mechanischen*
> *und einem ästhetischen Teil; wer den ersten nicht genügend vorbereitet,*
> *wird im zweiten Teil nie zu Vollkomenheit gelangen,*
> *und wäre er ein Genie."*

Über ihre Schülerinnen: *„Sie besitzen alle eine solide, eine sichere technische Meisterschaft, eine gleichmäßige Tonfolge ohne Registerbruch ..."* *„Mathilde Marchesi konnte außergewöhnliches Talent unmittelbar erkennen, wenn sie ihm begegnete"* (PHILIP MILLER im Vorwort zur neue Ausgabe ihres Übungsbuchs *Bel Canto*, Dover Publ., New York, 1970).

Bei MATHILDE MARCHESI ist wichtig: Man darf dem Schüler nie gleichzeitig mehr als eine Schwierigkeit zumuten, die Schwierigkeiten sollen in fortschreitender Reihenfolge angeboten werden; die mechanische Beherrschung der Stimme muß perfekt sein, bevor die ästhetische Seite der Gesangskunst angegangen werden kann; Mundstellung wie beim „a".

FERDINAND SIEBER (1822–1895)

Über den Pädagogen FERDINAND SIEBER sind keine detaillierten biographischen Angaben zu finden. Es ist aber bekannt, daß er kein Schüler GARCIAS war, wohl aber ein Anhänger seiner Methodik, daß er also auch die Auffassungen STOCKHAUSENS teilte. SIEBER lehrte von 1848 bis 1854 an der Musikhochschule in Dresden, danach in Berlin. Von seinen vielen Veröffentlichungen ist der *Katechismus der Gesangskunst* aus dem Jahr 1863 sehr berühmt geworden. Dieses Werk erlebte 1903 seine 12. Auflage. Ferner stellte SIEBER einen Band zusammen, in dem 10000 Lieder, Duette und Terzette gesammelt sind: *Handbuch des deutschen Liederschatzes* (1862).

In seinem *Katechismus* finden wir etwas über: (1) allgemeine vorbereitende Kenntnisse und Fertigkeiten, (2) Tonerzeugung und Tonverbindung, (3) Aussprache und Beseelung des Tons, (4) Fertigkeiten der tonerzeugenden Organe, (5) den künstlerischen Vortrag.

Daraus ist für seine Methodik zu entnehmen:

Haltung. Aufrecht stehen, Arme nicht vor der Brust kreuzen, Unterleib eingezogen, Brust heraus. Beim Atmen wird der Thorax sich erweitern, und zwar nach vorn und seitlich.

Mund. In der Breite in ovaler Stellung, also noch lächelnd, die Zunge flach im Mund.

Atem. Die Art des Ausatmens ist abhängig von der Einatmung. Deshalb ist ruhiges Einatmen wesentlich.

Einsatz. Die Stimmritze wird zwischen der Ein- und Ausatmung für einen Moment geschlossen [Glottisschlag? AR] und danach, wenn die Stimmfalten in der richtigen Spannung geöffnet sind, strömt die Luft hindurch.

Man übe auf den Vokal „a". Der Ton wird in dem Maße sauber sein, wie der Sänger sich den Ton vorstellt.

Kehldeckel. Dieser behindert die Tonerzeugung, wenn er über der Glottis liegt, dadurch entsteht der Kehlton. (Neuere Forschungen haben deutlich gemacht, daß die Epiglottis die Tonerzeugung nicht behindert, wie immer sie liegt, A.R). Dies ist zu vermeiden, indem man die Lage der Zunge korrigiert: die Zungenspitze soll an den Wurzeln der unteren Schneidezähne liegen.

Um Nasalieren zu vermeiden, muß man die Wölbung der Zunge mit einem Löffelstiel sanft nach unten drücken. Der Gaumenton entsteht, wenn die Zungenspitze nach oben zeigt.

Sieber empfiehlt, viele Koloraturen zu üben.

Er ist sehr modern, wenn er sich mit Wagners „Sprechgesang" beschäftigt. Üben soll man der Vokale wegen vor allem auf die Silben „da", „me", „ni", „po", „tu", „la", „be".

Alle technischen Fertigkeiten sind nach seiner Meinung nur Mittel zu dem Zweck, einen guten Vortrag zu erreichen.

Bei Sieber ist wichtig: Sprechgesang (Übungen mit „da", „me", „ni", „po", „tu", „la", „be", daneben Koloratur; einige falsche Vorstellungen vom Stimmfaltenverschluß.

Charles Amabile Battaille (1822–1872)

Battaille tat viel zur *medizinischen* Erforschung der Singstimme. Deswegen arbeitete er gern mit dem von Garcia erfundenen Laryngoskop. Er erfand einen Kehlspiegel, mit dem der Sänger seine eigenen Stimmfalten beobachten konnte, wollte die physiologischen Gesetzmäßigkeiten konsequent in der Methodik des Singens angewendet sehen und plante, ein siebenbändiges Werk mit dem Titel *De l'enseignement du chant* zu schreiben, aber es blieb bei zwei Bänden – *Nouvelles recherches sur la phonation* (1861) und *La psychologie* – und gelangte nicht bis zur Darstellung seiner Atemtechnik.

Aus dem Vorwort des Ersten Bandes, der Anatomie, Laryngoskopie und Physiologie beschreibt: Battaille vertritt die Ansicht, es sei nötig „die

Gesangslehrer zu exakter Formulierung und zu sicheren festen Regeln zu bringen, die auf anatomische und physiologische Tatsachen gegründet sind, so daß fortan dieser Zweig der lyrischen Kunst nicht mehr durch Unwissenheit, Routine und Scharlatanerie verdorben wird."

Battaille war noch der Meinung, daß lautes Singen *nur* mit größerem Luftverbrauch zu tun hat; vom *Gegendruck* der Stimmfalten wußte er noch nichts.

Auch er kannte zwei Register: modal (er sagte freilich noch Brustregister) und Falsett – so, wie man das heute auch kennt. Sein Verständnis von „Falsett" umfaßt Garcias „Kopf und Falsett". Er hatte wohl auch schon gesehen, daß die Aktion der Stimmfalten ausschlaggebend ist für den Registerübergang. Battaille findet, der Ausdruck Kopfstimme sei falsch, aber er hat noch keine bessere Formulierung. Und er vertritt die Meinung, daß das Brustregister in Beziehung steht zu den Maßen des Larynx. Die beiden Register sieht er in allen Stimmklassifikationen. Die Frauenstimme darf im Brustregister bis zum g¹ gehen.

Für den Registerausgleich verwendet Battaille eine Stufenübung:

Abb. 40

und den *„Port de voix"*

Abb. 41

Der tiefgestellte Larynx ist eines von Battailles Steckenpferden: „das gibt der Stimme Elastizität und Kraft." (J. Sundberg hat in den 8oer Jahren dieses Jahrhunderts mehrfach erklärt, daß der tiefgestellte Larynx nötig sei, um zur Erzeugung des Sängerformanten zu kommen). Battaille denkt, daß der lose Unterkiefer alle Muskeln vor zu schwerer Arbeit schützt, und verwendet ein Band, das um den Kiefer herum hinten am Kopf befestigt wird.

Für den *Triller* gibt Battaille folgende Übung:

Abb. 42

Battaille entdeckt, daß hohes Falsett mehr Kraft und Farbe hat als tiefes Falsett. (1987 konnte man bei einer Untersuchung im Ikaziaspital in Rotterdam bei einem Altus, der höher als e² sang, deutlich mediale

Kompression, d. h. Druck von den Seitenmuskeln, feststellen.) Er läßt das Falsett von tiefen Tönen aus entwickeln, nicht – wie es heute vielfach geschieht – von hohen Tönen aus. Die modale Stimme entwickelt er von mittleren Tönen aus. Ferner bemerkt er, daß bei *costo-abdominablem Atem* der Kehlkopf am besten funktioniert und die Glottis sich am mühelosesten für die Einatmung öffnet. (Heute weiß man, daß diese tiefe Atmung einen „Zug nach unten" zur Folge hat, durch den der Larynx in seiner tiefen Stellung bleibt.)

Obwohl BATTAILLES Werk in einigen Hinsichten nicht präzise und auch nicht vollständig ist, beeindruckt die Menge anatomischer und physiologischer Kenntnisse, die er verarbeitet.

Bei BATTAILLE ist wichtig: Er erfand das Autolaryngoskop und unternahm viele physiologische Forschungen, auf die er seinen Unterricht aufbaute; er erkannte, daß das Verhalten der Stimmfalten für die Register bestimmend ist, und er wandte sich gegen Scharlatanerie und Nachäfferei.

JULIUS STOCKHAUSEN (1826–1906)

Geboren in Paris als Sohn deutscher Eltern aus dem Elsaß, lernte JULIUS STOCKHAUSEN schon früh einige Instrumente zu spielen und erhielt Gesangsunterricht von MANUEL GARCIA. Er folgte seinem Lehrer nach London. STOCKHAUSEN sang in Deutschland, Paris und London, er sang in Opern (an der Opéra comique in Paris) und Oratorien, aber berühmt wurde er als Liedsänger – wie sein Schüler JOHANNES MESSCHAERT. STOCKHAUSEN widmete sich vor allem gegen Ende seiner Karriere ganz dem Lied. 1851 sang er in London *„Die schöne Müllerin"* und 1854 in Wien *„Die Winterreise"* von FRANZ SCHUBERT. STOCKHAUSEN verkehrte mit RICHARD und COSIMA WAGNER, mit dem Geiger JOSEPH JOACHIM, mit CLARA SCHUMANN und mit JOHANNES BRAHMS.

Während einer seiner Pariser Aufenthalte freundete er sich mit PAULINE VIARDOT-GARCIA an, mit dem Komponisten CAMILLE SAINT-SAËNS und mit dem niederländischen Maler ARY SCHEFFER. Sie waren gemeinsam eifrig darum bemüht, deutsche Musik nach Paris zu holen.

Seine Gesangskunst wird als meisterhaft in Stil und Interpretation beschrieben. Ebenso wie seine deutschen Kollegen LUDWIG WÜLLNER und RAYMOND VON ZUR MÜHLEN glänzte er mit Liedern von SCHUBERT, SCHUMANN und BRAHMS. Werke von RICHARD STRAUSS und HUGO WOLF wurden von diesen Sängern noch nicht geschätzt, und die französische Liedkunst war noch kaum bekannt.

Es ist sehr überraschend zu lesen, was STOCKHAUSEN schon alles weiß und was er von den neuen Erkenntnissen der Stimmphysiologie bereits aufgenommen hat. Dinge, von denen wir annehmen, daß SUNDBERG sie in unserer Zeit zum erstenmal für Sänger erklärte – ich sage nicht, daß SUNDBERG sie entdeckte, sondern daß er sie *erklärte* –, sind in STOCKHAUSENS

Gesangsmethode (1884) ein Jahrhundert früher praktisch in derselben Weise beschrieben. Wie modern ist er doch, wenn er sagt: *„Die Höhe, die Kraft und die Färbung des Tones sind die Gesetze der Tonbildung selbst"* und *„daß ein Ton schon im Entstehen gefärbt ist"* (aus der Einleitung).

Die Forschungen der *„Laryngoskopiker"* – wie er die „Kehlkopfspiegel-forscher" nennt – der Akustiker und Physiologen haben die Fragen der Tonerzeugung so vielfältig beantwortet, daß jetzt auf der Grundlage der empirischen Methode einige Regeln aufgestellt werden können, um diese Ergebnisse auf die jungen Stimmen anzuwenden.

Man erkenne an folgenden Punkten, wie fortgeschritten STOCKHAUSEN war: (1) die *Zahl* der Schwingungen (der Stimmfalten) bestimmt die *Tonhöhe*, (2) die *Weite* (*Amplitude*) der Schwingungen bestimmt die *Tonstärke*, (3) die *Form* der Schwingungen bestimmt die *Tonfarbe*.

> Über die Dauer des Studiums: *„Kaum daß er zu einer guten Aussprache gelangt ist, findet er, wenn er sonst eine kräftige Stimme hat und ein halbes Dutzend Rollen auswendig kann, leicht ein Engagement … Selten wendet daher ein stimmbegabter Sänger jetzt drei Jahre an sein Studium."* (STOCKHAUSEN, 1884, S. 1).

Sich auf seinen Kollegen BATTAILLE beziehend, sagt STOCKHAUSEN: *„Der Kehlkopf führt, durch das Gehör geleitet, die … nötigen Spannungen aus"*. Er kennt sogar den *Musculus cricothyreoideus*. Der Atem wird von den Lungen, Thoraxmuskeln und dem Zwerchfell gelenkt. Zunge, Lippen, der weiche Gaumen und der Kehldeckel bestimmen die Farbe des Vokals. Von Obertönen will STOCKHAUSEN nicht sprechen, weil sie *im* Vokal enthalten sind.

> STOCKHAUSEN war der erste Sänger, der die Baßsolos in JOHANNES BRAHMS' *Ein deutsches Requiem* gesungen hat. Die Uraufführung fand 1868 in Bremen unter Leitung des Komponisten statt.

STOCKHAUSEN teilt seine Gesangsmethode in zwölf grundlegende Paragraphen und sechs Kapitel ein, aus denen hier einige wichtige Punkte mitgeteilt werden.

Gehör. Absolutes Gehör ist nicht erlernbar, wohl aber der Sinn für relative Tonhöhe, Sauberkeit und Klangfarbe, und dies vor allem, indem gelehrt wird, Intervalle gut zu treffen. Dafür braucht man Zeit. Er läßt Übungen von zwei Stimmen singen, das scheint ihm besser als das Singen mit Klavierbegleitung.

Akustik. Bei kräftigen Tenorstimmen hört man manchmal einen Ton, der eine Oktave höher liegt als der gesungene Ton. In diesem Zusammenhang bezieht STOCKHAUSEN sich auf Arbeiten des Stimmphysiologen DONDERS aus Utrecht. Nach dessen Experimenten sind in der Flüsterstimme die

„Eigentöne" eines Vokals erkennbar. Der Stimmweg muß auf *geflüsterte* Töne abgestimmt werden. Und STOCKHAUSEN fragt sich daraufhin: *„Ändern sich nicht die Register der Stimme, je nachdem wir stark oder schwach singen, offene oder geschlossene Vokale bilden?"*

Zum „Messa di voce". Vom „m" aus begonnen, muß von einem geschlossenen zu einem offenen Vokal gesungen werden. (Da das „a" von Natur aus lauter ist als andere Vokale, entsteht dann ein „akustisches Crescendo", wenn man „o≫a" singt, AR.)

Der natürliche Stand des Kehlkopfs ist für das Singen nicht geeignet. STOCKHAUSEN entscheidet sich für die tiefe, ruhige Stellung des Larynx. Bei hoher Stellung des Larynx kann kein voller Ton und auch keine schöne Koloratur entstehen.

Der Einsatz muß mit fest geschlossenen Stimmfalten geschehen; das geht sicher auf GARCIAS *„Coup de glotte"* zurück, in all seinen Facetten.

Zwerchfell- und Flankenatmung. Kein Wort über abdominale Muskeln. Er wird sich wohl noch an GARCIAS Anweisung „Bauch einziehen" gehalten haben.

Den Triller muß man mithilfe des *„Nachtigallenschlags"* üben; macht man es anders, dann entsteht ein „Bockstriller", auf *einem* Ton zitternd. Der Nachtigallenschlag braucht offenbar nicht näher erklärt zu werden. STOCKHAUSEN beschreibt den Unterschied zwischen dem Trillo in der alten Musik und dem neuen Kehltriller schon sehr richtig.

Artikulation. Je stärker die Aktivität der Artikulatoren im Stimmweg ist, desto geringer sind die Spannungen im Larynx.

Konsonanten. Wenn zwei Sprechwerkzeuge (Lippen, Zähne oder Zunge) sich berühren, dann entsteht ein Konsonant. STOCKHAUSEN unterscheidet zwischen 27 „tonlosen" und „tönenden" Konsonanten (siehe oben zu stimmlosen und stimmhaften Konsonanten im Zweiten Teil).

Wenn Mund und Nase durch nichts behindert werden, dann entstehen Vokale. Vokale sind die „Bildner des schönen Tons". Er unterscheidet im Deutschen 15 Vokale und Doppellaute: sie müssen alle einzeln geübt werden, das „a" ist das Ziel. Es ist zu fühlen und zu hören, daß das „a" der lauteste Vokal ist. Deswegen müssen Schwelltöne auf „u-i-a-i-u" geübt werden. (Auch hier ein Vorgeschmack des „akustischen Crescendo"! AR.)

Vokalausgleich. Die Übungen für Vokalausgleich beginnen bei STOCKHAUSEN mit dem Vokaldreieck von HELLWAG. Doppelvokale werden geübt, indem man sie in zwei Vokale teilt und über eine Quarte singt:

Abb. 43

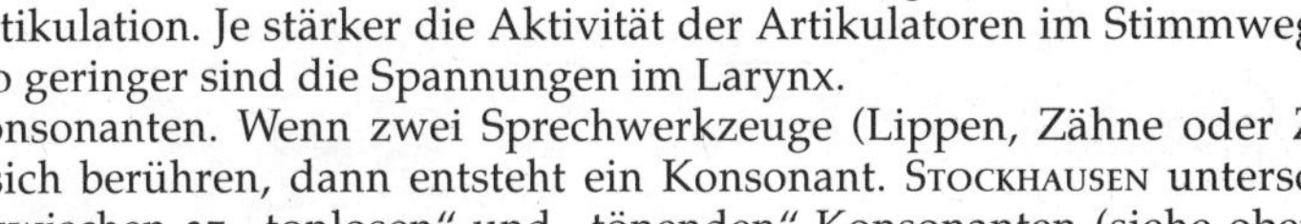

à—ì   e—ù   aa—ù   à—ì   e—ù   aa—ù

Ein Register ist eine Serie von Tönen, die durch ein und denselben Mechanismus erzeugt werden (vgl. oben bei GARCIA, seinem Lehrer). Es gibt drei Register: Brustregister, Falsett – oder Mittelregister – und Kopfregister (vgl. auch hier GARCIA). STOCKHAUSEN zitiert BATTAILLE, um zu belegen, daß im Brustregister die Stimmfalte über die volle Breite schwingt und daß fürs Falsett nur zwei Drittel der Stimmfalte benötigt wird. (Dabei müssen wir berücksichtigen, daß GARCIA und STOCKHAUSEN mit „Falsett" diejenige Oktave meinen, die wir mit „leicht modal" bezeichnen werden. Beide Autoren setzen das Falsett zwischen Brust- und Kopfregister.) Mit der These, daß beim Falsett zwei Drittel der Stimmfalten genutzt werden, stimmt die heutige Stimmwissenschaft nicht mehr überein. Die Stimmfalten schwingen über ihre volle Länge. „Schade", schreibt STOCKHAUSEN, *„daß das Falsett von den Stimmphysiologen noch ungenügend erforscht ist … Ich erlaube mir selbst noch kein Urteil."* Die Frauenstimme nutzt meistens drei Register; nur der hohe Sopran singt lediglich im Falsett und im Kopfregister. Bei ruhigem Larynx können die Register sich kreuzen.

Alle Stimmen – Männer- und Frauenstimmen – haben vier Töne gemeinsam: b^0, c^1, d^1 und e^1. Übersicht des Stimmumfangs:

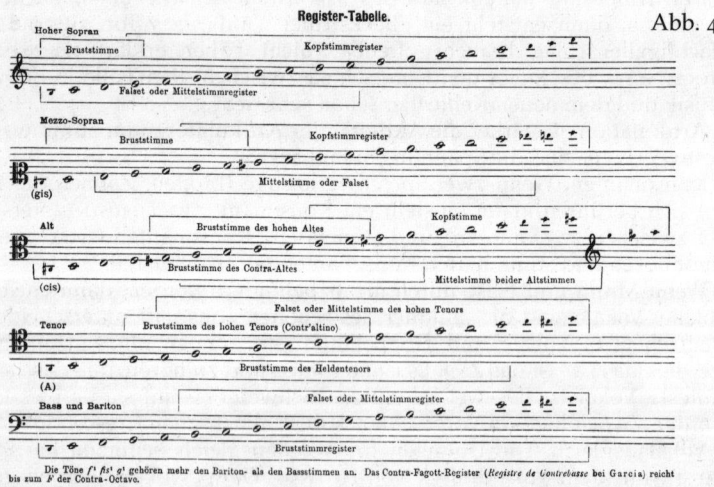

Register-Tabelle. Abb. 44

Die Töne *f¹ fis¹ g¹* gehören mehr den Bariton- als den Bassstimmen an. Das Contra-Fagott-Register (*Registre de Contrebasse* bei Garcia) reicht bis zum *F* der Contra-Octave.

Wie in allen Büchern zur Gesangsmethodik aus früherer Zeit wird auch in STOCKHAUSENS Gesangsmethode den Verzierungen noch viel Aufmerksamkeit gewidmet. Bemerkenswert ist seine Anweisung für ein Martellato: Dies entsteht durch ständig neue Impulse vom Zwerchfell aus, ohne die Tongebung zu unterbrechen.

STOCKHAUSEN läßt Stimmübungen in Moll ausführen, wiederum nach dem Beispiel GARCIAS.

Bei Stockhausen sind wichtig: Seine modernen Einsichten über den tiefgestellten Larynx, die Eigentöne eines Vokals und den Effekt der Anzahl, Weite und Form der Stimmfaltenschwingungen.

GIOVANNI SBRIGLIA (1832–1916)

Neapolitanischer Tenor, debütierte 1853 in Neapel und 1860 in New York. SBRIGLIA bildete so große Sänger aus wie EDOUARD UND JEAN DE RESZKE, LILLIAN NORDICA, den Baß POL PLANÇON. Er hat selbst kein Buch geschrieben, aber MARGARET CHAPMAN BYERS berichtet über *Sbriglia's singing method* im *NATS Bulletin*, 40/3, 1984.

Der Ausgangspunkt seiner Methode ist eine perfekte Haltung und Atemkontrolle ohne Spannung, und zwar mit gut entwickelten unteren Rückenmuskeln und einer aufrechten Wirbelsäule. Mit Hilfe der Bauch- und Rückenmuskeln muß der Brustkasten gehoben werden, „wie jeder große Sänger das tut." Schultern und Nacken müssen locker sein. Hinter dem Brustbein liegt ein unterstützender Punkt, oberhalb dieses Punktes darf keine Spannung bestehen.

Mundstellung. SBRIGLIA empfiehlt ebenso wie LAMPERTI JUN., die Lippen locker nach vorn zu strecken und in diesem runden Teil des Mundes die Silben „tero, tero" zu üben (wahrscheinlich auf eine Terz oder Quart nach unten oder nach oben, AR).

„Laß den Kiefer allmählich sinken, wenn du eine Tonleiter nach oben singst."

„Alles wird zusammenwirken, wenn du nach oben singst, bis der Ton nach unten aus den Resonanzräumen deines Kopfes zu kommen scheint." (Dieser Satz kann als einer der schönsten aus der Sängersprache betrachtet werden, AR.)

Vokale. „Denke an ‚o' und du wirst in der Höhe ein schönes italienisches ‚a' singen." SBRIGLIA denkt, daß es der Stimme eine kahle Höhe gibt, wenn man auf den Vokal „a" übt, denn das „a" ist zu offen.

Die Zunge. „Kümmere dich nicht um die Zunge; diese verhält sich bei jedem Menschen anders, je nach dem Bau dieses Organs."

Konsonanten. Artikulation hilft, die Stimme zu plazieren. SBRIGLIA liebte die französische Nasalität, sie „plaziert die Stimme in die Maske". Das Italienische liebte er wegen der ehrlichen Vokale. Deutsch verabscheute er, und dem „Wortsingen", das für WAGNERS Opern erforderlich war, gab er die Schuld, daß die Gesangskunst verfiel. „Englisch kann ebenso schön sein wie andere Sprachen, wenn man nur auf den Vokalen hängen bleibt."

„Legato ist die Quelle der guten Gesangskunst. Man muß viel auf Vokalen üben! Schließlich die Konsonanten in der Legatolinie anbringen, ohne diese zu unterbrechen."

Register. Er gebraucht das Falsettregister nur für die Tenorstimme, wenn diese Schwierigkeiten mit hohen Tönen hat. „Vergiß nicht, daß die hohen Töne eines Tenors Falsettöne mit einer Luftstütze darunter sind." Für die höchsten Töne in der Frauenstimme, für das „Flöten"-Register, läßt er auf „u" üben. Sbriglia ist sicher einer der letzten Pädagogen gewesen, die offiziell Falsett übten.

Dieser Pädagoge ist einer der wenigen, von dem wir lesen, daß er sich mit der Psyche seiner Schüler beschäftigte. Sbriglia warnt vor zu großer Eile in der Ausbildung. Er erkennt „Eile" an forciertem Atemgebrauch. „Es dauert drei Jahre, um eine Stimme ausreichend, mit schönen Obertönen, zu formen." Man hört, daß Cosima Wagner nach einer *Lohengrin*-Vorstellung in London, bei der Solisten aus der Schule Sbriglias mitwirkten, geseufzt habe: *„Ich habe heute abend zum erstenmal in meinem Leben Wagner von einem melodischen Standpunkt aus singen gehört".*

Bei Sbriglia ist wichtig: Er denkt, daß die höchsten Töne eines Tenors immer Falsettöne mit viel Atemstütze sind, und er achtet auf die Psyche seiner Schüler.

Julius Hey (1832–1910)

Julius Hey arbeitet weiter auf der Grundlage der Auffassungen Peter von Winters. Er ist ein Pädagoge, der deutlich nicht mehr ausschließlich von italienischen Prinzipien ausging. Auf Anregung von Richard Wagner gründete er die *Erste deutsche Gesangschule* mit dem Ideal, Gesangskünstler auszubilden, die den deutschen und den italienischen Stil kennen, die nicht nur die Kantilene singen, die zu ihrer Stimme paßt, sondern die Wort und Phrase beherrschen und die Energie der Sprache kennen.

Sein Buch *Deutscher Gesangsunterricht* von ca. 1886 (erschienen um 1900, eine zweite, von Hans Erwin Hey bearbeitete Auflage 1913. 1971 erschien im Verlag B. Schott' Söhne Mainz eine nach dem Urtext bearbeitete Ausgabe von Fritz Reusch) umfaßt: (1) Die Kunst der Sprache, (2) Ton- und Stimmbildung der Frauenstimme, (3) Ton- und Stimmbildung der Männerstimme, (4) Textliche Erläuterungen (nach A. Schipper, 1950).

Für dies alles geht Hey primär von *Sprechübungen* aus und ist damit sicher der erste Pädagoge, der das tut. Er läßt abwechselnd singend und sprechend bei zunehmender Tonhöhe syllabische Übungen ausführen. Alle Vokale sind für ihn von der gleichen Wichtigkeit, dies im Gegensatz zu den italienischen Schulen, die meistens den Vokal „a" bevorzugten.

Nach Hey hat die damalige Wissenschaft auf dem Gebiet der Stimmphysiologie *„Umwälzungen hervorgebracht, die die herkömmlichen Gewohnheiten der Stimmbildung, insbesondere die Schablonen der italienischen Gesangskunst, in ihren Grundfesten zum Erschüttern gebracht haben".*

Er kennt Helmholtzens Vokaltheorie (Vokale haben eine eigene Frequenz) und bringt die Vokale in Verbindung mit den Registern, und er behauptet, daß der deutsche Gesangsunterricht sich auf den Ausgleich der Vokale und Diphtonge (Doppelvokale) konzentrieren müsse, das werde den Registerausgleich erleichtern.

Abb. 45

HEY teilt seine Methode in drei Teile ein: (1) das Feststellen des Naturtons in der Stimme, (2) das Aufsuchen des Normaltons, (3) das Entwickeln des Idealtons.

zu (1) Der Naturton ist der Ton, den jeder Schüler zur Verfügung hat.

zu (2) Der Normalton ist ein ungezwungener, aber angelernter Ton.

zu (3) Der Idealton ist das zu erreichende Resultat.

Atem. Der „Tiefgriff" bezieht sich auf den tief plazierten Atem. Weil hiermit alle Organe tiefer zu liegen kommen, insbesondere das Zwerchfell und der Kehlkopf, erzeugt man einen vollen Klang, ein neues Ideal, das die „helle" italienische Tonbildung ersetzen sollte. Man muß so wenig Atem wie möglich gebrauchen und die Einatmung mit kleinem Mund beginnen, so daß der Kiefer weit offen steht, wenn die Lungen voll sind. Die Vokale „i-é-è-a" und „a-o-u" sollen flüsternd gesprochen werden, wobei der Atem so lange wie möglich angehalten wird. HEY bespricht die Plazierung jeden Tones gesondert und findet dabei die zugefügte Nasalität sehr wertvoll, die er richtig als das Sinken-Lassen des Gaumensegels beschreibt.

Resonanzhöhlen. Das sind die Stirn-, Kiefer- und Nebenhöhlen, die Nase, der Rachenraum, der Schädel und die Schädelbasis. Besonders die vom Schädel zur Nase reflektierten Tonschwingungen erzeugen Obertöne [sic!]. Alle Höhlen wirken verstärkend auf den Tonstrahl. Kopf- und Nasenresonanz sind die Ingredienzen, die der Stimme ihr Timbre geben. Das Verhältnis von Kopf- und Brustresonanz muß 50 : 50 sein; nach unten singend mehr Brustresonanz (80%), nach oben mehr Kopfresonanz (80%). Er nennt dieses Verhältnis die „goldne Brücke". Die Laute „m", „n" und „ng" sind günstig, um Resonanz zu erzeugen. Näseln lehnt er jedoch ab.

In HEYS Übungsbuch kommen viele syllabische Übungen vor. Zu unserem großen Vergnügen begegnen wir auch der bekannten Übung „Barbara saß nah am Abhang".

Daneben finden sich schreckliche chromatische Übungen.

Abb. 46

Anfangs ziemlich langsam, jede Note gut betont

Bei HEY ist wichtig: Er schrieb die erste deutsche Gesangschule; der Tiefgriff und syllabische Sprechübungen; Naturton, Normalton, Idealton; die *„goldne Brücke"*.

Ein anfechtbarer Ausspruch HEYS lautet: *„Da der Franzose nasal spricht und singt, tritt frühzeitig eine Erschlaffung des Gaumenbogens ein, wodurch die Töne schnell gleiten"* (Siehe hierzu auch LEHMANN).

GIOVANNI BATTISTA LAMPERTI (1839–1910)

Ein Schüler LAMPERTIS, WILLIAM EARL BROWN, hat eine Reihe von Aussprüchen seines Lehrers aufgeschrieben und als Buch veröffentlicht: *Vocal Wisdom. Maxims of Giovanni Battista Lamperti* (1931); nach BROWNS Tod hat dessen Schülerin LILLIAN STRONGIN eine erweiterte Ausgabe dieses Buches herausgebracht (New York 1957; das von STRONGIN hinzugefügte Supplement enthält ein Notizbuch LAMPERTIS aus den Jahren 1891–1893 und einige Essays des Meisters).

Die Atemtechnik ist der wichtigste Punkt in LAMPERTIS Methodik. Auch er hat als feste Regel „Geräuschlos atmen": „wenn dies zur zweiten Natur wird, wird verkrampftes Atmen und ein Mangel an Luft vermieden." Atem und Tonerzeugung sind im Gleichgewicht, wenn sich *Obertöne* während des Singens einstellen; dies geschieht *nicht* durch Muskelaktivität oder „Plazierung". (Heute wissen wir, daß gerade eine gute Plazierung dafür sorgt, daß die richtigen Obertöne die Resonanzfrequenzen des Stimmwegs ansprechen. AR.)

LAMPERTI „schnuppert" schon ein wenig an der Akustik: „Die Singstimme wird aus Obertönen der regelmäßigen Vibrationen der Stimmfalten geboren"; „Kontinuität der Vibrationen ist erforderlich, um Legato zu singen" (dies übersetzen wir mit: wenn die Obertöne untereinander im Gleichgewicht bleiben, entsteht ein schönes Legato).

Wie entstehen Obertöne? „Horche nicht nach dir selbst, sondern fühle von innen, wie du singst."

Einsatz. „Der Toneinsatz kann nur geübt werden, wenn die Vibrationen im Schädel ohne Spannung oder Muskelimpulse beginnen."

Eine gut *plazierte* Stimme fühlt man in der Maske und hoch oben im Kopf, im Pharynx und tief unten in der Kehle und bei tiefen Tönen in der

Brust. Sich an dieses Plazierungsgefühl zu erinnern, ist für das erneute Hervorbringen eines schönen Tons unbedingt erforderlich.

Daß Resonanz im Mund, im Kopf und in der Brust gefühlt wird, weist darauf hin, daß die Stimme erwachsen ist.

LAMPERTI irrt, wenn er meint, daß die Stimmfalten beim Singen geöffnet sind (vgl. SIEBER).

Register. Selbstverständlich gebraucht LAMPERTI noch die Begriffe „Kopf" und „Brust". Eine seiner wenigen Aussprüche über Registrierung lautet: „Wenn die Resonanz wegfällt, ist die Verbindung der Muskeln zwischen Kopf und Brust verlorengegangen."

Weil leises Singen schwieriger ist als lautes, kann leise Singen erst später geübt werden.

LAMPERTI ist modern mit seiner Auffassung vom gerundeten Mund: Nach den Kastraten hielt man noch lange Zeit an der lächelnden Mundstellung fest, aber LAMPERTI hörte schon, daß man lauter singen kann, wenn die Lippen zur Blume geformt sind.

Er läßt die Schüler früh mit Silbenübungen beginnen, weil er der Meinung ist, daß keine gute Diktion entstehen kann, wenn am Anfang nur Vokalübungen stehen. Diktion läßt sich kontrollieren, das Geschehen im Larynx nicht.

Welche Übungen LAMPERTI gebrauchte, ist nicht überliefert, wohl aber, daß Vokale gebildet werden sollen, ohne den Mund komisch zu verziehen (*„without mouthing"*).

Bei Lamperti ist wichtig: früh auf Silben üben, Mundstand mit den „Lippen zur Blume geformt", wissen, wie man sich an Plazierungsgefühle erinnern kann.

LILLI LEHMANN (1848–1913)

LILLI LEHMANN wurde in eine musikalische Familie hineingeboren, ähnlich wie MANUEL GARCIA, dessen Vater und Schwestern Sänger waren. Ihr Vater AUGUST LEHMANN war Opernsänger, ihre Mutter, MARIE LÖWE, „erster Sopran" am Kasseler Hoftheater, wo sie unter LUDWIG SPOHR gesungen hat. Auch Lillis Schwester MARIE LEHMANN war eine bekannte Sängerin.

Es ist also gar nicht verwunderlich, daß die singenden Schwestern von der Mutter Gesangsunterricht erhielten, wie der Bruder und die Schwestern GARCIA auch von ihrem Vater unterrichtet wurden. Wie sie selbst berichtet, begleitete Lilli mit 9 Jahren die Unterrichtsstunden ihrer Mutter, wobei sie die fehlenden Partien auf französisch, italienisch, deutsch und böhmisch mitsang. Ihr Debut hatte sie als „erster Knabe" in MOZARTS *Zauberflöte* in Prag.

LEHMANNS Karriere entwickelte sich langsam, im Gegensatz zu derjenigen der nicht-deutschen Nachtigallen. Während Werke von WEBER und

SPOHR hauptsächlich Hauskost für den deutschen Opernkonsumenten blieben, verbreitete sich Wagners Werk allmählich über die Landesgrenzen hinaus. LEHMANN gehörte zu den ersten deutschen und auch deutsch singenden Künstlern, die im Ausland anerkannt wurden und die am Ende des 19. Jahrhunderts ihre Flügel auch bis nach Amerika hin ausstreckten. *„Die Liste der Solisten an der Metropolitan Opera glich wohl einem deutschen Telephonbuch"* (PLEASANTS).

Nachdem sie 15 Jahre lang in Berlin (1870–1885) lyrische Rollen gesungen hatte, begann sie in Bayreuth die leichteren Wagnerrollen zu übernehmen: erste Rheintochter, erste Walküre (Helmwige) und Waldvogel. Nach dieser vorsichtigen Entwicklung war ihre vortrefflich geschulte Stimme für die dramatischen Partien gut vorbereitet. LEHMANN war *die* Brünnhilde und *die* Isolde ihrer Zeit. Ebenso wie viele andere Soprane wagte sie sich an BIZETS *Carmen* – in der Met –, aber sie sang auch weiterhin die für ihre Stimme etwas leichteren Partien der Donna Anna von MOZART und der Norma von BELLINI. Sie beherrschte 170 Opernrollen, und Liederabende gab sie bis zu ihrem 70. Lebensjahr.

Mehr als jede andere Primadonna war LILLI LEHMANN von ihrem eigenen Können überzeugt. Nicht daß ihre Stimme so besonders schön war, es waren ihre Intelligenz, ihre technische Fachbeherrschung, ihr Perfektionismus, die ihr eine so große Ausstrahlung auf das Publikum gaben. *„Musiker unseres Formats"* war einer ihrer Lieblingsausdrücke. Das Verhalten ihrer Stimme war absolut sicher und voraussagbar, ihre Interpretation wohldurchdacht. Durch diese starke geistige Veranlagung, ihren Ehrgeiz und ihre Energie war sie prädestiniert zur Pädagogin.

Um die Jahrhundertwende gab es zwei verschiedene Gesangsschulen nebeneinander. MATHILDE MARCHESI veröffentlichte ihr Buch *Ten Singing Lessons* im Jahr 1890 und ihre vielen Übungsbücher in den zehn darauf folgenden Jahren. LEHMANNS *Meine Gesangskunst* erschien 1902. Aber es gibt keine Anzeichen dafür, daß die beiden Damen sich gekannt haben. Methodisch nahmen sie völlig entgegengesetzte Standpunkte ein: MARCHESI vertrat den alten, leichten GARCIA-Stil, LEHMANN propagierte das *„Belcanto des Wortes"*, das von der deutschen Oper, die sich mit WAGNER zu profilieren begann, inspiriert war.

LEHMANN über Hals-, Nasen-, Ohrenärzte: *„um sich nicht von einem gewissenlosen Arzte darin herumbrennen, schneiden und ätzen zu lassen. Man lasse den Kehlkopf und alles, was drum und dran hängt, in Ruhe, stärke seine Organe durch tägliche Stimmgymnastik und gesunde, bescheidene Lebensweise."* Ihr Mittel gegen Heiserkeit: Tonleitern singen, bis sie vorbei geht.

Absagen? „Ein guter Sänger kann niemals seine Stimme verlieren."

Über das Studieren. Täglich studiere man so viel, daß man am nächsten Tag wieder frisch beginnen kann. Studium von Partien: hundertmal dieselbe Linie und dann viermal die ganze Partie. Und doch sagt sie: „Besser jeden Tag eine Stunde als heute zehn und morgen gar keine."

Atem. Beim Einatmen Leib und Zwerchfell einziehen, aber direkt bei der Tongebung entspannen. Die Brust wird hochgehoben, die obersten Rippen weit gemacht und die unteren *„wie Säulen darunter."* Der Atem wird gegen die Bauch- und Brustwand gedrückt, bevor er zum Kehlkopf geführt wird. Mit geschlossenem Kehldeckel (wahrscheinlich fühlte sie die geschlossene Stimmritze, AR) wird so der Atem in der *„Vorratskammer"* bewahrt. In diesem Zusammenhang bleibt sie dabei, daß sie wenig Atem gebraucht. Eine solche Aktion der ganzen abdominalen Wand wird *„Bauchpresse"* genannt.

Resonanz. Die aus der *„Vorratskammer"* strömende Luft kommt in die Resonanzräume: die Kopfhöhlen. Hier werden die *„tönenden Wirbel"* gebildet, die alle Resonanzgebiete füllen müssen. Sie fühlt die *„Kopftöne"* weit außerhalb ihres Kopfes. Das Bild, das sie dafür skizzierte, wird offenbar noch immer gedankenlos übernommen. Erst, wenn der letzte gesungene Ton den Mund verlassen hat, darf man die Brust entspannen.

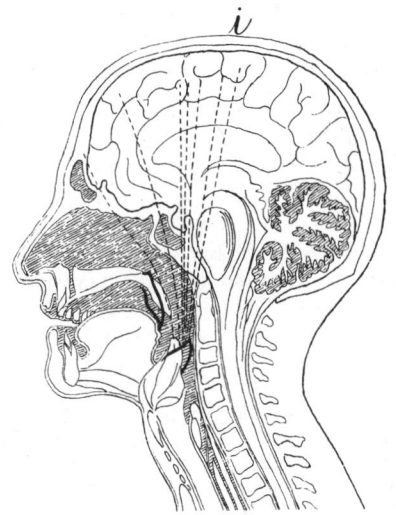

i

Abb. 47

Decken. Das Beibehalten des „u"-Standes in der Höhe bringt automatisch das Decken des Tons mit sich.

Plazierung. Ton *und* Atem haben ihren Sitz beim weichen Gaumen.

Zunge. Viel Aufmerksamkeit für die Zunge im Zusammenhang mit dem Gaumensegel und den Nasenflügeln. Die Zunge muß immer im „e"- oder „i"-Stand gehalten werden. Der „e"-Stand sorgt für alle Vorbereitungen zur direkten Tongebung im Nasen- und Rachenraum. Auch das „a" und „u" müssen das „e" in sich enthalten. Die Zunge des Sängers muß wie die LEHMANNS eine Rinne haben. *„Doch gibt es Sänger, deren Zungen auch ohne*

Rinne gut liegen." Für den „i"-Stand wird die Zunge zurückgezogen, so daß sie „hoch im Halse" steht. Der Rücken der Zunge steuert den Atem und den Ton.

Atem. Dieser muß lange Zeit hinten im Mund bleiben, beim Gaumensegel. „Nach vorn singen" ist also ein falscher Ausdruck. *„Außerdem sagen mir meine Schüler ... wie genau meine Erklärungen wären, wie sicher sie die physiologischen Vorgänge daraufhin empfinden lernten."*

Vokale. LEHMANN widmet vor allem dem Mischen der Vokalfärbungen sehr viel Aufmerksamkeit. Der ehrliche, einfarbige Vokal existiert bei LEHMANN nicht. Das „e" und das „i" machen den Vokal heller, das „o" und das „u" machen ihn dunkler. Vokale gehen niemals direkt ineinander über, „u"- oder „e"-artige Klänge werden dazwischen gesetzt. So wird aus dem Wort Fräulein: „Furuojiloain".

Abb. 48

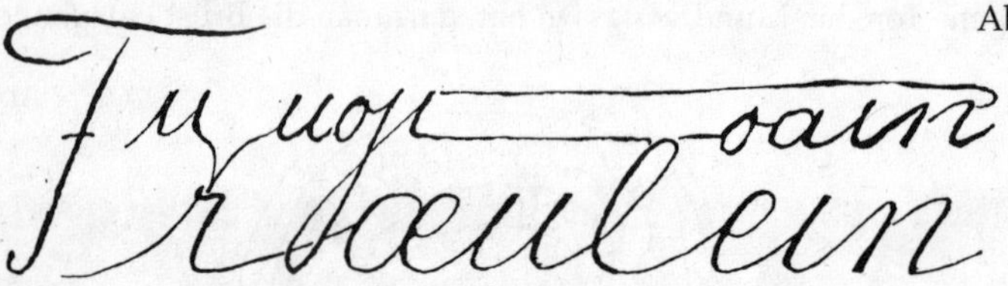

Register gibt es eigentlich nicht, sie entstehen durch schlechtes Sprechen. LEHMANN unterscheidet aber dann doch Brust-, Mittel- und Kopfregister. Das Kopfregister wird auch Falsett genannt. Register bestehen aus einer Reihe von Tönen, die durch eine besondere Einstellung von Larynx, Zunge und weichen Gaumen hervorgebracht werden. Nicht alle Stimmen gebrauchen die drei Register, das höchste ist oft nicht vorhanden. Die Register müssen ineinander übergehen. Jeder Ton muß die Fortsetzung durch den anderen schon in sich haben. *„Sind diese Register doch nichts weiter als drei unverbundene Arten des Gebrauchs der Stimm- und Resonanzwerkzeuge."*

LEHMANN war so berühmt, daß alles, was sie sagte oder schrieb, für richtig genommen wurde. Die physiologische Stimmforschung war noch jung, und deren Interpretation wurde noch auf den methodischen Erfahrungen dieser Zeit bezogen. Die falsche Deutung dessen, was sie beim Singen fühlte, verleitete sie zu folgenden Ansichten: (1) Jeder Ton hat eine eigene Stelle im Schädel, wo er resoniert. Das gilt auch für die Vokale, das „i" liegt ganz oben im Schädeldach (s. oben Abb. 47). (2) Die unteren Rippen stehen wie Säulen unter den oberen. Trotz ihrer falschen Vorstellungen war LEHMANN eine der größten Sängerinnen des 19. Jahrhunderts und eine viel gefragte Pädagogin. GERALDINE FARRAR gehört zu denen, die bei ihr Unterricht gehabt haben.

Bei Lehmann ist wichtig: die Bauchpresse, die große Skala, das resonierende Schädeldach.

Abb. 49

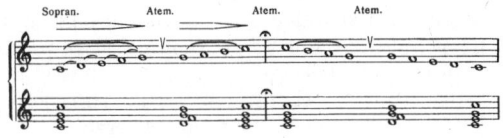

Abb. 49: *Die große Skala*: Einsingübung über eine Oktave auf alle Vokale; vom langsamen zum schnellen Tempo.

Johannes Messchaert (1857–1922)

Um 1900 feierten die niederländischen Baritone Anton Sistermans und Johannes Messchaert in ganz Europa Triumphe – Messchaert als Liedsänger, Sistermans als Wagner-Bariton. Sistermans hat auch in Wien die Uraufführung von Brahms' Zyklus *Vier ernste Gesänge* gestaltet; der große niederländische Begleiter Coenraad Valentijn Bos saß am Flügel und Johannes Brahms im Saal.

Messchaert war wie so viele andere niederländische Baritone (Thom Denijs, Willem Ravelli, Herman Schey und Laurens Bogtman) bis weit über die Grenzen dieses Landes hinaus als Interpret der Christuspartie in Bachs *Matthäuspassion* bekannt.

Messchaert hatte ebenso wie Sistermans Unterricht bei Julius Stockhausen. Seine Stimme ist nicht auf Aufnahmen dokumentiert, aber aus Beschreibungen seiner Schülerin Franziska Martienssen-Lohmann wissen wir, daß seine Stimme von besonders schöner leicht-baritonaler Qualität gewesen sein muß, seine Technik für die Begriffe seiner Zeit untadelhaft war, mit einem auffallenden Legato und einer scharfen Artikulation. Aus der Beschreibung seiner „Höhe über das hohe c hinaus" dürfen wir ableiten, daß er über ein leicht ansprechendes Falsett verfügte.

Haltung. Berühmt ist eine Abbildung von Messchaert auf dem Konzertpodium: hochgezogene Brust, eingezogener Bauch, Gesäß nach hinten. Seiner Tochter Mieke, die ihren Vater wegen der Interpretation des Liedes *Meeresstille* von Schubert um Rat fragte, antwortete er per Postkarte und endete mit „*...und denke daran: Brust hoch!*" In seinen Unterrichtsstunden sagt er auch: „*Pneumatisch hoch.*" Er propagiert die „*hochfixierte Brustatmung*", das „*fixierte Brustbein*" und hält dabei den Kopf leicht nach vorn geneigt. Er sagt indessen, daß man sich „*beim Singen wohlig*" fühlen soll. Der Atem ruht in der Brust, muß langsam hinausströmen, wobei das Zwerchfell in seine Ruhestellung zurückkehrt. Alle Teile des Stimmwegs, der Hals und die Gesichtsmuskeln, müssen willenlos, beinahe „schlotternd" werden. Die Arme lose neben dem Körper. *„Man darf beim Singen nichts tun, alles muß kommen."*

Einsatz. Zuerst soll man sich den Ton vorstellen; dazu muß das Gehör geübt werden. Beim Einsatz dann *„das Gefühl haben zu fliegen."* Den Ton nicht hochziehen (noch 1920 beklagt Franziska Martienssen-Lohmann sich über das Hochziehen des Tons, ebenso wie vor ihr Hiller, Hauptner, Iffert und viele andere); keine kleinen Vortöne produzieren. Einen ungleichmäßigen Einsatz nennt er einen „betrunkenen" Einsatz.

Sein Interesse an *physiologischen* und anderen *wissenschaftlichen* Dingen ist ihm, wie er sagt, *„kaum von einigem wesentlichen Nutzen gewesen"*, aber er hatte wohl das Modell eines zerlegbaren Kopfes auf seinem Flügel stehen.

Artikulation. Messchaert widmete seiner Artikulation so große Aufmerksamkeit, daß Franziska Martienssen-Lohmann davon sehr beeindruckt war. Sie beschreibt die hohe Vollkommenheit seiner Artikulation der Konsonanten, daß diese *„selbst seine Art zu sprechen im Umgange zu einer wahrhaft faszinierenden macht"* (*Die echte Gesangskunst*, 1920, S. 79). Vokale müssen gemischt werden, aber ohne daß sie ihre Identität verlieren. Jeder Vokal muß auf jeder Tonhöhe erkennbar sein.

Resonanz. Vor allem die „Kopfresonanz" muß weit vorn sitzen. *„Die physiologischen Entdeckungen haben niemals zur Qualität der Resonanz etwas beigetragen."* Das Prinzip der „Kopfstimme" beruht nach Messchaert auf dem sorgfältigen Studium leiser Töne, wobei keine „wilde Luft" ausströmen darf.

Registerausgleich. Jeden Ton mit einem Schwellton üben. Die „Bruststimme" darf nicht zu viel hochgezogen werden. Bei der Registerfrage spielt der Vokal eine große Rolle.

Aussprüche von Johannes Messchaert: *„Alles im Kopf, nichts im Hals."* – *„Pneumatisch hoch."* – *„Was im Piano nicht gelingt, ist nichts wert."* – *„Es hinter den Augen klingen lassen."* – *„Kopfstimme über alles hinweg."* – *„Wer zufrieden ist, ist kein Künstler."*

Bei Messchaert ist wichtig: Atem hoch, scharfe Artikulation, Kopfstimme über alles hinweg.

Franziska Martienssen-Lohmann (1887–1971)

Wenn man in ihren Büchern *Das bewußte Singen* (1923), *Stimme und Gestaltung* (1927) oder *Der wissende Sänger* (1956), aber besonders in ihrem letzten Büchlein *Ausbildung der Gesangsstimme* (1957) blättert, so scheint es nicht einfach, eine regelrechte Methodik Franziska Martienssen-Lohmanns zu entdecken. Aber es gibt ein Buch, das ihre Tochter Sigrid Gloede und ihre Assistentin Ruth Grünhagen gemeinsam geschrieben haben: *Ein Leben für die Sänger* (1987).Hier wird von ihrer Arbeitsweise und auch von ihrem Charakter ein hervorragendes Bild entworfen.

Man liest darin heute noch gültige Aspekte der Gesangstechnik: der *„kleine Schreckatem"*, das *„bißchen Gähnen"*. Im zweiten Teil schreiben die Autorinnen über Liedinterpretation, bei der die *„lebenserhöhende Wirkung des Appoggio"* (d. h. die „Stütze") und das *„von innen gehoben Bleiben"* einen weniger realistischen Eindruck erwecken als die sehr praktischen Aussagen über die Möglichkeiten und Unmöglichkeiten der Konsonanten.

Aus dem letzten kleinen Buch, *Ausbildung der Gesangsstimme,* kann man schließlich eine methodische Linie herauslesen, die sich weitgehend auf ihre psychologischen Einsichten gründet. Auch hier ist ihre Sprache redundant und etwas ungreifbar, aber immer suggestiv. So finden sich viele Aussagen, die ganz in ihre Zeit und ihr persönliches Idiom passen und vielen Sänger geholfen haben, aber vor dem Hintergrund des heutigen Wissensstandes zu einiger Verwunderung Anlaß geben: (1) Piano gehört zur Kopfstimme, Mezzopiano zur Mittelstimme, Forte zur Bruststimme; (2) Die Vokale „u" und „o" sind mit der Kopfstimme verbunden, „i" und „e" mit der Mittelstimme, „a" und andere offene Vokale mit der Bruststimme.

Man liest den erstaunlichen Satz: *„Nach dem Formantengesetz der Vokale ist es unmöglich, in der ausgesprochenen Höhenlage der Frau noch absolute, reine Vokale zu singen ... so diktiert es die Natur selbst."* Aus der Tatsache, daß Martienssen-Lohmann dies bereits so gesagt hat, läßt sich ihr weitreichendes Interesse an den akustischen Gegebenheiten ableiten, die der Gesangskunst zugrundeliegen.

Noch ein Ausspruch, der ihre Einsicht zeigt: *„Die Ereignisse im Stimmweg sind von Einfluß auf das Schwingungsmuster der Stimmbänder"* (ähnliches sagte auch schon Stockhausen).

Klassifikation. Nicht der Umfang, sondern vor allem die Struktur der Stimme, die Art der Registerzusammensetzung, ist ausschlaggebend dafür, ob jemand eine dramatische oder eine lyrische Stimme hat. Auch der „Typ Mensch" bestimmt mit über die Stimme. Vielleicht zum ersten Mal in der stimmpädagogischen Literatur wird hier die Beziehung von körperlichen (also den Larynxbau betreffenden) und stimmlichen Qualitäten beschrieben!

Haltung und Atem. Vor dem Beginn der Übung wird der Brustkasten erweitert und gehoben. Haltung und Atem gehören zusammen, schlaffe Haltung führt zu einer schlaffen Kehle, wodurch Luft verloren geht. Aus verkrampfter Haltung entsteht stoßender Atem. Man soll geräuschlos einatmen, schnell haschen. Fühle den Atem wie einen weichen Luftball im Mund liegen. Mache keine isolierten Atemübungen, denn sie stören den Zusammenhang anderer Funktionen. (Atemübungen sind bei ihr durchaus angegeben!)

Register. Das Mischen der Register ist ihrer Meinung nach das Wichtigste. *„Registertrennung bedeutet Stimmschädigung.“* Martienssen-Lohmann weiß, daß ein Register ein Phänomen ist, das durch das Verhalten des Larynx reguliert wird; sie stellt sogar einmal fest, daß in der „Bruststimme“ die Stimmbandmasse entscheidend ist. Sie widmet dem Umgang mit diesen Tatsachen in ihrem frühen und späten Werk viel Aufmerksamkeit. *„Es ist selbstverständlich, daß Resonanz und Register nicht identisch sind.“* Was soll dann aber heißen: *„... Kopfstimme, die in ihrer tiefsten Lage Brustresonanz mitbekommt“*? Aber: *„die Brustigkeit darf bei lyrischen Stimmen in tiefer Lage ganz fehlen“*.

Falsett. Über das Falsettregister sagt Martienssen-Lohmann Dinge, die man von einer so großen Pädagogin nicht erwarten würde. Der Gebrauch des Falsetts ist nach 1920 natürlich ganz aus der Mode, was sie veranlaßt, ihre Ablehnung kräftig auszudrücken: *„... wie die männliche (Fistelstimme), über deren Anwendung im Konzertsaal der Kenner lacht.“* Oder: *„ ‚Fistel‘ und auch ‚in sich geschwellte Fistel‘ gehören ins Kabarett- und Salongebiet der Frauenstimmimitatoren; im künstlerischen Bereich sind sie (Fistel und in sich geschwellte Fistel) ausschließlich bei den Falsettisten der päpstlichen Kapelle in Rom ausgebildet und anerkannt.“* Häufig angewendetes Falsett führt angeblich auch zur Irritation der Funktionen und zum Auseinanderfallen der gesamten Registerzusammenstellung.

Vokale. Diese werden in der gut vorbereiteten Mundhöhle plaziert (hier lesen wir das Wesentliche der Formanten-Theorie). *„Beginne bei der Schulung mit dem günstigsten Vokal in der günstigsten Lage. Mache die innigste Verbindung von Vokal und Konsonant.“* *„Die echten Mischungen der Vokale im gesangskünstlerischen Vortrag, die eigentlichen Farben des Singens, sind zum großen Teil psychischen Ursprungs.“* Viele der theoretische Erfindungen, wie etwa *„Den Vokal schwebend halten in der Raumspannung des Mundes“*, kann man in andere Sprachen nicht übersetzen, der Sänger aber findet seine jeweils eigene Übersetzung.

Artikulation. Nach Martienssen-Lohmann kommt es darauf an, *„mit der geringsten und schnellsten Bewegung der Werkzeuge die größte Klarheit der Vokal- und Konsonantenbildung zu erreichen.“* An anderer Stelle steht jedoch: *„Jede Silbe bedeutet einen ausgesprochenen Kieferfall.“*

Falsch singen. Dabei befindet sich die Stimmfaltenmasse nicht im richtigen Verhältnis zum Atemdruck: Die Masse überwiegt und macht den Ton zu schwer und zu tief.

Bei Martienssen-Lohmann ist wichtig: *„Nur wer von der Ganzheit als Mensch ausgeht und wiederum zu ihr hinstrebt, kann aus einem Stimmbesitzer einen Sängermenschen bilden.“* – *„Sängerische Disposition heißt Spannkraft und Gehobenheit im physischen wie im psychischen Sinne und dazu noch jene Balancefähigkeit, die Atem, Stimme und Sprachlaut in ein gesundes, von keiner Seite mit Belastung gefährdetes Gleichgewicht setzt.“*

C. Das Lied, die Kantate, das Oratorium und die Passion

1. Das Lied

Hatten an der Oper schon bald breite Schichten des Volkes ihr Vergnügen, so blieb das Lied eine Kunstform für ein erlesenes Publikum. Es befreite sich erst spät im 19. Jahrhundert von der Bindung an den „Salon". Seine Wurzeln reichen einerseits zurück bis zu den frühen Kunstliedern der französischen Troubadours und Trouvères und dem französischen Tanzlied und andererseits bis zur Liedkunst der deutschen Minnesänger, der späteren Meistersinger und bis zum deutschen Kirchenlied. Und doch ist das Kunstlied im 18. Jahrhundert einen ganz eigenen Weg gegangen.

Die Gattungen Oper (mit gespielter Handlung) und Oratorium (ohne gespielte Handlung) sind auf erste Formen ihrer Entstehung im 16. und 17. Jahrhundert zurückzuführen; sie haben im 18. und 19. Jahrhundert eine Blütezeit und werden weiterhin aufgeführt bis in unsere Zeit.

Das Lied hingegen, das vertonte Gedicht, entsteht mit einem schnellen Start kurz nach 1800, als Franz Schubert (1797–1828) in seinem kurzen Leben etwa 700 Gedichte vertont hat. Komponisten wie Schubert, Schumann, Brahms und gegen 1900 Wolf, Strauss und Mahler, in Frankreich Fauré und Debussy, leben sich in dieser kleinen Form aus, einem Drama oder Komödie „in der Nußschale", und es sind noch immer diese Komponisten, an deren Werk die Sänger, die das Lied lieben, sich ergötzen.

Ein Lied ist zum Klingen gebrachte Poesie. Dies im Gegensatz zur Oper, in welcher der Text oft nur das Vehikel für eine schöne Kantilene ist oder die Illustration eines gefühlvollen Moments im Verlauf der Opernerzählung. Ein Lied ist mehr als ein durch Musik illustrierter Text. Der Interpret gibt ihm etwas sehr Persönliches, indem er an dem Gedicht weiterarbeitet und diesem oft eine Dimension hinzufügt. Das gilt auch für die Begleitung: diese kann aus einer fortplätschernden, unterstützenden, harmonisierenden Linie bestehen, eine illustrierende Funktion haben oder auch in einen kräftigen Dialog mit der Singstimme eintreten, wie dies in den Liedern von Hugo Wolf geschieht.

Der Interpret einer Opernrolle stellt *einen* Charakter dar, ein Liedsänger interpretiert an einem Abend wohl zwanzig kleine Dramen. Und das alles ohne Unterstützung eines Dirigenten, ohne Mitspieler, Kostüm oder Bühnenbild. Ihm bleibt das Wort, die Melodie, der Rhythmus, und innerhalb dieses unentrinnbaren und wenig Freiheit lassenden Rahmens müssen der Sänger und sein Pianist – der Begleiter mit den „singenden" Händen – sich zu äußern wissen.

Die besondere Kunst des Liedsängers besteht darin, sich als Interpret im Rahmen eines Liedes, das manchmal nur zwei Minuten dauert, zu profilieren.

Hierfür sind perfekte Stimmtechnik und Artikulation, fehlerlose Beherrschung vieler Sprachen, wechselnde Timbres, differenziertes Interpretationsvermögen, Beweglichkeit der Stimme und des Geistes notwendig.

Der Liedsänger muß sich in jedes neue Lied schnell einfühlen können und ohne Unterstützung durch Gebärden, ausschließlich mit Hilfe des Stimm- und Gesichtsausdrucks, das Gedicht interpretieren.

In die Haut eines Opernhelden zu kriechen, ist eine Kunst – zwanzig kleine Einakter innerhalb einer Stunde aufzuführen, eine andere: Liedkunst.

DAS LIED SEIT DER FRÜHEN GOTIK

Sowohl in Deutschland als auch in Frankreich entwickelte sich im Lauf des 12. Jahrhunderts das weltliche Lied, vielleicht als Gegenstück zur neuen Mehrstimmigkeit in der Kirchenmusik. Die Texte zeigen Spuren früher lateinischer Einflüsse (OVID) und Einflüsse aus dem nahegelegenen Spanien (Minnedienst).

Im südwestlichen Teil Frankreichs, in Aquitanien, entwickelten sich sowohl die Mehrstimmigkeit in der geistlichen Musik (Kathedrale von St. Martial de Limoges) als auch die weltliche Liedkunst der *Troubadours*. Diese Sänger gehörten zum Ritterstand, sie bildeten eine Gruppe, die sich mit der Sittenlehre, mit eleganten Manieren, Dichtung und Musik beschäftigten.

Die Troubadours dichteten in der eigenen Sprache: in der „Langue d'oc" (oc bedeutet „ja"). Gleichzeitig sangen und spielten die *Trouvères* in Nordfrankreich; sie gebrauchten die „Langue d'oïl" (oïl, später oui, bedeutet auch „ja"). Die Sprachgrenze lag an der Loire. Beide Bezeichnungen, Troubadour und Trouvère, enthalten das Wort „trouver", „finden", was auf das Finden des Textes und der Melodie hindeutet.

Nicht nur der Adel, sondern auch Geistliche und Bürger im Dienst des Adels pflegten diese Kunst. Diese Spielleute und Jongleure sangen oft die Lieder ihrer Herren oder begleiteten diese auf der Fidel, Laute oder Harfe. Sie zogen von Burg zu Burg, um ihre Erzählungen, die sehr langen Heldengedichte (Chansons de gestes), ihre Liebeslieder und Balladen, ihre Klagelieder und Hymnen vorzusingen. Oft hatten die Lieder einen improvisierten Charakter und berücksichtigten aktuelle Ereignisse. So verbreiteten die Sänger die letzten Neuigkeiten. Bei dem allen gilt, daß es nicht in erster Linie um die Musik, sondern um die Lyrik ging, die Poesie. Davon ist auch viel mehr erhalten geblieben als von den Melodien. Es ist bekannt, daß sich unter den Troubadours auch Frauen befanden und daß auch an den Höfen Frauen wichtig waren, weil sie die Sänger an den Hof verpflichteten und die von ihnen unterstützten Musikanten auch an andere Höfe schickten.

Troubadours waren GUILLAUME D'ACQUITAINE und CHRÉTIEN DE TROYES, der Verfasser des Romans über König Artus und seine Ritter.

Trouvères waren RICHARD CŒUR DE LION (Richard Löwenherz) und ADAM DE LA HALLE, der Verfasser des Singspiels *Le jeu de Robin et Marion*.

Auch in Deutschland gab es diese kunstliebenden Ritter, die „Minnesänger", die die Heldentat, die höfische Minne und die Jungfrau Maria besangen. Einige Minnesänger waren: HENDRIK VAN VELDEKE vom Niederrhein und WALTHER VON DER VOGELWEIDE.

Nach 1300 verschieben sich die Themen auf ein etwas weniger erhabenes Niveau, die Frau im Lied wird allmählich menschlicher, sie wird ein Individuum. „La Dame" des frühen Mittelalters wird ein Wesen aus Fleisch und Blut, im Grunde mehr, als es der höfische Minnedienst erlaubt.

Mit dem Niedergang des Rittertums im 14. Jahrhundert kommt auch das Ende dieser Kunstform in Sicht. Die hohe Minne wird eine etwas flachere Minne, und die letzten Minnesänger sind schon mehr oder weniger „Meistersinger", Bürger und Handwerksleute, die bestimmte Regeln aufstellen, an die man sich halten mußte, um zur Gilde zu gehören. In diesen Gilden gab es drei Grade: den Lehrling, den Dichter und den Meister, der sowohl singen als auch dichten konnte. Jährlich wurden Meisterschaften organisiert, um zu sehen, wer das Fach, das immer mehr Fach und weniger Kunst wurde, am besten beherrschte.

Die Meistersinger waren in Mittel- und Süddeutschland bis ins 16. Jahrhundert tätig. Bekannte Meistersinger sind HEINRICH FRAUENLOB und HANS SACHS, der 4500 Lieder und 200 Theaterstücke schrieb.

Wichtige Quellen für das Studium der Kunst der Meistersinger sind aus dem 15. Jahrhundert das *Lochamer Liederbuch* und aus dem 16. Jahrhundert sind es die *Colmarer* und *Donaueschinger Liederhandschriften*.

Weltliche Liedkunst war weder in Frankreich noch in Deutschland oder England strikt von der geistlichen Gesangskunst unterschieden. Das Lied findet sich in der Form eines zwei- oder dreistimmigen Conductus oder einer Ballade in der Musikliteratur. Besonders der Conductus, der einen geistlichen oder weltlichen Inhalt haben kann, führte deutlich zum weltlichen Lied hin. (Der Conductus ist ein 2- oder 3stimmiges Stück, in dem kein Cantus firmus vorkommt. Alle Stimme sind frei erfunden, haben denselben Text und dasselbe rhythmische Schema.) Die weithin bekannte Melodie war für das Lied ebenso wichtig wie der Cantus firmus (eine bestehende Melodie, die in langen Notenwerten aufgezeichnet wurde) für die Polyphonie des 12. Jahrhunderts.

Im Kirchenlied des 16. und 17. Jahrhunderts werden oft einer bestehenden Melodie verschiedene Texte unterlegt. Hier entsteht eine Trennung zwischen dem eventuellen Komponisten der Melodie und dem Textdichter.

Als am Ende des 16. Jahrhunderts die deklamatorische Monodie die Form der Oper in Italien bestimmt und MONTEVERDI 1632 seine einstimmigen *Scherzi musicali* schreibt, ist in England schon der „Elisabethan song" durch JOHN DOWLAND (1552–1626), PHILIP ROSSETER (1568–1623) und THOMAS CAMPIAN (1567–1620), die zu den „Virginalisten" gehörten, zur Blüte gekommen; das Virginal war das Tasteninstrument, für das sie schrieben.

DAS DEUTSCHE LIED VON MARTIN LUTHER BIS JOHANNES BRAHMS

Neben den Liedern der Meistersinger entwickelt sich das deutsche Lied in einem sehr volksnahen Stil, so sehr, daß wir 1622 einem „Kipp-und-wipp-und Münzerlied" begegnen.

In der deutschen Liedkunst wurde die Brücke, die von den Meistersingern zu den Vorläufern des romantischen Liedes führte, von vielseitigen Textdichtern und Komponisten geschlagen wie HANS SACHS, dem letzten der Meistersinger, und MARTIN LUTHER, der das neue Lied der protestantischen Kirche einführte.

Wenn ein Komponist ein Lied schreiben will, wird er zunächst von einem Gedicht inspiriert sein müssen. Deshalb ist es verständlich, daß die Entwicklung der Liedkunst Hand in Hand mit einer Blüte der Poesie gegangen ist. Indessen war auch im 18. Jahrhundert noch kein gemeinsamer Weg in dieser Hinsicht zu erkennen. Die Zeit und auch die musikalische Entwicklung waren dafür noch nicht reif. Das Kunstlied ist dennoch im ganzen 18. Jahrhundert vorbereitet worden: in Berlin von JOHANN JOACHIM QUANTZ, dem bekannten Flötisten und Theoretiker, von JOHANN ADAM HILLER (der als Gesangspädagoge oben schon behandelt wurde) und ferner von CARL PHILIPP EMANUEL BACH, dessen geistliche Oden und Lieder von 1758 schon einen Schritt weiter gehen als die geistlichen Lieder seines Vaters JOHANN SEBASTIAN BACH.

Beispiele dieser frühen Liedkunst finden wir in den Lehr- und Übungsbüchern: *Das Lied im Unterricht*, herausgegeben von PAUL LOHMANN (B. Schott's Söhne, Mainz), *Unterrichtslieder*, herausgegeben von PAUL LOSSE (Peters Verlag, Frankfurt a. M.), und *Unterrichtslieder*, herausgegeben von MAX FRIEDLÄNDER (Peters), die von derselben Qualität sind.

Literarische Schöpfungen der großen Dichter des 18. Jahrhunderts finden noch nicht den musikalischen Boden, aus dem das Lied entsprießen und auf dem das Gedicht zum Lied weiterwachsen konnte. Aber wir sehen deutliche Vorboten, meist in der Gestalt von „Zufallstreffern", so die *Oden und Lieder* von CHRISTOPH WILLIBALD VON GLUCK auf Texte von FRIEDRICH GOTTLIEB KLOPSTOCK.

Von großer Wichtigkeit ist die Entwicklung des Klaviers, das zunächst das Cembalo verdrängt, aber schließlich eine große Rolle für das Entstehen des Kunstliedes spielen soll: Themen können verarbeitet werden, das Klavier „singt" mit. Das Lied löst sich von den Berliner und Wiener Liederschulen, von den Einflüssen des Volksliedes, es macht eine regelrechte Metamorphose durch, Hand in Hand mit dem Klavier.

Der letzte Anlauf wird von Haydn, Mozart und Beethoven genommen:

(1) Joseph Haydn (1732–1809), in dessen schönen *English Canzonettas* einige prächtige, bereits durchkomponierte Lieder zu finden sind: *The mermaid's song, The spirit's song*.

(2) Wolfgang Amadeus Mozart (1756–1791), der, obwohl er keineswegs an der kleinen, dichterischen Liedform interessiert war, mit den durchkomponierten Liedern *Das Veilchen* und *Abendempfindung* zwei unvergängliche Meisterstücke schuf.

(3) Ludwig van Beethoven (1770–1827) steht am Übergang vom 18. zum 19. Jahrhundert. Hinter ihm liegt Glucks Klassizismus, vor ihm die Romantik. Er sieht die Unteilbarkeit von Text und Musik, und von daher wird bei ihm der Text aus der strengen Strophenform befreit. In seiner *Adelaide* und in seinem Zyklus *An die ferne Geliebte* kündigt sich die Musik Schuberts an.

Im Zeitalter der Romantik muß der Künstler seinen Weg suchen zwischen entgegengesetzten Mächten, die das Leben beherrschen: Natur und Geist, Verstand und Gefühl, Individuum und Gemeinschaft, Mensch und Kosmos. Wissenschaft, Philosophie, Literatur und Musik behaupten sich gegenüber den gesellschaftlichen und politischen Unruhen, die das ganze Jahrhundert über in Europa herrschen.

Franz Schubert (1797–1828)

In Schuberts Liedkunst wird deutlich, daß die Zeit vorüber ist, in der die Klavierbegleitung dem Lied nur einen harmonischen Halt gab, wie etwa in den Gesellschaftsliedern des 18. Jahrhunderts (Reichardt, Zelter).

Das Klavier, unter den Händen von Klaviervirtuosen allmählich zum Soloinstrument entwickelt, wurde bei Schubert, Brahms und Schumann zum gleichwertigen Partner der Singstimme. Das ist wichtig für das Wesen des Liedes, wie es sich bis hin zu Wolf und Strauss, Debussy, Ravel und Duparc und einigen der Komponisten des 20. Jahrhunderts entwickelt hat.

Die Sänger tun Schubert Unrecht, wenn sie vor allem wieder seine großen Zyklen für Männerstimmen aufführen. Sogar Frauen singen *Die Winterreise*! Daneben gibt es doch Hunderte anderer Lieder, von denen viele, bedingt durch den Text, für Frauenstimmen komponiert sind.

Frauenlieder sind u.a. die *Mignon-* und *Suleika*-Lieder, *Schwestergruß*, *Das Lied der Anna Leyle*, *Die junge Nonne*, *Gretchen am Spinnrade* und selbstverständlich die vielen „Mädchenlieder", die „Blumen-" und „Wiegenlieder".

Weil SCHUBERT in seinen Liedern nur wenige dynamische Zeichen angebracht hat, muß man diejenigen, die er notiert hat, minutiös befolgen. Sie gehören ausdrücklich zur Komposition und müssen befolgt werden, wenn man zu einer Schubert-Interpretation kommen will (vgl. DIETRICH FISCHER-DIESKAU in *Auf den Spuren der Schubertlieder*, 1972, S. 12). Vor allem in den vielen Strophenliedern gibt es nur wenige detaillierte Vorschriften. Deshalb spielt es eine große Rolle, jeweils das Gleichgewicht von Wort und Stimmung zu finden, das von Strophe zu Strophe wechselt.

Piano und Pianissimo sind bei SCHUBERT Wegweiser für den Gebrauch der Stimme, die Crescendo- und Decrescendo-Zeichen entspringen immer einer interpretatorischen Notwendigkeit.

Neben Strophenliedern schrieb SCHUBERT durchkomponierte Lieder und Balladen. Aber er ist immer dem Strophenlied treu geblieben, sei es in naiver Expressivität oder in großem Pathos.

Unter den vielen Dichtern, die SCHUBERT inspiriert haben – KLOPSTOCK, HERDER, HÖLTY, NOVALIS, FRIEDRICH SCHLEGEL, HEINE und noch anderen –, nimmt GOETHE einen besonders großen Raum ein. Viele der schwierigen Texte wie *Prometheus*, *Schwager Kronos*, *Ganymed* und *Grenzen der Menschheit*, aber auch ein kleines Juwel wie *Heidenröslein* sind von GOETHES Hand. GOETHE hat den Komponisten jedoch nicht persönlich gekannt. Er würde SCHUBERTS Lieder auch nicht geschätzt haben, weil er der Meinung war, daß ein Gedicht durch eine Begleitung nicht aus seiner Form gebracht werden darf (vgl. *Reclams Liedführer*, S. 211).

SCHUBERT hat in seinen Jugendjahren im Konvikt, wo er Sängerknabe war und Musikunterricht erhielt, wahrscheinlich bei demselben ANTONIO SALIERI Gesangstunden gehabt, der aufgrund seiner Beziehungen zu MOZART, aber auch seiner vortrefflichen Opern wegen bekannt ist. Seinem Freundeskreis hat SCHUBERT *Gretchen* in Falsett vorgesungen. Und JOHANN MICHAEL VOGEL (1768–1840), ein Wiener tenoraler Bariton, widmete sich nach seiner Opernkarriere den Liedern SCHUBERTS in besonderem Maße.

Unmittelbar nach seinem Tod wurden SCHUBERTS Lieder in Österreich bekannt und beliebt; viele Sänger verschafften den Liedern über die Grenzen des Landes hinaus Bekanntheit.

JULIUS STOCKHAUSEN bringt 1857 *Die schöne Müllerin* zum ersten Mal vollständig zu Gehör, und 1861 singt er den Zyklus in Hamburg mit JOHANNES BRAHMS als Begleiter. Ferner ist der niederländische Sänger JOHANNES MESSCHAERT wegen seiner SCHUBERT-Interpretationen international bekannt gewesen.

SCHUBERTS Lieder: drei Liederzyklen: *Die schöne Müllerin*, *Die Winterreise*, *Schwanengesang;* sieben Bände mit Liedern sind in verschiedenen Ausgaben erschienen, z. B. im Peters-Verlag, im Bärenreiter-Verlag (nach Dichtern geordnet) und bei Breitkopf und Härtel (nach Stimmgattungen geordnet).

Literatur: BERNARD PAUMGARTNER, *Schubert*, Zürich: Atlantis 1974; DIETRICH FISCHER-DIESKAU: *Auf den Spuren der Schubertlieder*, Wiesbaden: Brockhaus 1972; JOHN REED, *The Schubert song companion*, Manchester: University Press 1986.

ROBERT SCHUMANN (1810–1856)

Im Gegensatz zu Schubert, der die österreichischen Landesgrenzen niemals überschritten hat, waren SCHUMANN und BRAHMS oft auf Reisen; SCHUMANN kam sogar bis nach Rußland. Keiner der drei hinterließ eine große Opernpartitur, wohl aber sehr viel Instrumentalmusik. Wie MOZART und SCHUBERT starb auch SCHUMANN jung, wie bei WOLF wurde am Ende seines Lebens sein Geist verwirrt.

Nachdem er zunächst hauptsächlich Instrumentalmusik geschrieben hatte, brach 1840 bei SCHUMANN das Lied durch wie ein Orkan, inspiriert von denselben Dichtern, die auch SCHUBERT so liebte – KLOPSTOCK, SCHILLER, HÖLDERLIN –, später von den jungen Poeten EICHENDORFF, HEINE und RÜCKERT.

SCHUMANNS Lieder sind meist in einer kleinen lyrischen Form geschrieben und haben beinahe immer einen wertvollen Text. Gelegentlich versuchen sich sowohl SCHUBERT als auch SCHUMANN an einem weniger guten Reim, ohne damit das Gedicht zu retten. Die langen Balladen, die bei SCHUBERT vorkommen, fehlen beinahe ganz in SCHUMANNS Werk. Eine Ausnahme bildet das Lied *Die beiden Grenadiere*.

Seine Balladen sind eher lyrisch als episch, die Musik drückt die elementare Macht der Natur und der Liebe aus, aber auch die des Donners und des höllischen Gelächters. Das Zusammenspiel von Musik und Text ist für den Komponisten von der größten Wichtigkeit: *„Das Gedicht soll dem Sänger wie eine Braut im Arm liegen, frei, glücklich und ganz"* (D. FISCHER-DIESKAU in *Robert Schumann*, 1985, S. 15).

Der Begriff „Romantik" hat bei SCHUMANN und BRAHMS einen noch expressiveren Klang bekommen als bei SCHUBERT, die Begleitung ist innig mit der Singstimme verwoben. Nicht selten scheint das Klavier selbständig einen Weg zu gehen, aber die Gesangslinie würde unvollständig sein ohne die dazugehörige Begleitung. Auch im Vor- und Nachspiel hört man murmelnd oder jauchzend das Gedicht; und gelegentlich ist es das Klavier, das den wesentlichen Gehalt ausdrückt, und nicht die Stimme. Begründet auf und hervorgegangen aus SCHUMANNS eigener Praxis als Pianist, sind seine Liedbegleitungen immer etwas Wunderbares für den Pianisten.

Indessen war es für SCHUMANN nicht genug, für das Klavier zu schreiben, er bedurfte der Stimme und des Wortes, um sich vollständig auszudrükken. Alles lebt und flüstert, jedes Wort und jeder Ton. Wie sehr SCHUMANN hingerissen war und was er gefühlsmäßig durchlebte, wenn der Drang zum Liedschaffen in ihm durchbrach, wird aus dem folgenden Briefzitat (an seine Braut CLARA) offenkundig: *„Es ist doch eine ganz andere Musik, die nicht erst durch die Finger getragen wird – viel unmittelbarer und melodiöser."* (zit. nach D. FISCHER DIESKAU, *Robert Schumann*, 1985, S. 65)

SCHUMANNS Lieder sind niemals so sehr zum breiten Publikum durchgedrungen wie die von SCHUBERT, aber die Kenner haben sich einen Weg zu dieser romantischen Liedkunst gebahnt.

Und doch: Die SCHUMANN-Lieder haben in ihrer Gesamtheit unter der Kurzsichtigkeit und dem Mangel an Spürsinn der Sänger zu leiden, denn immer wieder werden *Dichterliebe* und *Frauenliebe und -leben* ausgeführt, während die prächtigen Lieder in den übrigen beiden Bänden (erschienen im Peters-Verlag) vernachlässigt werden.

Der Einfluß des jungen WAGNER auf alle deutschen Komponisten ist auch in SCHUMANNS späten Werken zu spüren. Die Melodie gewinnt manchmal etwas Abstand vom Gegenstand, neigt zu chromatischen Spannungen und wird objektiver in Hinsicht auf den Text; die „unendliche Melodie" ist darin schüchtern anwesend. Daneben ist in den späten Liedern manchmal ein rezitativisches Element (*Drei Gesänge* Opus 80) zu bemerken (wie auch schon in SCHUBERTS *Die abgeblühte Linde*) und in seinen Balladen.

SCHUMANNS Lieder sind beinahe alle in Zyklen geordnet, meist zusammengestellt aus Gedichten *eines* Dichters.

Wichtig sind die fünf Zyklen *Liederkreis* Opus 24 auf Texte von HEINRICH HEINE und der Sängerin PAULINE VIARDOT gewidmet, *Myrthen* Opus 25 auf Texte von verschiedenen Dichtern, *Liederkreis* Opus 39 auf Texte von LUDWIG VON EICHENDORFF, *Frauenliebe und –leben* Opus 42 auf Texte von ADALBERT VON CHAMISSO, *Dichterliebe* Opus 48 auf Texte von HEINRICH HEINE und der Sängerin WILHELMINE SCHRÖDER-DEVRIENT gewidmet.

Der recht unbekannte Zyklus Opus 98a enthält neun Lieder auf Texte von GOETHE: Die Lieder von Mignon, dem Harfner und Philine. Für den Sänger ist es eine interessante Herausforderung, SCHUMANNS und WOLFS Charakterporträts dieser Personen nebeneinander zu stellen und zu analysieren.

Literatur: DIETRICH FISCHER-DIESKAU, *Robert Schumann. Das Vokalwerk*, München/Kassel: dtv/Bärenreiter 1985.

Johannes Brahms (1833–1897)

> *„Wie ein Block schweren, festen Gesteins, erfüllt von ruhender,*
> *in sich gesammelter Kraft, steht* Johannes Brahms
> *in seiner bewegten, fortschrittsbegeisterten Zeit..."*
> (*Reclams Liedführer*, S. 438)

Unberührt von den vielen Strömungen und Einflüssen der zweiten Hälfte des 19. Jahrhunderts geht Brahms seinen Weg und entwickelt einen romantischen, sehr persönlichen Liedstil. Er ist kein Neuerer, sondern ein Baumeister, der alten Materialien neuen Glanz verleiht. Er greift oft zurück auf alte Gedanken und alte Texte (*Sapphische Ode*) oder auf das Volkslied und unterbaut dies mit seinen eigenen Begleitungen. Die Triole und die langsamen gebrochenen Akkorde verbildlichen auf vielfache Weise Brahms' melancholischen Charakter. Es geschieht selten, daß Brahms Humor zeigt wie in *In den Beeren* oder in *Vorschneller Schwur* oder in überschwenglichen Liebesliedern wie *Meine Liebe ist grün*. Häufig erreichen seine Lieder die Grenze des Schweigens (*Sommerabend*).

Ebensowenig wie bei Schubert oder Schumann ist das Lied bei Brahms Nebensache, auch wenn alle drei Komponisten eine große Anzahl von Instrumentalwerken geschrieben haben. Bei allen dreien ist der Kern ihres Schaffens im Lied zu finden, und das Lied findet sich auch in ihren anderen Werken.

Brahms' Lieder sind oft nicht dafür gedacht, für einen anderen gesungen zu werden; sie sind eher Monologe.

Vom ersten bis zum letzten bilden Brahms' Lieder eine stilistische Einheit ohne Brüche, in der praktisch keine schwache Komposition vorkommt. Wenn Brahms in seinen Texten eher an der Vergangenheit orientiert ist, so ist in seiner Textbehandlung schon ein „Vorschein" Wolfs zu spüren (vgl. das Ständchen *Gut' Nacht, gut' Nacht*). Die Gedichte sind stets von erlesener Qualität, obwohl er für die Hälfte seiner Lieder auch Verse von unbekannteren Dichtern auswählt.

Selbstverständlich erinnert manches an Schubert, aber eine für Schubert typische Begleitung wie in *Fischerweise* oder *Der Einsame* wird man bei Brahms nicht finden. Naheliegend ist auch, daß einige seiner Texte schon von Schumann für Liedkompositionen gebraucht waren (*In der Fremde*) oder später von Wolf gebraucht werden sollten (*Spanisches Lied*).

Ebenso wie Schubert, Schumann und später Wolf und Strauss kannte Brahms die Möglichkeiten der Singstimme, und er erwartet einen „langen Atem" bei seinen Interpreten.

Interessanterweise wurden die *Vier ernsten Gesänge* von Anton Sistermans mit Coenraad Valentijn Bos als Begleiter, also von zwei Niederländern, 1896 in Wien uraufgeführt (siehe *Guide de la mélodie et du lied*, S. 87).

Werke: vier Bände mit Liedern, vier Bände mit Volksliedern, drei

Zyklen: *Romanzen aus Tiecks Magelone* Opus 33, *Vier ernste Gesänge* Opus 121 (für mittlere Stimme) und *Zigeunerlieder* Opus 103. Sehr viele Lieder von BRAHMS sind zwar unter einer Opusnummer geordnet, werden aber nicht als Zyklen ausgeführt.

BRAHMS schrieb viele mehrstimmige Lieder, die am besten solistisch besetzt werden, damit sie leicht und durchsichtig klingen, z. B. die *Liebesliederwalzer*.

Literatur: DIETRICH FISCHER-DIESKAU, *Töne sprechen, Worte klingen,* Stuttgart/München: DVA/Piper 1985, S. 108–113.

DAS DEUTSCHE LIED AUF DEM WEG INS 20. JAHRHUNDERT

Es gibt viele Liedkomponisten, die zwar im 19. Jahrhundert geboren sind aber bis in die ersten Jahrzehnte des 20. Jahrhunderts Lieder schrieben. Das Lied ist reichlich anwesend: SCHÖNBERG, VON WEBERN, ALBAN BERG, HINDEMITH (*Das Marienleben*), EISLER, FORTNER usw. Diesen Komponisten gehen drei Giganten der Liedkunst voran: HUGO WOLF, RICHARD STRAUSS und GUSTAV MAHLER.

Die musikalischen Welten des Franzosen FRANCIS POULENC und des Deutschen HUGO WOLF begegnen sich an der Grenze zum 20. Jahrhundert. WOLF starb 1903, schrieb aber vorausweisend auf die Dinge, die da kommen sollten. POULENC wurde 1899 geboren, schrieb aber nicht moderner als WOLF.

Das Lied entfernt sich immer mehr von der „singenden" Melodie. Es nähert sich immer mehr der absoluten Musik, und der musikalische Satzbau wird immer komplizierter. Es bietet MAHLER z. B. nicht mehr genug Raum; nach seinen Jugendliedern führt er das symphonische Lied ein – das Lied bleibt der Kern seiner Werke. RICHARD STRAUSS bringt einen „Hauch von Oper" in seine Lieder, sie werden kleine Akte (vgl. *Amor* mit Koloraturen wie für die Zerbinetta in der Oper *Ariadne auf Naxos*).

Die Beziehung zwischen Gedicht und Musik beginnt sich zu verändern. Einst war das Lied eine Widerspiegelung und Vervollkommnung eines Textes, im modernen Lied laufen zwei Schöpfungen nebeneinander her, oft Hand in Hand. Die Klavierpartie ist keine Begleitung mehr.

Bemerkenswert ist, daß die harte musikalische Sprache HINDEMITHS gerade mit der klangvollen und bilderreichen Sprache RAINER MARIA RILKES verbunden wird (der Zyklus *Das Marienleben*) und daß die sehr poetischen, ja esoterischen Gedichte STEFAN GEORGES von ARNOLD SCHÖNBERG für seine gewiß nicht „melodische" Liedkunst ausgewählt wurden.

Eine besondere Rolle spielt KURT WEILL, dessen politische Kampflieder auf Texte von BERTOLT BRECHT die Hörer zwischen den beiden Weltkriegen aufgeschreckt haben.

Hugo Wolf (1860–1903)

Als Wolf 27 Jahre alt war, schuf er in einem Zug innerhalb von zwei Jahren 160 Lieder. In einem Brief vom 30. Dezember 1888 an seiner Mutter schrieb er: *„In diesem Jahr komponierte ich … nicht weniger als 92 Lieder und Balladen und zwar ist mir … nicht ein einziges mißlungen."* (*Musikerbriefe*, hg. von Margot Wetzstein, 1987, S. 218)

Wolf ist der geborene Lyriker. Er vertont Texte von Mörike, Eichendorff, Lenau, Keller und Goethe, wobei er sich so intensiv in die Texte einlebt, daß jede Liedgruppe eine eigene Atmosphäre bekommt. Man kann kaum von einem „Wolfschen Stil" sprechen. Musikalischer Erfindungsreichtum, Witz, ein gutes Gefühl für die Stimme und eine unerschöpfliche Lyrik sind die Farben und häufig die Mischfarben auf Wolfs musikalischer Palette.

Schließlich komponiert er sein *Italienisches Liederbuch* und sein *Spanisches Liederbuch* auf Volkspoesie in der Übersetzung von Paul Heyse. Hier finden wir optimale Charakterstudien der verschiedensten Menschentypen.

Wolf hinterließ 280 Lieder. Mit der Ausnahme von *Alte Weisen* auf Gedichte von Gottfried Keller sind sie nicht als Zyklen konzipiert.

Gustav Mahler (1860–1911)

Mahler ist der Letzte in der Reihe Haydn, Mozart, Beethoven, Schubert. Er weist deutlich in die Zukunft, indem er das Lied aus der romantischen Intimität holt und es in eine symphonische Form gießt. Trotzdem gebraucht er die romantischen Texte von Friedrich Rückert und Gedichte aus der Volksliedersammlung *Des Knaben Wunderhorn* von Achim von Arnim und Clemens von Brentano. Es ist die musikalische Form, die sich bei Mahler ändert und in die Weite ausdehnt.

Mahler erste Lieder – darunter *Hans und Grethe, Frühlingsmorgen* – sind noch von der Folklore seiner böhmischen Heimat geprägt. Aber später, ab etwa 1883, blühte seine Vorliebe für die symphonische Form auf; dabei bediente er sich des Liedes. Immer bleibt das Lied die Keimzelle seines symphonischen Werkes, die Symphonie saugt die Lyrik in sich auf. Die Klingeln und Glöckchen (*4. Symphonie*), die das symphonische Lied fröhlich stimmen (Mahler war ein schwermütiger Mensch), sind auch in den Liedern mit Klavierbegleitung zu finden.

Wie poetisch und lyrisch er die Stimme auch einsetzt, so muß sie doch mehrmals, in einem oder zwei Takten, größere Sprünge machen als eine Oktave. Aber ebenso wie die Musik von Strauss ist die von Mahler leicht zu „treffen".

Seine bekanntesten Vokalwerke: *Lieder eines fahrenden Gesellen* auf eigenen Text (1883, revidiert 1891), *Rückertlieder* auf Texte von Heinrich

Rückert (1902, auch mit Orchesterbegleitung), *Kindertotenlieder* auf Texte von Heinrich Rückert (1902, auch mit Orchester), *Das Lied von der Erde* auf *Die Chinesische Flöte* von H. Bethge für Tenor und Alt mit Orchester, 26 Lieder mit Klavierbegleitung.

Richard Strauss (1864–1949)

Strauss war groß in der Wahl der richtigen Klangfarbe, nicht nur für das Orchester, sondern auch für die Stimme. Er sagt zwar, daß er in seinen Opern *„nicht immer schön klingen will"*, aber die Stimme klingt in seinen Liedern immer schön, sogar auch dann, wenn der Text nicht so hervorragend ist. Er kannte die Möglichkeiten der Stimme durch und durch.

Der Sänger hat in Strauss' Opern und Liedern das Recht, etwas zu ändern, wenn es ihm nicht gefällt.

Als seine Frau Pauline d'Ahna während einer Probe des berühmten *Ständchens* (in Fis-Dur für Sopran) einmal auf dem hohen Ais zwei Takte lang stehen blieb und der Begleiter Coenraad Valentijn Bos darüber eine Bemerkung machte, sagte Strauss: *„Laß mal, Sie können die Arpeggien einfach wiederholen"* (zit. nach C. V. Bos, *The Well-tempered Accompanist*, New York 1954).

Strauss verwendete für seine Lieder Texte vieler Dichtern – mit der Bandbreite von Morgenstern, Rückert und Liliencron bis zu Klopstock – jedoch mit einer Vorliebe für seine Zeitgenossen von Gilm, Bierbaum, Hesse und Dehmel. Die Lieder sind immer in Gruppen unter *einer* Opusnummer zusammengefaßt, werden aber nicht als Zyklen ausgeführt, mit den Ausnahmen *Der Krämerspiegel* und *Vier letzte Lieder* mit Orchester.

In den Strauss-Liedern erkennt man den Opernkomponisten, seinen Sinn für die Wirkung auf das Publikum. Die Meinung, daß Strauss in seiner Lyrik sein Inneres nicht offenbarte, wird nicht jeder teilen. Gerade daß man den Komponisten im Lied und in der Begleitung, sei es Klavier oder Orchester, jeweils erkennt, spricht für sein persönliches Beteiligtsein. Die Singstimme und die Klavier- oder Orchesterbegleitung sind ganz und gar eins.

Von der Stimme verlangt Strauss eine äußerste Beherrschung des Legato, der dynamischen Nuancen, vor allem des Diminuendo, und der genauen Flexibilität in opernhafter Koloratur. Der Zyklus *Vier letzte Lieder* ist von einer bis dahin nicht gekannten, farbig gebündelten Schönheit.

Sehr bekannt sind u. a. *Morgen, Ständchen, Zueignung, Die Nacht, Allerseelen* und der Zyklus *Vier letzte Lieder*.

Einleitung. Die Zweite Wiener Schule wendet sich von allen Traditionen ab. Anstelle des Gesetzes der Tonalität wird das strenge Gesetz der Zwölfton-reihe entwickelt. Die „Komposition mit zwölf aufeinander bezogenen Tönen", die die zwölf chromatischen Stufen einer Tonleiter als kompo-sitorisches Material benutzt, ist von Schönberg entwickelt worden und wurde zum Ausgangspunkt der Wiener Komponisten am Anfang des 20. Jahrhunderts. Sie beruht auf der Theorie der melodischen Reihe: Die Noten einer einmal aus diesem Material zusammengesetzten Reihe kann man als neue Reihen in der Umkehrung, im Krebsgang oder in der Krebsumkehrung verwenden. Diese zwölf Töne folgen keiner äußeren Regel, sie stehen nur *miteinander* in Verbindung. Harmonisch neu sind Akkordbildungen aus Quarten statt Terzen.

Anton von Webern (s. unten) erweiterte das Prinzip der Zwölftonreihe, indem er auch Dauer, Dynamik und Klangfarbe der aneinandergereihten Töne festlegte.

Arnold Schönberg (1874–1951)

Der große Meister der Wiener Schule führt die Dodekaphonie ein: An Stelle der Tonalität entwickelten die Wiener Komponisten das Gesetz der Zwölftonreihe (s. oben). Seine *Harmonielehre* erschütterte die Musikwelt.

Obwohl er ein Zeitgenosse der französischen Impressionisten war, hat Schönberg, der 1933 in die Vereinigten Staaten emigrierte, nichts mit den Impressionisten gemein. Er selbst (teilweise Autodidakt) und seine Schüler von Webern, Berg und Eisler gehören deutlich erkennbar zu den Expressio-nisten. Sie wollen Kontraste im Klang, in der Melodie, verlangen enorme Sprünge von der Singstimme und jedes „klassische" Gleichgewicht wird bewußt vermieden.

In seinen frühesten Liedern befreit Schönberg sich von der Spätromantik und treibt in eine Richtung einer nicht tonal gebundenen Freiheit. Sein poetischer, durchkomponierter Zyklus *Das Buch der hängenden Gärten* (1909) auf Texte von Stefan George zeugt davon; es ist sein wichtigstes Vokalwerk. Wort und Melodie sind fein miteinander verwoben, der Gebrauch von Chromatik und Sequenzierung führt zu einer funktionalen Atonalität.

Die einzelnen Stücke aus dem berühmten Zyklus *Pierrot Lunaire* sind keineswegs als „Lieder" im herkömmlichen Sinne einzuordnen. Der Komponist schreibt ausdrücklich, daß die Stimme *„auf einer bestimmten Tonhöhe sprechen muß"*. Dadurch ist es ein ganz anderer „Sprechgesang" als ihn sich Wagner für seine Opern wünschte. Schönbergs Lieder jedoch benötigen nicht nur gute vokale „Treffer", sondern oft auch äußerst geschickte Pianistenhände.

Bemerkenswert ist, daß SCHÖNBERG auch als Maler tätig war.

ANTON VON WEBERN (1883–1945)

Dieser in Österreich geborene Komponist gehörte zu den ersten Schülern ARNOLD SCHÖNBERGS, der den Spuren seines Lehrers folgte. Er komponierte in „freier Atonalität", die sich als Kompositionstechnik vom tonalen Zentrum löst, und er wendete darin die Zwölftontechnik an.

VON WEBERN studierte Musikwissenschaft, Kontrapunkt, Violoncello und Klavier und sang im Wagnerverein der Wiener Akademie mit. Obwohl er als Dirigent nicht ausgebildet war, leitete er doch viele Chöre. Er hatte ein ihm angeborenes gutes Gefühl für die Singstimme.

ANTON VON WEBERN löst das Lied von der traditionellen Klavierbegleitung und gibt der Stimme eine objektivere Rolle, indem er sie mit Instrumenten umgibt. Die Stimme wird in extreme Lagen geführt, wie z. B. in den *Fünf Canons*. Wahrscheinlich hat VON WEBERN bewußt mit dem Farbwechsel der Register experimentiert. Seine oft scheinbar unsingbaren Linien sind aber sehr expressiv vom Wort aus gestaltet. Viele Lieder bestehen aus nur wenigen Takten.

Er ließ sich von den schönsten Gedichten von STEFAN GEORGE, RAINER MARIA RILKE, GEORG TRAKL und JOHANN WOLFGANG VON GOETHE inspirieren. Auch benutzte er die deutsche Übersetzung von Gedichten LI TAI POS sowie liturgische lateinische Texte. HILDEGARD JONE war die Dichterin seiner letzten Lieder.

Wichtige Werke: *Fünf Lieder* Opus 3 mit Texten aus *Der siebente Ring* von STEFAN GEORGE (1908), *Vier Lieder* Opus 13 mit Kammerorchester auf Texte verschiedener Dichter (1914–1918), *Fünf Canons nach lateinschen Texten* Opus 16 für Sopran, Klarinette und Baßklarinette (1924), *Drei Gesänge* Opus 23 auf Texte von HILDEGARD JONE (1934), *Drei Lieder* Opus 25 auf Texte von HILDEGARD JONE (1935).

ALBAN BERG (1885–1935)

In der Literatur werden 140 bzw. 88 Lieder genannt. Die Differenz erklärt sich daraus, daß es eine große Zahl unveröffentlichter Werke gibt, die nicht alle mit Sicherheit zu BERGS Werken gerechnet werden können. Wichtig ist jedoch, daß man die Lieder von Alban BERG singen *kann*, obgleich er es dem Sänger nicht einfach macht. Anders als SCHÖNBERG vertonte BERG überwiegend Gedichte von hohem Niveau. Er wählte hauptsächlich Verse von RILKE und von VON HOFMANNSTHAL.

Eine wesentliche Eigenschaft BERGS soll es sein, daß er nicht *eine* unwichtige Note geschrieben habe (vgl. *Reclams Liedführer*). Weil die Mehrzahl der Sänger sich in der Atonalität seiner später entstandenen Lieder nicht zuhause fühlt, werden seine *Sieben frühen Lieder* am meisten gesungen. Obschon sie von einer wahrlich milden Atonalität sind, wirken die Ganztonleitern und die übermäßigen Dreiklänge in der Begleitung manchmal recht herb.

DAS FRANZÖSISCHE LIED

EINLEITUNG

> *„Musik ist Musik, und Literatur ist Literatur, obschon sie manchmal eine Mischehe eingehen und einen Bastard hervorbringen, das Lied."* NED ROREM, amerikanischer Komponist (in NATS BULLETIN, 39/2, 1982).

Im Vergleich zum deutschen Lied entsteht das französische Kunstlied spät. Hat das etwas mit der besonderen Spracheigenschaft des Französischen zu tun, dem geringen „accent tonique", der Schwierigkeit, das stumme „e" zu betonen? Oder spielt dabei die französische Volksart eine Rolle, die sich eher tanzend äußert als singend? So viele frühe Weisen sind in einem dreiteiligen Takt und in der Dur-Tonleiter geschrieben.

ROMANCE

Bis zur Zeit CHATEAUBRIANDS und der folgenden impressionistischen Dichter wie BAUDELAIRE, DE LAMARTINE, PIERRE LOUYS und des späteren ARTHUR RIMBAUD beherrschte die *Romance* die vokale Szene außerhalb der Oper. Dieser Vorbote des späteren Kunstliedes, der auch wohl *Brunette* genannt wird, bildete um die Wende des 18. zum 19. Jahrhunderts ein weniger solides Fundament der weiteren Entwicklung als das deutsche Volkslied. Die Romance ist ein Wechselspiel der älteren „Airs de cour" (höfische Arien) und der Strophenlieder der späteren „Vaudeville" (Voix de ville, „Stimmen der Stadt").

JEAN JACQUES ROUSSEAU umschreibt die „Romance" in seinem *Dictionnaire de la musique* wie folgt: *„... eine Weise auf ein Gedicht, das auch Romance genannt wird; es ist in Strophen eingeteilt, und der Inhalt ist meist eine Liebesgeschichte – oft tragisch."*

Die Romance findet ihren Weg zur Opéra comique und dringt in dieser Umrahmung bis nach Deutschland und Österreich vor, wo die französische Opéra comique beliebt ist. Manchmal erinnert der Text einer

Romance auch an die Troubadour- und Trouvèrekunst und berichtet über aktuelle Ereignisse wie die Revolutionen im eigenen Land.

Neu war, in der Romance eine Begleitung ausdrücklich aufzuschreiben; die Zeit, in der der Begleiter selbst den Baß ausarbeiten mußte oder durfte, wie noch in den Airs de cour, war damit vorüber.

Die größte Blütezeit fällt in die Periode des ersten Kaiserreiches (Napoleon Bonaparte, 1804–1813) und der Restauration (1815–1830), als die vertriebenen Souveräne der verschiedenen Königshäuser wieder, wenn auch für kurze Zeit, auf ihre Throne zurückkehrten. Die darauf folgende Julirevolution, die Regierung Karls X. und Philipps von Orléans und schließlich das dritte napoleonische Kaiserreich (nach den Revolutionskriegen von 1848 bis 1852) schufen gewiß keine Atmosphäre für liebliche Schäferliedchen, eher für Revolutionsopern. Die Nachblüte der Romance dauert jedoch lange. Opernkomponisten wie Giacomo Meyerbeer, Fromental Halévy, Ambroise Thomas und Adolphe Adam ebenso wie die Sängerin Pauline Viardot-Garcia schrieben Lieder dieses Genres in solchen Mengen, daß sie in Jahresbänden herausgegeben wurden.

Schuberts Lieder sind kurz nach seinem Tod bereits in die Hände der französischen Sänger gelangt und lenkten den Blick von der Romance ab. Der berühmte Operntenor Adolphe Nourrit bemühte sich, diese Lieder zu verbreiten, und Julius Stockhausen sang 1858 in Paris Schubert-Lieder. Sang er französisch oder deutsch? Dieser Sohn von Elsässischer Eltern war sicher zweisprachig aufgewachsen.

Der Schöpfung des französischen Kunstliedes ging ein langer Streit von Schriftstellern und Komponisten voran. Das war eine starke Nachwehe des Streits zwischen Rousseau und Rameau, zwischen Piccini und Gluck, ein Streit, der aus der Eigentümlichkeit der französischen Sprache entstanden ist.

Ebenso wie in Deutschland gilt auch hier, daß die Entwicklung des Klaviers für die Liedkunst wichtig war.

Die Entwicklung von Hector Berlioz bis Francis Poulenc

In literarischen Zeitschriften erscheinen Diskussionen über die Verbindung von Musik und Poesie. Der Dichter Alfred de Musset schreibt: *„Die beiden Musen können nicht zusammen gehen"*, und der Komponist Claude Debussy sagt viele Jahre später, daß er lieber auf Prosatexte komponiert, *„denn Poesie hat ihr eigenes Leben."* Einige Dichter wünschen nicht, daß ihr Werk für die Liedkunst zur Verfügung steht.

Schließlich wird die französische Liedkunst in einer schnellen Entwicklung in Gang gesetzt von Charles Gounod (200 Lieder), Camille Saint-Saëns (145 Lieder), George Bizet (48 Lieder) und Jules Massenet (260 Lieder) – allesamt Opernkomponisten.

Gabriel Fauré, Henri Duparc, Claude Debussy, Maurice Ravel und Francis Poulenc bilden mit ihren Liedern den absoluten Höhepunkt in der französischen Liedliteratur am Ende der Romantik und im Impressionismus.

Das französische Lied, im Unterschied zum populären „Chanson" meist „Mélodie" genannt, hat in seiner Entwicklung so gut wie keine Beziehung zum deutschen Lied gehabt. Ihre Entwicklung verlief *nicht* parallel, und die Romance hatte einen viel weniger substantiellen Boden als das deutsche Lied (s. oben „Romance").

Wenn es einem Komponisten schon schwerfällt, seine musikalischen Intentionen in Fachausdrücken der Musiksprache zu umschreiben, um wie viel schwieriger ist es dann, die Interpretation eines gesungenen Textes in Worten auszudrücken. Debussy hat viele seiner Intentionen in Worten ausgedrückt. In *Colloque sentimental* (gefühlvolle Konversation) gibt er folgende Anweisungen: *„triste et lent"* (traurig und langsam) und *„un peu plus mouvementé"* (ein wenig bewegter); in *En sourdine „rêveusement lent"* (träumerisch langsam) und *„intimement doux"* (intim und leise). Es ist Aufgabe des Sängers, dies auszuführen. Fauré versucht weniger, seine künstlerischen Absichten zu umschreiben als der jüngere Debussy; bei ihm entstehen die Tempi oft nach dem Gefühl und der Musikalität des Interpreten.

Farbe der Töne und Akzente der Wörter sind im französischen Lied Facetten, mit denen der Sänger jonglieren muß. Dabei ist eines sicher: Hier dürfen keine willkürlichen Nuancen angebracht werden; es ist schon schwierig genug, die Eigenarten der französischen Sprache gegen die *anders* gerichteten musikalischen Intentionen des Komponisten festzuhalten.

Wie gesagt: Die französische Sprache hat eher einen „Accent de duration" (ein Dauerakzent) als einen „Accent tonique" (ein Betonungsakzent).

Hector Berlioz (1803–1869)

Der erste Komponist des französischen romantischen Liedes ist Hector Berlioz, der große Instrumentator. 1843 (1. Teil) und 1855 (2. Teil) veröffentlichte Berlioz sein *Grand traité d'instrumentation et d'orchestration modernes.* Er wählte für die kleine Zahl seiner Lieder eine einfach zu singende Linie und schrieb nicht immer instrumentengemäße Klavierpartien (er haßte Klavierspielen). Sein bekanntestes Werk ist der Zyklus *Les nuits d'été* (Die Sommernächte), sieben Lieder auf Texte von Théophile Gautier. Sie klingen in der eigenen Orchestrierung von Berlioz viel schöner als in der ursprünglichen Fassung mit Klavier.

GABRIEL FAURÉ (1845–1924)

FAURÉ ist der Wegbereiter für DEBUSSYS noch stärker ausgeprägten impress-
sionistischen Stil, die Kunst, die den „Eindruck" wiedergibt und nicht eine
photographische Abbildung der Realität sein will. FAURÉS Kunst ist Ausdruck des „Fin de siècle", der Stimmung des zu Ende gehenden Jahrhunderts: verfeinert, verträumt, lyrisch, manchmal witzig und verspielt, selten
wirklich traurig und höchst selten wild (wie in *Automne*).

> Als FAURÉ einmal gefragt wurde,
> wie schnell ein bestimmtes Lied gesungen werden müsse,
> antwortete er: „*Wenn der Sänger schlecht ist, sehr schnell.*"
> (GÉRARD SOUZAY, Kurs 1986)

Bekannte Werke sind: drei Lied-Bände (Ed. Hamelle, Paris), drei Lied-
Zyklen: *L'horizon chimérique* für Mittlere Stimme (Ed. Durand, Paris), *La
chanson d'Ève* für Mezzosopran (Ed. Au Ménestrel, Paris), *La bonne chanson*
für Mittlere Stimme (Ed. Hamelle, Paris).

HENRI DUPARC (1848–1933)

Von den 17 wunderschönen Liedern, die DUPARC uns hinterlassen hat, sind
einige, unter ihnen ein Mignon-Lied, unbekannt geblieben. Sie galten um
1900 als unsingbar schwierig. Mit langem Atem, manchmal mit einem
Hauch WAGNERSCHEN Idioms belastet, nehmen sie einen eigenen Platz ein.
Wie die Liedkunst insgesamt stellen diese Lieder hohe Anforderungen an
die Intelligenz und Stimmkultur des Sängers.
Bekannt sind *Invitation au voyage*, *Chanson triste*, *Lamento* und *Phidylé*.

CLAUDE DEBUSSY (1862–1918)

DEBUSSY ist der feinsinnigste Stimmungskünstler unter den französischen
Komponisten. Mit seiner hellen, reinen Harmonie, der pentatonischen
oder Ganzton-Tonleiter, einer irisierenden Palette in der Begleitung spricht
DEBUSSY eine eigene Sprache, und zwar die der Impressionisten. Würdevol-
le parallele Quinten und Quarten, aber auch stille Akkordfolgen, perlende
Arpeggien, mit dem Pedal gebundene liegende Akkorde bilden die
erkennbaren Farben seiner Lieder, die fast „Musique pure" sind. Die
harmonischen Erneuerungen sind sehr persönliche Mischungen „alter"
und „neuer" Farben. Er spricht von „Nuancen der Tonalität". Manchmal
überrascht ein östliches Kolorit in der durchsichtigen, melodischen Linie.
In den *Cinq poèmes de Baudelaire* (1888) kann sich DEBUSSY dem Einfluß

der Klangwelt WAGNERS nicht entziehen. Auch DEBUSSY greift auf archaisierende Klangregie zurück wie BRAHMS und WOLF in Deutschland: sehr deutlich in *Chansons de Bilitis*, in denen das griechische Gewand der Bilitis beinahe mit Händen zu berühren ist. In *Trois chansons de France* und den *Trois Ballades de François Villon* wird die Atmosphare mittelalterlicher Musik, soweit dies überhaupt möglich ist, gut getroffen.

Seine bekanntesten Zyklen sind die *Ariettes oubliées*, die *Chansons de Bilitis* und die *Fêtes galantes* (zwei Serien).

MAURICE RAVEL (1875–1937)

RAVEL ist der Künstler der vokalen Gemälde, manchmal kindlich verspielt, manchmal sinnlich in Schleier verhüllt. Seine Lieder sind subtil, feingeschliffen und manchmal von einer klaren Objektivität. Das Ferne und Exotische, das er in seinen Liedern darstellen will, veranlaßt ihn zu Experimenten mit Klang und Harmonik wie in dem Lied *Asie* in dem Zyklus *Shéhérazade*.

Die Tierporträts in *Histoires naturelles* sind spielerisch und ironisch, die *Don Quichotte-Lieder* sehr romantisch und extravertiert.

RAVEL hat eine Reihe seiner Lieder durch einige Instrumente begleiten lassen, zum Beispiel *Trois poèmes de Stéphane Mallarmé* (mit zehn Instrumenten) und *Chansons madécasses* (mit Flöte, Cello und Klavier).

Dies wurde bis dahin nur selten getan (BEETHOVEN, *Schottische Lieder*: Klavier, Violine und Violoncello; SCHUBERT, *Der Hirt auf dem Felsen*: Klarinette; BRAHMS, *Zwei geistliche Lieder*: Bratsche). Damit fand das Lied seinen Weg zur Kammermusik.

Bekannte Zyklen sind *Shéhérazade* für (Mezzo-)Sopran und Orchester, *Cinq mélodies populaires Grècques*, *Histoires naturelles* und *Don Quichotte à Dulcinée* für Bariton.

FRANCIS POULENC (1899–1963)

Obwohl FRANCIS POULENC seinen Lebensdaten nach zum 20. Jahrhundert gehört, kann man ihn doch als jemanden betrachten, der die ältere Linie FAURÉ, DEBUSSY, RAVEL fortsetzt. Er schreibt in einer erfrischenden Tonalität, verwendet ein breites Spektrum spielerischer, dekadenter, brausender, witziger oder gefühlvoller Texte. Selten versucht POULENC, innige oder traurige Stimmungen wiederzugeben.

Fast alle Lieder POULENCS sind für seinen Lebensgefährten PIERRE BERNAC geschrieben, der eine leichte Baritonstimme hatte.

POULENC gibt deutlich an, was er hören will: *„Die schlimmsten technischen Fehler, die man machen kann und die meine Klaviermusik verunstalten, sind:*

Rubato, ein sparsamer Gebrauch des Pedals und eine zu deutliche Artikulation der Akkorde" (und das gilt auch für seine Lieder). Er sagt wörtlich (nach BERNAC): *„I hate rubato."*

Die bekanntesten Zyklen sind *La courte paille* für Sopran, *La terre et le feu* für Mittlere Stimme, *Le bestiaire* für Mittlere Stimme und *La fraîcheur et le feu* für Mittlere Stimme.

Literatur: P. BERNAC, *Francis Poulenc. The Man and his Songs.* Übers. von W. RADFORD, London: Ed. Victor Gollancz 1977; *Guide de la mélodie et du Lied*, Paris: Fayard 1994.

INTERMEZZO 7
EINIGE ANWEISUNGEN FÜR DIE AUSSPRACHE DES FRANZÖSISCHEN

VOKALE

Für die Wiedergabe der Vokale werden die phonetischen Zeichen des Internationales Phonetischen Alphabets (IPA) verwendet:

Französisch		*Deutsch*
[i] ici (hier)	wie in	hier
[e] été (Sommer)		ewig
[ɛ] belle (schön)		setzen
[a] gazon (Rasen)		Rasen
[ɑ] bras (Arm)		Arm
[ɔ] comme (so wie)		fort
[o] mot (Wort)		Sohle
[u] doux (sanft)		Mut
[y] pur (sauber)		über
[ø] mieux (besser)		schön
[œ] peur (Angst)		können
[ə] lun<u>e</u> (Mond)		tanz<u>e</u>!

Französische Vokale sind lang, wenn sie einen Accent circonflexe tragen: âme (Seele), même (selbst).
Es gibt vier Nasale:
ã: –ãn, –ãm: chanter [ʃãte], (singen)
õ: –õn, –õm: monstre [mõstrə], (Ungeheuer)
ɛ̃: –in, –en, –oin, –ein, –ãin: jardin [ʒardi], (Garten)
ũ: –un, –um: lundi [lũdi] (Montag), parfum [parfũ]

Regel: Wenn auf einen nasalen Laut ein Konsonant folgt, wird der nasale Laut nicht artikuliert. Das heißt:
bei „n" darf die Zunge den vorderen Gaumen nicht berühren: [ballõ]
bei „m" dürfen die Lippen sich nicht berühren [parfũ].
N. B. Bonbon spricht man auf französisch also nicht wie „Bongbong" aus und Restaurant nicht wie „Restaurang" u.s.w.
„m" und „n" klingen nicht nasal, wenn sie doppelt vorkommen, wie in ennemi (Feind), femme (Frau).

Regel: Sprich oder singe keine Diphtonge (Zwielaute), wo sie nicht stehen: café klingt nicht wie [kafej]. Pierre Bernac lehrt: *„Der reine Vokalklang muß ohne Veränderung erhalten bleiben, so lange der Klang dauert"* und *„Eine französische Silbe darf nur* einen *Klang haben".*
Geschriebene Diphtonge werden als *ein Laut* ausgesprochen: trou [tru] (Loch), aigle [ɛglə] (Adler)
Der Laut –ai wird als [e] ausgesprochen: je danserai (ich werde tanzen).
Der Laut –ais oder –air wird als [ɛ] ausgesprochen: je danserais (ich würde tanzen).
Das „eu" ist ganz lang [ø]: jeu (Spiel) deux [dø] (zwei). Das „x" ist stumm.

Wenn ein hörbarer Konsonant auf [ø] folgt, wird er geöffnet und klingt wie ein offenes, jedoch gedehntes ö: [œ] wie in peur (Angst) – p[œ]:r, aveugle (blind) – av[œ]:glə oder veuve (Witwe) – v[œ]:və.
Es gibt drei Halbvokale, die wie sehr kurze „j", „y" und „w" behandelt werden: (1) das [j], wie in lieu [ljø] (Platz) oder bien [bjɛ̃] (gut), (2) das [y], wie in nuit [nyi] (Nacht) (nicht „noui"!), (3) das bilabiale [w] wie in moi [mwa] (mir). N. B. Ich schlage jedoch vor, [moa] zu unterrichten.
In Wörtern wie ouest (Westen) oder oui (ja) scheint das bilabiale „w" von einem kleinen „u" eingeleitet zu werden.

Konsonanten

In diesen kurzen Anweisungen werden nur die wichtigsten Punkte besprochen:
Das [ɲ] ist eine stimmhafte linguo-palatale Konsonantengruppe, vorn im Mund artikuliert: agneau [aɲo] (Lamm), genau wie im italienischen „agnello" (Lamm). N. B. Das [ŋ] (ng) kommt im Französischen nicht vor.
Das [ʒ] ist auch eine stimmhafte linguo-palatale Konsonantengruppe, wobei die Zunge das Zahnfach hinter den oberen Schneidezähnen nur leicht berührt: jour [ʒur] (Tag) wie in Page.
Das „l" wird, wenn ihm ein „i" vorangeht, nicht ausgesprochen: soleil [sɔlej] (Sonne), détail [detaj] (Einzelheit), oeil [øj] (Auge), fenouille [fənuj] (Fenchel), brouillard [brujar] (Nebel). N. B. Im Wort „fils" (Sohn) ist das l

nicht zu hören, das Wort endet auf „s". Das Wort „fil" (Faden) dagegen endet auf „l".

Das doppelte „l" hört sich an wie *ein* „l": village (Dorf), ville (Stadt), mille (tausend), syllabe (Silbe), illustre (berühmt), illuminer (erleuchten).

Regel: Ein Konsonant wird in der französischen Spache so kurz wie möglich gesprochen. Sogar doppelte Konsonanten dürfen die gesungene Linie nicht blockieren.

Das „h" wird am Anfang eines Wortes meistens nicht ausgesprochen. Nur einige Wörter die mit „hü" beginnen fangen mit einem angeblasenen „h" an: huit [,yit] (acht). Eine feste Regel dafür gibt es nicht.

Regel: Vermeiden Sie beim Singen und Sprechen den Glottisschlag! Aber man wird Sie mit „allo!" begrüßen.

Das „r": In der klassischen Musik darf man das Zäpfchen-r nie benutzen. In klassischen Musik wird grundsätzlich ein Zungen-r gebraucht. Es genügt, daß die Zunge den vorderen Gaumen nur einmal berührt. Zwei r's klingen italienisch!

Das „s", „p" und „t" werden am Ende eines Wortes nicht ausgesprochen: pas (nicht), trop (zu), il apparait (er erschien).

Ein einzelnes „s" in der Mitte eines Wortes klingt stimmhaft: poison (Fisch), ein doppeltes „s" bleibt stimmlos: poisson (Gift).

N. B. „c" [k], „t" und „p" sind sehr trockene Konsonanten, Sie dürfen nie k'h, t'h, p' sagen, also nicht „une t'hasse de c'haf'éj" (eine Tasse Kaffee)!

Das „z" ist ein leise summendes „s", im Gegensatz zu z="ts" im Deutschen.

Das Gesetz der Liaison (Wortverbindung)

Eine „Liaison" ist die Artikulation eines Schlußkonsonanten (der ansonsten nicht artikuliert wird) verbunden mit dem Vokal am Anfang des nächsten Wortes.

Regel: Verwenden Sie diese Liaison, wo sie gut klingt, aber nur, wenn sie die Bedeutung des Wortes nicht ändert.

In der klassischen Musik sollen viele Liaisons hörbar sein, aber im Volkslied, Chanson und im Kabarett keine.

Die Liaison ist verboten: (1) wenn ein Komma den Satz gliedert: „Ils chantent/, ils crient" (sie singen, sie schreien), (2) nach einem Substantiv im Singular: „l'enfant / a peur" (das Kind hat Angst), (3) nach einem Namen: „Paris / est beau" (Paris ist schön), (4) nach „et" (und) und „aussi" (auch), (5) vor „oui" (ja), (6) vor einem artikulierten „h": je dis/ halt [,alt] (ich sage ho!), (7) vor einer Zahl: les / onze»hommes (die elf Männer).

Regel: Bei Wörtern, die auf -rs oder -rt enden, wird die Wortverbindung vom „r" aus hergestellt: „Heureux, qui meur(t)»ici" (Selig die hier stirbt),

„J'irai ver(s)»elle" (ich gehe zu ihr). N. B. Ausnahmen: (1) Im Plural wird von -s aus verbunden: „Si mes vers»avaient des ailes" (Wenn meine Lieder Flügel hätten), (2) Ebenso nach toujours (immer) und plusieurs (mehrere): plusieurs»enfants (mehrere Kinder), toujours»exilé (für immer verbannt).

Die Liaison muß immer gebraucht werden: (1) nach einem Artikel: les»hommes (die Menschen), (2) nach einem Adjektiv: un grand»arbre (ein grosser Baum), (3) nach einem Personalpronomen: nous»aimons (wir lieben), (4) nach einem Verb im Indikativ: aimer»encore (noch lieben), (5) nach einem Adverb: tellement»amoureux, (6) nach einer Präposition: sous»un arbre (unter einem Baum), (7) nach einer Konjunktion (außer *et*): mais»aussi (aber auch), (8) nach einem Substantiv im Plural: Les lilas»en fleurs (die blühenden Lilien).

Regel: Die Klinger „m" und „n" verlieren ihre Nasalität, wenn sie mit einem Vokal verbunden werden: le bon»élève (der gute Schüler).

Zusammengefaßt: Vokale werden nie diphtongiert: aimé (geliebt) – nicht aimej, beau (schön) – nicht bo-u. Nasale werden ohne ein folgendes „m" oder „n" ausgesprochen, Konsonanten sind ganz kurz, Liaisons werden gemacht, sofern es schön und logisch klingt.

Literatur: P. BERNAC, *Interpretation of French Song*, Übers. von W. RADFORD, London: Ed. Gollancz 1976.

DAS RUSSISCHE LIED

In Rußland entwickelt sich das Kunstlied ebenso wie in Frankreich spät im 19. Jahrhundert. Dies geschieht bei den Opernkomponisten, die von der westeuropäischen Musik dieser Periode beeinflußt werden (die Grand opéra besteht bereits). Aber ihre Liedkunst bleibt *auch* stark in dem kräftigen Volkslied mit seinen sprachspezifischen dunklen Klängen und Konsonantenanhäufungen verwurzelt. Wie deutlich ist der russische Charakter erkennbar an den unregelmäßigen Rhythmen, den freien, deklamatorischen Effekten!

MODEST MUSSORGSKI (1839–1881), von dem bekannt ist, daß er seine Kompositionen nachlässig aufschrieb – deshalb wurde die Orchestrierung von RIMSKI-KORSAKOW neu durchgesehen und überarbeitet –, hat eine Reihe von Zyklen hinterlassen, die außerhalb von Rußland häufiger aufgeführt werden als die Lieder anderer russischer Komponisten.

Unter den vielen Liedern, die nicht als Zyklen veröffentlicht worden sind, befinden sich etliche auf Texte des Komponisten selbst und auf Übersetzungen von Gedichten von BYRON, GOETHE und HEINE; das ganz verrückte *Lied vom Floh* ist auf einen übersetzten GOETHE-Text komponiert.

Bekannte Zyklen: *Kinderstube* auf eigene Texte (1870), *Ohne Sonne* (1874), *Lieder und Tänze des Todes* (1875).

Peter Iljitsch Tschaikowski (1840–1893) war auf dem Gebiet des Liedes sehr produktiv; es sind 15 Liedgruppen mit eigenem Opusnummer zu erwähnen. Er verwendete nicht nur Gedichte in russischer Sprache, sondern auch in französischer Sprache, seiner zweiten Sprache. Tschaikowskis Lieder klingen längst nicht so slawisch wie die von Mussorgski. Französische und deutsche Einflüsse sind deutlich nachweisbar. So bemerkt man Anklänge an Schumanns Musik in den langen Nachspielen für Klavier.

Bekannt sind: *Don Juans Serenade* auf einen Text von Tolstoi und *Auf dem Ball*.

Das Lied in den Vereinigten Staaten von Amerika

Opern gab es in den *Vereinigten Staaten von Amerika* (vgl. oben „Oper") seit dem 18. Jahrhundert; auch Kirchenlieder und Psalmen wurden oft gesungen, das Kunstlied aber entstand sehr spät. Schließlich, in den ersten Jahrzehnten des 20. Jahrhunderts, als viele Künstler aus verschiedenen europäischen Ländern aus politischen Gründen nach Amerika emigrierten, begann sich das Kunstlied zu entwickeln. Im Gegensatz zur Situation in Europa gab es hier keine weit zurückreichenden geschichtlichen Ursprünge, keine Troubadours oder Minnesänger, kein altes Volkslied, das zum Kunstlied veredelt werden konnte. Das Kunstlied entstand, wenn Schriftsteller, Dichter und Komponisten von sehr verschiedener Herkunft sich fanden; viele Kulturen mischten sich auf diesem großen Kontinent und viele Wurzeln wurden miteinander verflochten.

Die Komponisten gingen entweder von ihrer eigenen Sprache aus oder griffen nach der Poesie, mit der sie in ihrer neuen multikulturellen Welt zu tun bekamen, z. B. nach indischen Gedichten von Rabindranath Tagore aus Indien oder nach chinesischer Lyrik von Li Tai Po, jeweils in englischen Übersetzungen. Die „Negro Spirituals", die Lieder, die die Sklaven aus Afrika in ihrer bitteren Gefangenschaft sangen, blieben unverändert bestehen und fanden stolz ihren Weg in die Konzertsäle. Die großen schwarzen Sänger singen sie überall in der Welt.

Weiterhin bildeten die sehr originellen amerikanischen Cowboylieder einen naheliegenden Ausgangspunkt; sie erschienen zuerst am Ende des 19. Jahrhunderts in vielen „Songbooks" und wurden immer stärker romantisiert, besonders von den Komponisten, die für die Cowboy-Filme Hollywoods Musik schreiben mußten. Die Cowboysongs entwickelten sich immer mehr zu „Balladen", erzählenden Liedern. Durch die sehr wahrheitsgetreuen Cowboylieder in den Filmen wurde dieses Genre enorm populär.

Durch Komponisten wie Charles Ives, Aaron Copland, Samuel Barber und Ned Rorem hat das amerikanische Lied im 20. Jahrhundert ein eigenes Gesicht bekommen. Es enthält selten Elemente großer Erneuerung, aber es verarbeitet Jazz, Off-beat (das sind verschobene bzw. ausgelassene Taktschwerpunkte), Poly- und Atonalität und alles, was Europa vorbereitet hatte. Es wird mit Tonkombinationen und Synkopen nur so „jongliert". Das Gefühl – auch Sentimentalität – wird nicht gemieden.

Charles Ives (1874–1951) kann als Stammvater für alles gelten, was als spezifisch amerikanischer Stil des Komponierens angesehen wird. In seinen Liedern fallen die großen, wichtigen Klavierbegleitungen auf.

Er veröffentlichte selbst einen Band mit 114 Liedern im Merion Music Verlag (1935). Daraus sind bekannt und beliebt: *The Cage, The Side Show, Tom Sails Away* und *Charley Rutledge*.

Die Eltern von Aaron Copland (1900–1990), die aus Litauen bzw. Texas stammten, kamen um 1880 als Immigranten nach New York, wo der Vater Leiter der ersten jüdischen Synagoge wurde. Aaron entwickelte sich schon sehr früh zu einem Vollblutmusiker. Drei Jahre lang studierte er in Paris bei der sehr berühmten Komponistin und Pädagogin Nadia Boulanger; davon zeugen vor allem seine leichten, durchsichtigen Liedkompositionen. Aber er spielte auch mit alten, in Amerika verwurzelten Rhythmen und Melodien der Cowboylieder und des Blues.

Das Liedchen *Simple gifts* gilt als eine der am häufigsten gesungenen amerikanischen Melodien, während das komische *I bought me a cat* wegen der darin verarbeiteten Tierlaute eine bekannte Zugabe ist.

Bekannt sind seine *12 Songs* von Emily Dickinson, *8 Songs* auf eigene Texte mit Orchesterbegleitung und *As it fell upon a day* für Sopran, Klarinette und Flöte.

Ebensowenig wie Ives gehört Samuel Barber (1910–1981) stilistisch oder harmonisch zu der Komponistenvorhut, in der vor allem junge Deutsche um den ersten Platz stritten. Deshalb singen die nicht so avantgardistisch eingestellten Sänger gerne die amerikanischen Lieder, die doch auch Ausdruck von unserer Zeit sind.

Offensichtlich sind viele Lieder Barbers bislang nicht veröffentlicht. Kommt das vielleicht daher, daß er als geschulter Sänger zu kritisch war im Blick auf sein eigenes Werk?

Der Verlag Schirmer brachte 1994 noch den Zyklus *Ten Early Songs* auf den Markt, zum Teil auf Texte von James Joyce, einer der Lieblingsdichter Barbers. Sie sind nicht weniger gut als seine besten Lieder: *Knoxville, Summer of 1915* für Sopran und Orchester, *Dover Beach* für Mittlere Stimme und Streichquartett (1935 mit Barber selbst eingespielt), *Hermit Songs, 3 Songs* Opus 2 (*The daisies, With rue my heart is laden, Bessie Bobtail*), *4 Songs*

Opus 13 (*A nun takes the veil, The secrets of the old, Sure on this shining night, Nocturne*).

NED ROREM (geb. 1923) hat neben seinem orchestralen Werk auch einige kleine Opern geschrieben, aber er wurde berühmt durch die große Zahl seiner Lieder; es sind bis 1994 mehr als 300. Schon mit 15 Jahren komponierte er die *Cummings-Lieder*.

NED ROREM hält sich an einige Regeln, die sehr gut aus dem Mund von RICHARD STRAUSS hätten kommen können: *„Laß den Sänger das Tempo bestimmen, je nach Stimmlage wird ein Tempo anders ausfallen ... there is enough leeway for fluctuation."* – *„Es gibt nicht eine richtige Art, ein Lied gut auszuführen, es gibt ebenso viele, wie es Ausführende gibt."* ROREM hat auch nichts dagegen, daß Sänger Frauenlieder singen und umgekehrt: *„Music is beyond sex"* (Musik geht über das Geschlecht hinaus).

Man darf Lieder aus seinen Zyklen auch herauslösen und nach Belieben transponieren. Ein sehr auffallendes Prinzip ROREMS ist, daß er in einer Liedkomposition nie ein Wort wiederholen wird, das der Dichter nicht wiederholt (dann würden bei SCHUBERT und BRAHMS etliche Takte weniger stehen! AR).

Schließlich ist ROREM ein vielgesuchter Workshopleiter und Coach, nicht nur, wenn es um seine eigenen Lieder geht!

Einige seiner Lieder: *Poems of love and rain, The Nantucket songs, The Santa Fé songs, Ariel* für Sopran, Klavier und Klarinette, *Back to life* für Altus und Kontrabaß.

CODA: DAS LIED IN EINIGEN ANDEREN EUROPÄISCHEN LÄNDERN.

In England finden wir eine wirklich große Produktivität auf dem Gebiet des Liedes, aber das Lied bleibt ganz in der romantischen Atmosphäre, leicht modern angehaucht. Einige wichtige Namen sind: WILLIAM WALTON, LENNOX BERKELEY, GERALD FINZI, JOHN IRELAND, GEORGE BUTTERWORTH, FRANK BRIDGE. Besonders interessant sind die Lieder von ARTHUR BLISS und RALPH VAUGHAN WILLIAMS, die oft die Stimme mit einem anderen Instrument als dem Klavier kombinieren.

BENJAMIN BRITTEN (1913–1976) schreibt seine Lieder in einem eigenen, gut erkennbaren Kolorit. Wie POULENC für die Stimme des Bariton PIERRE BERNAC schrieb, so dachte BRITTEN immer an die Stimme des Tenors PETER PEARS.

Für ihn schrieb er: *On This Island* (1937), *Les illuminations* (1939), *Seven Sonnets of Michelangelo* (1940), *Serenade for Tenor, Horn and Strings* (1943); *A Charm of Lullabies* für verschiedene Stimmen (1947).

Unter BRITTENS zahlreichen Volksliedbearbeitungen finden sich auch sehr schöne französische Volkslieder.

Wunderbarerweise tritt Italien, wo das von literarischen Texten unter-
stützte Lied kaum bestanden hat, auf einmal mit einer Reihe tüchtiger und
poetischer Liedkomponisten hervor: Francesco Malipiero, Ildebrando
Pizetti und Luigi Dallapiccola, der letztere in einem schwierigen, aber doch
singbaren Idiom.

Spaniens Liedkultur hat sich größenteils auf dem Gebiet der Volks-
melodie bewegt und auch im Kunstlied sind immer viele Volkliedthemen
zu finden. De Falla: *Siete Canciones populares Españolas*; Enrique Granados:
Tonadillas; Rodrigo: *Cuatro madrigales amatorios*.

Das gleiche gilt für Ungarn, wo Kodály und Bartók am Anfang des 20.
Jahrhunderts große Volksliedsammlungen zusammentrugen.

2. Die Kantate, das Oratorium und die Passionen.

Eine Kantate ist ein Musikstück von begrenztem Umfang, in dem die
Stimme die Hauptsache ist (cantare [lat. und ital.] bedeutet singen). Die
Themen sind geistlich oder weltlich, mythologisch, allegorisch usw. Die
Instrumentalbesetzung ist meistens kleiner als beim Oratorium.

Das Oratorium (ursprüngliche Bedeutung „Gebetsort") hat immer einen
geistlichen, aber nicht immer einen liturgischen Text. Seine eigentliche
Form bekam das Oratorium etwa gleichzeitig mit der Oper; es hat seine
Wurzeln in der liturgischen Musik aus der Zeit um 1000. In erster Linie
geht das Oratorium aus der Messe hervor, insbesondere aus der auf Ton
rezitierten Leidensgeschichte. Auch das etwas mehr ausgeweitete „Liturgische Drama", das wir als Vorläufer der Oper kennengelernt haben, steht
an der Wiege des Oratoriums.

Gegen Ende des 16. Jahrhunderts entstanden in Italien, und zwar
zunächst in Rom, die ersten Akademien und Kunstkreise (vgl. oben
„Oper": Italien), aber auch kirchliche Veranstaltungen, die in der Literatur
als Abendgottesdienste für jüngere Menschen beschrieben werden. Philip-
po Neri (1515–1595) organisierte diese im Andachtsraum (oratorium)
verschiedener römischer Kloster. Man sang dort Laudae, einstimmige
Loblieder aus der Tradition der römisch-katholischen Kirche, oder mehrstimmige Laudae, unter anderen von Giovanni Pierluigi da Palestrina. Bei
diesen Veranstaltungen predigte Neri selbst. *„Diese Schöpfung der römischen
Gegenreformation hatte ursprünglich zum Zweck, die Verlockungen weltlicher
Kunst mit ihren eigenen Mitteln zu schlagen, sie im Betsaal der Andacht
dienstbar zu machen."* (D. Fischer-Dieskau, *Töne sprechen, Worte klingen*,
1985, S. 188). Darin müssen wir einen Widerstand gegen die zu sehr

aufblühende Gesangskunst erkennen. (Die Gegenreformation ist die Reaktion der römisch-katholischen Kirche auf die Reformation im 16. Jahrhundert, bei der LUTHER, ZWINGLI und CALVIN maßgebliche Rollen gespielt haben.)

Das römisch-katholische Konzil zu Trient, das um 1550 gehalten wurde, suchte dem Wildwuchs auf dem Gebiet des Singens in der Kirche entgegenzuwirken, indem die Gesänge in der Messe neu geordnet wurden. Als NERI 1595 starb, wurden seine Gebetsgottesdienste fortgesetzt, das Oratorium hatte als musikalische Gattung seinen Platz gefunden.

Während PERI und CACCINI in Florenz der Oper den Weg bereiteten, schrieb EMILIO DE CAVALIERI in Rom die nicht-liturgische, allegorische *Rappresentazione de anima e di corpo*. Dieses Werk ist in die Geschichte als das erste große Oratorium eingegangen, obschon es nicht aus der Messe hervorgegangen ist. Man kann es eher mit dem „Drama sacra" vergleichen, das auch zum Entstehen der Oper beigetragen hat. Wenn man von CAVALIERIS Werk heute die dramatisierten Aufführungen sieht, fragt man sich, wo die Grenze zwischen der Oper und dem Oratorium liegt, abgesehen vom profanen im Gegensatz zum geistlichen Text. Das Werk ist im „Stile rappresentativo" gehalten, im erzählenden Stil, mit den allegorischen Rollen der Seele, des Körpers, der Zeit, des Lebens, der Welt und der Lust.

Um 1647 kam es zu einer zweiten Blüte von Oratorien, veranlaßt durch die Heiligsprechung von IGNATIUS VON LOYOLA und von FRANCISCUS XAVERUS. Es ist bemerkenswert, daß es gleichzeitig auch zu einer zweiten Opernperiode kam, mit den so viel größeren Werken von MONTEVERDI, die in Venedig aufgeführt wurden. Die Musik dieser Oratorien ist dann auch ganz und gar überschattet von MONTEVERDIS Opern.

Ein großer Name in der Geschichte des Oratoriums ist GIACOMO CARISSIMI (1605–1674), der in Rom lebte. An den Sonntagen der Fastenzeit wurden seine biblischen Oratorien in der Kirche San Marcello in Rom aufgeführt. Von seinen Werken – viele gelten als verschollen – ist das Oratorium *Jephta* (ein biblisches Thema) erhalten geblieben. In diesen Oratorien sehen wir den „Historicus" oder „Testis" auftreten, den Erzähler oder Zeugen, der in den Werken von J. S. BACH zum *Evangelisten* wird (vgl. *The new Grove's Dictionary of Music and Musicians*, Stichwort „Testo"). Nahezu alle Opernkomponisten aus der Zeit um 1700 schrieben auch Oratorien: PERGOLESI, JOMELLI, PORPORA, HASSE.

ALESSANDRO SCARLATTI (1660–1725), der auch in Rom wohnte, gab in der Oper der Da-capo-Arie ihre endgültige dreiteilige Struktur und übernahm diese Form auch in seinen vielen Oratorien. Eine solche Arie ist ein Monolog mit reflektierendem Charakter. Es gibt auch Duette und Terzette in dieser Da capo-Form; auch sie zeigen relektierenden Character. „Recitativo accompagnato" wurde für die dramatische Erzählung gebraucht, „Recitativo secco" dann, wenn die Handlung weitererzählt wird.

1663 schrieb Scarlatti *I dolori de Maria sempre vergine* und *Il sacrifizio de Abramo*. Die Geburt und das Leiden Jesu Christi und Lobgesänge auf die heilige Jungfrau waren die geeigneten Themen der liturgischen Oratorien. Die meisten Oratorien bestehen aus zwei Teilen, zwischen denen wahrscheinlich gepredigt wurde. Die meisten Opern dagegen sind dreiteilig angelegt.

Antonio Caldara (1670–1730) schrieb in Wien viele Oratorien auf Texte von Apostolo Zeno und von Metastasio, z. B. *Tobia Davidde* und *La passione di Gesù Christo*. Metastasio und Zeno sind auch bekannt als Librettisten der Werke von Mozart.

Italienische Oratorien waren kompositorisch immer der frühen Oper ähnlich, wie sie in Florenz, Neapel, Venedig und Rom verbreitet war. Die Gesangsstimme wurde in Opern und in Oratorien auf gleicher Weise eingesetzt. Im Laufe des 17. Jahrhunderts wurde das nicht-liturgische Oratorium oft im Volkslatein verfaßt.

In Deutschland bekam durch den Einfluß des Luthertums die Passionsgeschichte im Oratorium die Oberhand, und es wurde gebräuchlich, sie in der Fastenzeit aufzuführen. In den frühesten Passionen singt das Ensemble alle Partien; etwas später finden wir bereits einen Erzähler – eine Partie für hohe – und die solistische Christus-Partie für tiefe Stimme.

Mit Heinrich Schütz (1585–1672), der die italienische Monodie in deutscher Sprache eingeführt hat, wurde der Choral, die vierstimmig ausgesetzte Melodie, das Kennzeichen der deutschen Oratorien und Kantaten. Als Vorläufer von Johann Sebastian Bach gelten neben Heinrich Schütz Reinhard Keiser (1674–1739) und Dietrich Buxtehude (1637–1707). Wie für die deutsche Oper wurde Hamburg mit Georg Philipp Telemann für das deutsche Oratorium das Zentrum.

Von den Werken Johann Sebastian Bachs (1685–1750) – es sind u. a. 218 Kantaten erhalten – sind sehr bekannt die *Johannespassion* (1723), die *Matthäuspassion* (1729), die *Hohe Messe* (1733), das *Weihnachtsoratorium* (1734-45) und das *Magnificat* (1728–1731).

Georg Philipp Telemann (1681–1767) schrieb 44 Passionen und Dutzende von Oratorien, aber er ist eher durch seine Kantaten und seine instrumentalen Werke bekannt geworden.

Georg Friedrich Händel (1685–1759) war ein „musikalisches Chamäleon": Er schrieb Opern im italienischen Stil und später Oratorien, die einen ausgesprochen italienischen Charakter hatten, aber auch englische Oratorien mit einem ausgesprochen englischen Charakter.

Wie seine Opern in England isoliert von seinen italienischen Opern ans Licht traten, entstanden auch Händels Oratorien praktisch ohne Vorläufer: *The Messiah* (1742), *Judas Maccabeus* (1747), *Joshua* (1748) oder *Jephta* (1752). Das erste Werk wurde zum berühmtesten. Diese Werke hinterließen

Spuren in den späteren Oratorien von Felix Mendelssohn Bartholdy (1809–1847) und Edward Elgar (1857–1934).

Der Unterschied zu den italienischen Oratorien liegt vor allem in den großen Chören, die sowohl Händel als auch Mendelssohn gerne verwenden. Außerdem ließ Händel öfter weltliche Themen in seinen Oratorien zu als seine Kollegen auf dem europäischen Kontinent, u. a. in *The Triumph of Time and Truth* (1707), *Acis and Galathea* (nach Ovid, *Metamorphosen XIII*, 1718), *Esther* (1732) und *Athalia* (nach Racine, 1733), *Semele* (1744), *Ode for St. Caecilia's day* (nach Dryden, 1739) und *l'Allegro, il pensieroso ed il moderato* (1745).

Nach dem Tod von Thomas Arne (1778), der zahlreiche Opern, aber auch einige Oratorien geschrieben hatte, entstand in England eine Leere in bezug auf die Gattung des Oratoriums. Von der Mitte des 18. bis zur Mitte des 19. Jahrhunderts wurde in England sehr wenig Musik geschaffen, die sich auf die Dauer behaupten konnte. Man zehrte von den Opern Händels und Haydns, der vokalen und instrumentalen Musik Mozarts und dem so typisch englischen „Anthem", das in der Zeit der Virginalisten entstanden war.

Eine Wiederbelebung kam am Ende des 19. Jahrhunderts, insbesondere mit Edward Elgar, der den unverwüstlichen *Dream of Gerontius* schrieb, Ralph Vaugham Williams (1872–1958), der eine große Zahl an Chorwerken hinterließ, aber nur einem seiner Werke den Titel Oratorium gab: *Sancta civitas*, und schließlich Michael Tippett (geb. 1905), der mit seinem *A Child of Our Time* aus dem Jahr 1941 Weltruhm erntete.

Von Benjamin Britten (1913–1976) wurde das *War Requiem* (1961) sehr bekannt; hier wurden Gedichte von Wilfred Owen in englischer Sprache mit den liturgischen Texten des Requiems, der Totenmesse, kombiniert.

Während in Italien die Oratoriumproduktion auslief, bis Rossini 1847 sein auf einsamer Höhe stehendes *Stabat Mater* schrieb, kam diese Gattung in Deutschland gerade im 18. und 19. Jahrhundert zu einer großen Blüte. Von Händels *Messiah* inspiriert, schrieb Joseph Haydn (1732–1809) im Jahr 1798 *Die Schöpfung* und 1801 *Die Jahreszeiten* und Felix Mendelssohn Bartholdy 1836 das Oratorium *Paulus* und 1846 *Elias*. Das sind in Deutschland die letzten großen Werke auf dem Gebiet des klassischen Oratoriums, zu denen man das auf dem Zwölftonsystem aufbauende Werk *Die Jakobsleiter* von Arnold Schönberg oder *Das Unaufhörliche* von Paul Hindemith nicht rechnen kann.

Das italienische Oratorium ist bis hin zu Rossini immer mit der italienischen Oper verwandt geblieben, während im deutschen und im englischen Oratorium der religiöse Bezug immer als vorrangig angesehen wurde.

Viele Teile aus der römisch-katholischen Liturgie haben im Konzertleben eine eigene Bedeutung bekommen: z. B. das Requiem (die Liturgie der Totenmesse), das Stabat Mater, das Te Deum (Lobgesang) und das Gloria (der zweite Teil des Ordinarium Missae).

In Frankreich hat Lullys Zeitgenosse Marc Antoine Charpentier (1634–1704) eine Reihe von Werken dieser Gattung geschrieben. Die ersten Takte seines *Te Deum* sind bekannt als Vorspann der Eurovisionssendungen. Die prächtigen, feinsinnigen Motetten von De Lalande (1657–1726) und von Campra (1660–1747) sind in Frankreich indessen nicht der Ausgangspunkt für eine französische Oratorientradition gewesen. Erst nachdem in Deutschland und Italien das Oratorium beinahe vergessen war, blühte es in Frankreich auf, mit *L'enfance du Christ* von Hector Berlioz (1803–1869) und mit *Les Béatitudes* von César Franck (1822–1890), der aus der Wallonie stammt.

Der Schweizer Arthur Honegger (1892–1955) ist dann der letzte große Oratorienkomponist mit seinen Werken *Le roi David* und *Jeanne d'Arc au Bûcher*.

ALLGEMEINES

U. MICHELS, *Atlas zur Musik*, 2 Bde., München: dtv 1988.
G. PANCONCELLI-CALZIA, *3000 Jahre Stimmforschung*, Marburg: Elwert 1961
V. FIELDS, *Foundations of the Singers Art*, New York: NATS 1984

ANATOMIE, PHYSIOLOGIE UND AKUSTIK

B. GÖPFERT: *Handbuch der Gesangskunst*, Wilhelmshaven: Noetzel 1988
G. HABERMANN, *Stimme und Sprache*, Stuttgart: Thieme 1978
W. SEIDNER und J. WENDLER, *Die Sängerstimme*, Berlin: Henschel 1982
J. SUNDBERG, *The Science of the Singing Voice*, Dekalb/Ill.: Northern Illinois Press 1987
W. VENNARD, *Singing, the Mechanism and the Technic*, New York: Carl Fischer 1976
J. WENDLER und W. SEIDNER, *Lehrbuch der Phoniatrie*, Leipzig: Thieme 1987
H. COBLENZER und F. MUHAR, *Atem und Stimme*, Wien: Österreichischer Bundesverlag 1976

OPER

J. HINES, *Great Singers on Great Singing*, London: Gollancz 1983
K. KLOIBER und W. KONOLD, *Handbuch der Oper*, München/Kassel: dtv/ Bärenreiter 1985
W. OEHLMANN, *Oper in vier Jahrhunderten*, Stuttgart: Belser 1984
L. ORREY, *Opera, a Concise History*, London: Thames and Hudson 1987
H. PLEASANTS, *The Great Singers*, London: MacMillan 1983
H. ROSENTHAL und J. WARRACK (Hrsg.): *The Concise Oxford Dictionary of Opera*, London: Oxford University Press 1979

KASTRATEN

PH. BARBIER, *Histoire des castrats*, Paris: Grasset et Frasquelle 1989
D. FERNANDEZ, *Porporino ou les mystères de Naples*, Paris: Grasset et Frasquelle 1974
H. FRITZ, *Kastratengesang*, Tutzing: Schneider 1994
A. HERIOT, *The castrati in opera*, London: Calder and Boyars 1956

A. REINDERS, *Falsetto usage, past and present*, in: *NATS Journal*, 42/1, 1985
A. REINDERS, *What did the castrati sound like?*, in: *Voice Forum 3* (British Voice Association), London 1994

LIED

P. BERNAC, *The Interpretation of French Song*, London: Gollancz 1976
ders., *Francis Poulenc*, London: Gollancz 1977
D. FISCHER-DIESKAU, *Auf den Spuren der Schubertlieder*, Wiesbaden: Brockhaus 1972
ders., *Töne sprechen, Worte klingen*, Stuttgart/München: DVA/Piper 1985
ders., *Robert Schumann. Das Vokalwerk*, München/Kassel: dtv/Bärenreiter 1985
W. OEHLMANN, Reclams *Liedführer*, Stuttgart: Reclam 1973
B. SAPPEY und G. CANTAGREL, *Guide de la mélodie et du Lied*, Paris: Fayard 1994

ALTE MUSIK
R. DONINGTON, *The interpretation of early music*, London: Faber and Faber 1977

Der Geist, der Körper und die Vernunft
eine Einleitung in das Singen alter Musik

Von Rebecca Stewart

Das Thema „Singen der alten Musik" ist viel zu umfangreich und vielseitig für einen Text von einigen wenigen Seiten. Wenn wir bedenken, wie absurd es sein würde, wenn ein Sänger sich auf die Musik von Mozart, Schubert, Wagner, Debussy oder Britten spezialisierte, wie viel unwahrscheinlicher ist es dann zu erwarten, daß *ein* Sänger Perotinus, Machaut, Josquin, Dowland, Monteverdi, Rameau und Bach auf gründliche und qualitativ ausgezeichnete Weise singen kann. Aber trotzdem spricht man noch immer über die alte Musik als *eine* Form der Spezialisierung. Sie beinhaltet etwa sieben Jahrhunderte, den Gebrauch von mindestens sechs „alten" Sprachen (die vielen Arten des Lateinischen nicht mitgezählt), eine Vielfalt musikalischer Traditionen, jede mit ihren charakteristischen Stilen, Formen und Mentalitäten und mit ihren spezifischen vokalen Techniken.

Ein viel gereister und gelehrter Deutscher, Andreas Ornithoparchus, beschrieb dies folgendermaßen:
„Jedermann lebt nach seinem eigenen Temperament: nicht alle Menschen werden von denselben Gesetzen regiert, und verschiedene Nationen haben verschiedene Moden und unterscheiden sich in Sitten, Eßgewohnheiten, Studien, Sprache und Gesang. Daher kommt es, daß die Engländer ihre Hymnen anstimmen; die Franzosen singen; die Spanier weinen; die Italiener, die entlang der Küsten von Ianua [Genua] wohnen, mit ihren Stimmen Bocksprünge machen, die anderen bellen. Aber die Deutschen (ich schäme mich, es zu sagen) heulen wie die Wölfe."
(*Musicae activae micrologus*, Leipzig 1517, ins Englische übersetzt von John Dowland).

Nein, das Singen dieser enormen musikalischen Verschiedenheit kann nicht *eine* Spezialisierung sein. Bestenfalls kann man für dieses gesamte Gebiet eine flüchtige allgemeine Einsicht gewinnen, und danach muß man sich tiefer in eine einzelne Tradition (oder vielleicht einige nah verwandte Traditionen) einarbeiten. Und dann, wenn man gegenüber sich selbst ehrlich ist und ernsthaft versucht, das Beste zu erreichen, kann man diese Tradition allmählich zu der „eigenen" machen.
Hat man eine solche Wahl getroffen, dann gibt es zwei grundlegende

Prinzipien, von denen man sich genau Rechenschaft ablegen muß: (1) Jede Tradition ist in sich selbst vollständig. (2) Jede folgende Tradition hat die Ausgangspunkte der vorangehenden verändern oder sogar verwerfen müssen, um ihre eigene Identität begründen zu können.

Dies führt uns zu folgenden Konsequenzen: (1) Um in einer Tradition, gleichgültig welche, genau singen zu lernen, muß man sich darum bemühen, die wesentlichen Aspekte dieser Tradition zu erfassen. (2) Man muß ständig auf der Hut sein, die Prinzipien späterer Traditionen nicht auf frühere anzuwenden.

Jeder hat sowohl angeborene als auch erworbene musikalische Vorlieben. Wir wählen eine bestimmte Musik, weil sie mehr als eine andere unseren geistigen, körperlichen, intellektuell-kommunikativen oder gefühlsmäßigen Bedürfnissen entspricht. Wir tun gut daran, uns bei der Wahl unserer vokalen Spezialisierung bewußt davon leiten zu lassen. So können wir vermeiden, unsere Wahl auf eine Mode oder einen flüchtigen Eindruck zu gründen.

In der alten Musik kann man drei Haupttraditionen unterscheiden, die hauptsächlich durch geistige, körperliche oder intellektuell-kommunikative Ideale begründet werden (das persönlich-gefühlsmäßige Ideal erreicht seinen Höhepunkt erst im späten 19. Jahrhundert): die Gregorianik, die französisch-flämische Polyphonie und die italienische Monodie.

Die erste gehört zum Mittelalter, ist monophon, geistlich geprägt und mit lateinischen Texten.

Die zweite gehört zur Renaissance, ist polyphon, geistlich und auch weltlich und vor allem mit französischen und lateinischen Texten.

Die dritte gehört zum Barock, ist monodisch, vor allem weltlich geprägt und mit italienischen Texten.

Obwohl die folgende jeweils aus der vorangehenden Tradition hervorgeht, ist jede von ihnen einzigartig. Jede Tradition hat ihre eigenen Ideale und verlangt einen idealen, dazu passenden Gebrauch der Stimme.

Es ist unmöglich, den Unterschied treffend zu charakterisieren zwischen der „alten" Musik und der bekannteren, hauptsächlich deutsch ausgerichteten Tradition, die ihren Höhepunkt in der zweiten Hälfte des 19. Jahrhunderts erreichte. Aber wenn man die ältere Tradition mit einem sich drehenden Kristall vergleicht, an dem allerlei verschiedene Facetten aufscheinen, und die spätere mit einem Kristall, an dem ständig die „schönste" Seite beleuchtet wird, hat man ein einfaches, aber deutliches Bild dieses Unterschieds.

In der jetzt folgenden kurzen Einleitung werden als stimmtechnische Anforderungen dieser Traditionen die folgenden Punkte behandelt: Funktion und hauptsächliche Merkmale der Tradition, Sprache und Klangideal, Atemtechniken, Bewegungen der Artikulatoren, des weichen Teils des Gaumens und des Larynx, Stimmtypen und Register, Artikulation und Phrasierung, Verzierungen und Vibrato, Dynamik.

„Die menschliche Stimme ist der Klang gewordene Geist."

Abb. 50

Die primäre Funktion der Gregorianik – wie bei allen religiösen Traditionen des Singens – besteht darin, den menschlichen Geist auf Gott zu lenken. Die richtige Mentalität eines Sängers, der Gregorianik singt, ist darauf gerichtet, sich durch das Singen von sich selbst zu lösen. Seine Haltung gegenüber seinen Mitsängern und dem Kirchengebäude mit seiner unterstützenden Akustik, ist einfach zu umschreiben: Weder er noch ein anderer Sänger ist verantwortlich für das Musizieren; sie müssen die Musik durch ihren Körper hindurch strömen lassen, wodurch sie sich in der Kirche und im Universum entfalten kann. Aus diesem Grund ist es für klassisch geschulte Sänger schwierig, die gregorianische Musik korrekt zu singen. Tatsächlich ist das Bewußtsein ihrer eigenen Rolle im Musizieren das größte Hindernis.

Wie man in den frühesten Notenschriften (aus Frankreich und der Schweiz im 9. Jahrhundert) sehen kann, ist die Gregorianik in ihrer höchsten Form eine sehr subtile Tradition, die viel von der Kunstfertigkeit der Sänger verlangt. Tatsächlich waren die „Sänger" der gregorianischen Musik oft sehr gut geschult, da sie ihr ganzes Leben der Pflege dieser Tradition widmeten. Sie waren in erster Linie Mönche und Priester. Gut zu singen war ein Bestandteil ihrer Ausbildung. Es ist eine Tradition nicht-tonaler Musik (modal), die von den Sängern ein Gefühl für die Elastizität und Spannung der Intervalle verlangt, für die Wellenbewegung der melodischen Linie und für den Einfluß des französisch orientierten Lateinischen auf bestimmte Einzelheiten der Artikulation, Farbe und Dynamik. Ausgehend von diesem Ideal großer vokaler Beweglichkeit und völliger „Selbstverleugnung" werden in einer Übersicht am Ende dieses Beitrags einige der wichtigsten stimmtechnischen Bedingungen besprochen.

„Das Singen ist eine körperliche Notwendigkeit."

Abb. 51

Die französische Polyphonie (später findet sie sich auch in Flandern) wurde schon im 12. Jahrhundert aus der körperlichen Notwendigkeit geboren, den Konflikt und seine Auflösung zu erfahren, die entstehen, wenn zwei Melodien und Rhythmen gleichzeitig gesungen werden. Obwohl wir das heute als eine schriftliche Tradition kennen, die ihren Höhepunkt in der Musik von Komponisten wie Dufay und Josquin fand, hat die Polyphonie ihre Wurzeln in der Improvisation neuer Melodien über eine andere, wohlbekannte Melodie. Natürlich war der Erfolg dieser Praxis von der Kunstfertigkeit der Sänger abhängig. In den Chorschulen wurden die Knaben, bis sie erwachsen waren, in Solmisation, Improvisationen zu einer gegebenen Melodie und täglichem Singen gregorianischer und polyphoner Musik geschult. Man braucht nicht weiter zu suchen als bis zum männlichen (Sopran)-Falsettisten, um einen Beweis dafür zu finden, daß mit gründlicher Schulung viel erreicht werden kann. Der technischen Schulung der Stimme wurde ohne Zweifel viel Aufmerksamkeit gewidmet.

Weil jede melodische Linie stets ihren Impuls von einer anderen Linie erhält und diesen wieder an eine folgende weitergibt, erfährt man dabei körperlich ein Strömen von Energie. Das ist auf Gemälden und Miniaturen von Sängern zu sehen (häufig *einer* für eine Stimme), die Schulter an Schulter stehen, die Hand des einen Sängers auf der Schulter des anderen, während die Mensur mit den Füßen angegeben wird. Einerseits hielten diese Sänger an der gregorianischen Idee des Intervals als Zentrum der melodischen Spannung fest, andererseits fügten sie dem noch die Idee eines komplexen Rhythmus' hinzu, der als relative Dauer, nicht als eine organisierte Reihe schwerer und leichter Taktteile ausgedrückt wurde. In dieser Tradition wurde sich der Sänger dessen sehr bewußt, was er alles mit seiner Stimme tun muß, um das rhythmische Muster dynamisch und scheinbar spontan zu singen.

Harmonische Akkorde wurden als ein Verlust an Energie angesehen. Der Begriff der harmonischen Klangmischung (so kennzeichnend für die spätere auf den Dreiklang gegründete Chormusik) und darin perfekt zu intonieren, wird hier mit musikalischem Stillstand gleichgesetzt.

Wie in der Übersicht vokaler Techniken zu sehen ist, eignen sich die französische und die französisch-lateinische Sprache erstaunlich gut für dieses modale (nicht-tonale), rhythmische Spiel.

In dieser Tradition wurde nicht im Text eine Botschaft versteckt, wie es später üblich war als eine Folge der vielgeübter humanistischen Praxis, Texte auf ihre Bedeutungen hin zu lesen. Texte wurden als ein oft komplizierter symbolischer Code behandelt, der seine Parallele in der Musik hat. Obwohl Text und Musik schließlich ein zusammengehörendes Ganzes bilden, hatten die Sänger eine gewisse Freiheit, mit dem Text im Verhältnis zur Musik umzugehen, wobei freilich bestimmte Regeln beachtet werden mußten.

DIE MONODIE

„Die menschliche Stimme bringt die Sprache zum Klingen."

Abb. 52

Es ist praktisch nicht vorstellbar, daß sich das Bewußtsein von dem Vermögen der Stimme, durch erhabene Sprache menschliche Gefühle hervorzurufen und anzusprechen, in einer anderen europäischen Kultur als der italienischen entwickelt hätte, in der auch der Humanismus der Renaissance entstanden ist. Obwohl die französische Sprache für einen großen Teil Europas die internationale Umgangssprache war und obwohl, wie wir gesehen haben, diese Sprache als das Medium für eine Musik diente, die zu dem Besten gehört, was je geschrieben wurde, war es gerade die italienische Sprache, die die Haltung Europas im Blick auf die Funktion der Musik völlig veränderte. Die Musik mußte sich hier vor dem Altar der Sprache verneigen als der eigentlichen Trägerin menschlicher

Gedanken und Gefühle. Diesem Ideal entsprach auf wunderbare Art und Weise die italienische Monodie, die am Anfang des 17. Jahrhunderts Europa wie im Sturm eroberte.

So ist es kein Wunder, daß Pioniere unter denjenigen, die die menschliche Stimme als einen Mechanismus beschreiben, der jeden Gemütszustand erzeugen kann, Italiener waren: Maffei (1562), Zacconi (1596), Caccini (1602), Rognoni (1620). Das bemerkenswerteste bei all dieser Komponisten ist, daß das Besingen schöner Gefühle (auf Italienisch natürlich) mit dem Gebrauch einer „schönen" Stimme gleichgesetzt wurde.

Italienisch ist wegen noch näher anzugebender Gründe die für das Singen geeignetste Sprache Europas. Um im Italienischen von einer guten Sprechstimme zu einer guten Singstimme überzugehen, braucht man nur wenig zu verändern. Die italienische Monodie war in ihrer reinsten Form nicht mehr als eine etwas manierierte Zwischenform zwischen Singen und Sprechen. Ein kleiner Stimmumfang wurde verlangt mit vielen sich wiederholenden Noten.

Als die Monodie höhere Anforderungen an die Stimme zu stellen begann, wurde ein größerer Stimmumfang notwendig, ebenso wie das traditionelle Element der „Coloratura" (kleine Wasserfälle von Noten, um Virtuosität zu zeigen). Ferner kam es zu deutlicheren technischen Anweisungen mit dem Ziel, das Ausdrucksvermögen der Singstimme zu vergrößern.

ALLGEMEINE ÜBERSICHT DER VOKALEN TECHNIKEN IN DIESER TRADITION

GREGORIANIK

Sprache: lateinisch

Die Kombination von Wortverbindungen und das typisch französische Gefühl für Beweglichkeit zwischen langen und kurzen Silben kennzeichnen die fließende Eigenart der Sprache. Die Konsonanten sind beinahe immer stimmhaft und lang. Vokale haben eine hohe und leichte Klangfarbe und werden oft nasaliert, die „Plazierung" ist vorn im Mund und in der Nase.

Klangideal: Abwechselnd mehr oder weniger „kernige" Töne, wobei man im letzteren Fall mehr Luft durchströmen läßt. Vorherrschend sind die Vokale „ü" und das mehr oder weniger nasalierte „o". Der Ton wird hoch plaziert und hoch gehalten.

Atemtechnik. Schnelle, etwas oberflächliche Einatmung mit direkt anschließender Tonerzeugung; ständige Veränderung des Luftdrucks (laut/leise).

Die Bewegung der Artikulatoren, des weichen Gaumens und des

Larynx. Eine leicht gewölbte Zunge. Für die Konsonanten die Zungenspitze breit gegen die Riffeln des Gaumens und die oberen Schneidezähne halten, manchmal sogar zwischen obere und untere Schneidezähne. Lippen etwas nach vorn, aktiv. Kiefer locker, weichen Gaumen oft tief (Nasalität). Larynx mehr oder weniger hoch, aber sehr beweglich. Festes und nicht-festes Schließen der Stimmfalten wird spielerisch angewendet.

Gebrauch der Stimmtypen und Register. Am meisten werden Bariton, Tenor und Knabenstimmen gebraucht (erhalten gebliebene gregorianische Bücher beweisen, daß in Nonnenklostern auch Frauen gesungen haben). Für das einstimmige Singen war häufig der Gebrauch des Falsettregisters erforderlich, und zwar mit minimalen „Gefühl eines Bruchs".

Verzierungen und der Gebrauch des Vibrato. Die ursprüngliche Art der Verzierung kennt man nicht mehr. Die Verzierung scheint jetzt als Triller über verschiedene Intervalle in verschiedenen Tempi und in einer variierenden Dynamik und mit sehr kleinen Veränderungen der Tonhöhen ausgeführt zu werden.

Dynamik. Im allgemeinen gibt es keine großen dynamischen Kontraste. Die Dynamik folgt dem Auf und Ab der melodischen Linie, außer wenn die Dynamik im Hinblick auf den Textvortrag deutlich angegeben ist.

FRANZÖSISCH-FLÄMISCHE POLYPHONIE

Sprache: lateinisch und französisch. Die Kombination von Wortverbindungen, Akzentverschiebungen und großen Unterschieden in der Tonhöhe kennzeichnen die Eigenart der französischen Sprache. In Verbindung mit dem verschiebbaren Wortakzent in dieser Sprache erreicht der Spannungsbogen der Phrase seinen Höhepunkt am Schluß. Die „Kadenz" ist „inégale" (ein Wort, das mit „ungleich" kaum korrekt zu übersetzen ist). Die stimmhaften Konsonanten und nasalierten Vokale überwiegen. Die Farbe der Vokale ist komplex und variabel. „Plazierung" liegt oben im Mund; man versucht, an den oberen Schneidezähnen und dem harten Gaumen Resonanz zu erzeugen und den Klang in den Mund-Nasen-und Rachenraum zu projizieren.

Klangideal: Deutlicher Tonkern. Für bestimmte Effekte ein wenig Luft durchströmen lassen. Man orientiert sich an den geschlossenen Vokalen „i", „e", „ü". Der Ton entwickelt sich von leicht und hoch nach einer etwas schwereren Registrierung.

Atemtechnik: schnelle Einatmung, aber tiefer, „dynamischer" als in der Gregorianik. Man sucht mit einem „elastischen" Zwerchfell zu singen, der Luftdruck ist variabel.

Die Bewegungen der Artikulatoren, des weichen Gaumens und des Larynx: Die Zunge ist leicht gewölbt. Wie bei der Gregorianik werden die

Zungen-Konsonanten mit einer breiten Zungenspitze an den Riffeln hinter und an den oberen Schneidezähnen selbst erzeugt. Die Oberlippe ist aktiv und kommt schon etwas nach vorn. Die Mundöffnung bleibt bescheiden und der Nasenraum bleibt, sofern es möglich ist, angeschlossen. Zu diesem Artikulationsverhalten paßt noch kein tiefer Larynx. Der Verschluß der Stimmfalten ist variabel, was kleine Unterschiede der Lautstärke und Resonanz zur Folge hat.

Stimmtypen und Register. Die Sänger waren Bariton, Tenor, Haute contre (Tenortyp, der regelmäßig sein Falsett gebraucht) und der Sopranfalsettist. Der tiefe Baß wurde wenig eingesetzt, der hohe Sopran überhaupt nicht. Die leichten Männerstimmen gebrauchten viel Falsett, ohne den Bruch hören zu lassen. Der Franzose liebt ein gleichmäßiges Timbre in allen Registern.

Artikulation und Phrasierung: im allgemeinen leicht. Die Phrasierung ist gelöst und subtil, meist von einem Auftakt oder einer kurzen Note ausgehend zu einer längeren Note. Die Phrasierung wird von der melodischen und rhythmischen Form bestimmt, wobei die Stimmen auf ihre gegenseitigen Impulse reagieren. Thetische (d. h. betonte) Momente bekommen nie einen dynamischen Akzent. Im Prinzip wird eine aufsteigende Linie legato durchgehalten, aber eine absteigende Linie wird durch ein wenig mehr Artikulation gebremst.

Verzierungen und Gebrauch des Vibrato: je kompakter die polyphone Notation, desto weniger Verzierungen. Man gebraucht Vibrato oft am Ende eines langen Tons, mit dem Ziel, das „Gefühl der Richtung" zu vergrößern und die Spannung im Larynx vor einem neuen Einsatz los zu lassen.

Dynamik. Die dynamischen Abstufungen sind wesentlich, obwohl sie niemals als ein gesondertes Thema behandelt wurden, aber sie sind immer die Folge des Aufblühens eines Tons zum nächsten hin. Dies wird von rhythmischen Impulsen bestimmt. Ein Einsatz ist nie absichtlich dynamisch, ebensowenig wird auf einen höchsten oder tiefsten Ton ein dynamischer Akzent gelegt.

ITALIENISCHE MONODIE

Sprache: Italienisch wird in seiner Eigenart vom Aufeinanderfolgen kurzer und langer Silben ohne schwere Akzente bestimmt. Die Spannung, die dadurch am Anfang einer Phrase herrscht, reicht über die ganze Phrase hin. Konsonanten sind scharf und vor allem kurz. Für die Klinger wird die ganze Mundhöhle benutzt; es gibt wenig Nasalität. Man plaziert die Stimme gegen den harten Gaumen.

Klangideal: direkte, brillante Tonproduktion; erhebliche Resonanz. Die Vokale sind offen, klangvoll; die Sprache hat viele „a"- und „o"- Klänge.

Atemtechnik. Die Geschwindigkeit, mit der eingeatmet wird, steht in direkter Beziehung zu Tempo, Lautstärke und Text. Die Einatmung ist tief; der Luftdruck ganz dem Ausdruck und der Artikulation der folgenden Phrase angepaßt. Das Zwerchfell wird „elastisch" gehalten.

Die Bewegung der Artikulatoren, des weichen Gaumens und des Larynx: die Zunge liegt flach im Mund, die Zungenspitze bewegt sich schnell bis an die Zähne, um eine scharfe Artikulation zu erreichen. Der hintere Teil der Zunge bleibt locker. In der frühen Monodie kommen die Lippen nicht nach vorn, sie bleiben entspannt. Der Kiefer wird locker gehalten, der weiche Teil des Gaumens hoch. Der Stand des Larynx ist schon etwas tiefer als in der Gregorianik und in der französisch-flämischen Polyphonie. Das verhältnismäßig laute Singen verlangt, daß die Stimmfalten gut geschlossen sind.

Stimmtypen und Register. Es sind nur wenige Werke für tiefen Baß und hohen Sopran vorhanden; der mittlere Stimmtyp konnte in der frühen Oper am besten eingesetzt werden, in der die Singstimme noch wenig von der Sprechstimme verschieden war. Als die Kastraten um 1700 auf der Bühne erschienen, gab man ihrem Timbre gegenüber dem Falsettisten den Vorzug.

Artikulation und Phrasierung. Die Artikulation muß deutlich und effektiv sein. Man predigt das „Inhalare la voce", das Einsaugen der Stimme. Es gibt keine ausführliche Phrasierung, Variation entsteht durch rhythmische Veränderungen als Folge der Bedeutung des Textes.

Verzierungen und Gebrauch des Vibrato. Verzierungen sind sehr wichtig und haben drei Funktionen: (a) die melodische Linie lebendiger zu machen, (b) ein Gefühl zu erzeugen, (c) die stimmliche Virtuosität des Sängers vorzuführen. Nicht notierte Verzierungen sind: (1) Tremolo oder Gruppo (ein Triller, der eigentlich aus einem beherrschten Vibrato besteht): *„Das Tremolo muß kurz und schön sein, denn wenn es lang und schwer ist, wird es langweilig und ermüdend."* (ZACCONI) (2) Trillo: eine immer schneller werdende Wiederholung eines Tons. Notierte Verzierungen können in der Länge und Zusammenstellung sehr verschieden sein. Die „Passaggi" nehmen eine besondere Stellung ein: Sie sind meist lang und kommen vor allem am Ende eines Satzes vor, wenn dort eine lange Silbe mit stark gefühlsmäßige Ausdruck steht. Sie können aus kleinen Läufen bestehen, Sprüngen, „drehenden" Bewegungen, wiederholten Noten und Trillern.

Dynamik. Sie ist in der Monodie eine besonderer Teil des musikalischen Ganzen und dient dem Gefühlsausdruck. Beispiele: (a) die Esclamazione, d. h. das schnelle Anschwellen-Lassen eines Tons, direkt gefolgt von einer Pause oder einem „Subito piano" und verwendet, um gefühlsbetonte Wörter auszudrücken; (b) Messa di voce (diese Technik wird zu Beginn des 17. Jahrhunderts faktisch bereits gebraucht, aber der Ausdruck noch nicht): eine verfeinerte Form der Dynamik, bei der ein langer Ton crescendierend und decrescendierend gesungen wird, oft in Verbindung mit Veränderungen der Klangfarbe (chiaroscuro) während eines angehaltenen Tons.

Literatur: N. Bridgman, *Giovanni Camillo Maffei et sa lettre sur le chant*, in: Revue de Musicologie 38, 1956; G. Caccini, *Le Nuove Musiche*, Florenz 1614 (Nachdruck in *Studio per Edizione scelte*, Florenz 1983); F. Chrysander, *L. Zacconi als Lehrer des Kunstgesanges*, in *Vierteljahresschrift für Musikwissenschaft* 7, 1891 und 9, 1893; Ornithoparchus, *Musicae activae micrologus*, Leipzig 1517, Übersetzung ins Englische von John Dowland, London (Nachdruck 1973) F. Rognoni, *Selva di varii passaggi*, Mailand 1620 (Nachdruck Bologna 1978).

Nachweise der Musikbeispiele. Abb. 50: M. C. Billecocq und R. Fischer, *Graduale triplex*, Solesmes 1673, S. 197, Beginn des *Alleluia Pascha nostrum*; Abb. 51: Josquin des Prez, *Missa Pange Lingua* aus dem Occo codex, Malines um 1526 (Nachdruck Buren 1979), Beginn des *Kyrie*; Abb. 52: Jacopo Peri, *Musiche sopra l'Euridice*, Florenz 1600 (Nachdruck New York 1973), Beispiele aus *Funeste piagge* und *Ohime*.

„The Belting Voice"
Stimmgebrauch in der leichten Musik, in der Popmusik und im Jazz

Von Maria Rondèl

„To belt or not to belt", das ist die Frage, die der heutige Gesangs-pädagoge sich stellen muß, wenn er „leichte" Musik unterrichtet.

Die Nachfrage nach einer Methodik auf diesem Gebiet ist groß, seitdem die Jazz- und Popmusik so überraschend schnell in die Musikhochschulen, Konservatorien, Städtischen Musikschulen und privaten Gesangstudios eingedrungen sind.

Die bekannten klassischen Methodik-Bücher von Caccini (1600) bis heute bieten keine Hilfe. Denn der Sänger leichter Musik will nicht geschult klingen, er will „anders" sein oder vielleicht auch nur normaler, ungekünstelt, frei von der Leber weg. Manchmal heißt es auch „direkt aus dem Bauch". William Vennard spricht dann auch in seinem vielzitierten Buch *Singing, the Mechanism and the Technic* (neu hrsg. von C. Fischer, New York 1967) von den „belt-muscles" (belt = Gürtel, muscles = Muskeln), und er versteht darunter: „Die Bauchmuskeln, die sich nach innen bewegen, wenn man hustet, und die antagonistische Muskeln des Zwerchfells sind."

Der Begriff „belting" hat in Amerika verschiedene Bedeutungen: einer-seits nennt man Sänger, die ursprünglich einen klassischen Stimm-gebrauch anstrebten, aber von hier aus später eine andere Richtung wählten, Belters, andererseits wird „belting" als eine Technik umschrieben, bei der für die hohen Töne eine schwere Registrierung („Brust"-Register) gebraucht wird.

Alle Pädagogen, wie z. B. Cornelius Reid und William Vennard, warnen vor dieser Art zu singen und sagen: „Die weibliche Bruststimme nach oben zu forcieren, ist gefährlich". Vennard nennt als oberste Grenze e^1/f^1, die Stelle, wo ungefähr für die Männerstimmen der Umschlag zum Falsettregister eintritt. Diese Autoren haben dabei keinen Blick für die Tatsache, daß es zweifellos viele „Belters" gibt, die gut mit dem schweren Register umgehen können, ohne der Stimme zu schaden. Im *NATS Journal* 44/3, 1988, schreibt Robert Edwin: „ ... dann können der Sänger und sein Lehrer gemeinsam eine Reihe der klassischen Gewohnheiten, wie ein tief gefühlter Atem und einen natürlich geöffneten Mund, ins ‚Belten' einfüh-ren, sofern der Belt-Stil dies zuläßt". Ferner sagt Edwin noch etwas Wichtiges: „Der Belt-Sänger muß wohl auch wissen, welche Stimme er/sie hat. Begriffe wie Baß und Tenor beziehen sich auf Männerstimmen, die überwiegend Brustregister gebrauchen. Männer, die hauptsächlich Kopf-stimme (oder Falsett) gebrauchen, werden Kontratenöre und Alti ge-nannt, und Frauen, die überwiegend Kopfstimme gebrauchen, haben ihre verschiedenen Soprankategorien. Jedoch, weibliche Belters, die überwiegend Bruststimme gebrauchen, verfügen nicht über solche spezifischen Kategorien, außer dem nebulösen Ausdruck ‚Alt'. Es ist das Wenigste, tiefe, mittlere und hohe Belt-Klassifikationen zu berücksichtigen." Ich stimme mit EDWIN darin überein, daß der hohe Belter ohne Schaden bis c^2 singen können muß. Einige neuere Untersuchungen bestätigen dies.

Die Belter können in drei verschiedene Kategorien eingeteilt werden: (1) Hohe Belter bis c^2 oder höher, (2) Mittlere Belter bis a^1 /b^1, (3) Tiefe Belter mit einem Umfang von c (kleine Oktave) bis g^1 oder as^1.

In welche Kategorie die Belter auch gehören, sie haben durchweg Stimmübungen in dem Register und in der Tessitur nötig, in denen sie am meisten singen.

Es ist wichtig, sie auch mit dem Gebrauch einer leichteren Registrierung und einer höheren Tessitur vertraut zu machen. Das tiefe Register wird erweitert (nicht nach oben getrieben!), indem das Gebiet hinzugenommen wird, das in zwei Registrierungen gesungen werden kann (die amphoteren Töne), so daß die Stimme gesund klingen kann, ohne daß der eigentümliche „Pop"- Klang verloren geht.

So kann man die Feststellung ROBERT EDWINS verstehen und ihm zustimmen: „Belten ist heute ein Musikstil, und einige gut geübte Sänger können achtmal in einer Woche belten, ohne ihre Stimme zu schädigen."

Wenn beim Gebrauch der leichteren Registrierung der Nachdruck auf eine energische Art zu sprechen und das „natürlich" Halten der Stimme gelegt wird, indem wenig Vibrato angewendet und die Vokale gedeckt werden, ist die Grundlage für den sogenannten „Belt-mix" gelegt. Vielleicht ist dieser Ausdruck mit dem in klassischen Kreisen gelegentlich gebrauchten Begriff Mittelregister vergleichbar, freilich dann mit einem „Pop-sound". Dieser „Belt-mix" wird in demselben Artikel auch so umschrieben: „Wenn die Funktion der Stimmfalten mit weniger Druck ausgeführt werden darf und man zu einer ‚leichteren Registrierung' mit einem nicht zu hoch gestellten Kehlkopf kommen darf, ist die Voraussetzung für eine sogenannte ‚Legit- oder Broadway-Stimme' gegeben: ... ein hübscher, aber trotzdem offener Klang in mittlerer Lage mit Textartikulation, die anscheinend nicht zu weit von der des Sprechens entfernt ist." Die Legit- oder Broadway-Stimme ist im Musical sehr beliebt – ein nicht klassischer „Sound" mit einem großen Bereich, in dem der Text auch noch zu verstehen ist.

„Nicht-klassische Sänger bevorzugen den ersten Formanten der Sprechtonhöhe", sagt SCHUTTE, und „es wird deshalb deutlich sein, daß viel Nachdruck auf die Qualität der Sprechstimme gelegt wird."

Bei der Ausbildung der Pop-, Rock-, Jazz- oder Musicalsänger wird weniger auf die Entwicklung des Volumens, der Tragfähigkeit und der „Resonanz" geachtet. Denn der Einsatz der elektronischen Verstärkung sorgt dafür, daß der Sänger gut zu hören ist.

Um nicht mit undeutlicher Terminologie zu arbeiten, folgt hier eine

Umschreibung dessen, was man unter Jazz, leichter Musik und Pop versteht:

(1) Der Jazz kommt ursprünglich aus Afrika und ist aus „Arbeitsgesängen" ("Worksongs"), „Spirituals" und „Blues" hervorgegangen. Durch westliche Einflüsse sind die sogenannten „Coonsongs" entstanden (1700–1800); danach entstand zunächst der „Ragtime" und dann um etwa 1900 der Jazz mit seinen vielen Stilen: New Orleans, Dixieland, Swing, Sweet, Bebop, Cool, Modern Blues.

(2) Leichte Musik ist die Musik, die während der ersten Hälfte des 19. Jahrhunderts entstanden ist als ein unechtes Kind der klassischen Musik und der Volksmusik. Die neue „populäre" Musik unterschied sich wesentlich von der Volksmusik von vor 1800, was schon in den Bezeichnungen zum Ausdruck kommt: „Volksmusik" = Musik des Volkes, das heißt vom Volk selbst gemacht, und „populäre (volkstümliche) Musik" = Musik für das Volk.

(3) Popmusik entsteht in den fünfziger Jahren des 20. Jahrhunderts aus einer Verschmelzung des europäisch-amerikanischen Schlagers und „Hillbilly"-Musik mit Elementen aus der afro-amerikanischen populären Musik, insbesondere aus dem Blues und dem Rhythm Blues, die Vorläufer des Rock'n'roll gewesen sind. Auch die heutige afro-amerikanische populäre Musik, mit u. a. Souls und Blues, ist Popmusik.

Ferner gibt es Mischstile, die Rock mit Jazz verknüpfen, klassischen Rock usw. Für weitere Information siehe bei L. von Praha, *Phänomene der Rockmusik*, Wilhelmshaven 1983.

Wenn man mit Belters arbeitet, erfordert dies nicht nur große Fachkenntnisse auf stimmtechnischem Gebiet, auch die Kenntnis der vielen verschiedenen Stile ist unerläßlich. Die Art des Beltens ist vom Stil abhängig: ein Song aus einem Musical ist kein Popsong, ein Popsong kein Jazz.

Um diese Kenntnis zu erlangen, muß der Dozent viel darüber lesen und viele alte Aufnahmen von Jazz bis Rock anhören, und er wird auch keine Scheu haben dürfen, den Nummern der heutigen Hitlisten Aufmerksamkeit zu schenken.

Der Besuch eines Popkonzerts oder eines Disco-Abends läßt den Dozenten *am eigenen Leibe* erfahren, unter welchen Umständen der Belter singen muß.

VON ANNE HAENEN

Wenn ein Sänger sich mit der vokalen Musik dieses Jahrhunderts beschäftigt, begegnet er neben vielen Kompositionen mit einer mehr oder weniger klassischen vokalen Linienführung (POULENC, MESSIAEN, BRITTEN u.s.w.) auch Kompositionen, die einen ganz anderen Gebrauch der Stimme verlangen.

SCHÖNBERG war eigentlich der erste Komponist, der eine „neue Technik" vorschrieb, und zwar die des „Sprechgesangs", vor allem in *Pierrot Lunaire*. Der Begriff „Sprechgesang" war schon vorher, nämlich von RICHARD WAGNER, verwendet worden; er gebrauchte den Ausdruck indessen, um die große Bedeutung der Verständlichkeit des deutschen Textes in seinen Opern zu unterstreichen. Dies im Unterschied zum italienischen „Belcanto", bei dem die Klangschönheit das Wesentliche ist.

SCHÖNBERG hat mit seinem Sprechgesang eine Zwischenform zwischen Singen und Sprechen im Auge, wobei er davor warnte, nicht in ein „singendes Sprechen" oder ein „sprechendes Singen" zu verfallen. Wahrlich keine deutliche Feststellung, die zu sehr verschiedenen Interpretationen seiner Stücke geführt hat.

Später, vor allem nach 1950, entstanden noch weitere neue Stimmtechniken. Der Grund hierfür liegt in der Suche nach der Möglichkeit, sich spontan zu äußern; aber man wollte auch das stimmliche Material neu festlegen und organisieren, wie dies auch schon seit längerer Zeit in der Musik im allgemeinen der Fall war: die harmonischen Strukturen wurden aufgegeben, das Zwölftonsystem und die Möglichkeiten der Atonalität wurden näher untersucht.

Berühmte Komponisten wie LUCIANO BERIO, JOHN CAGE, MAURIZIO KAGEL, KARL HEINZ STOCKHAUSEN und GYÖRGI LIGETI benutzen die verschiedensten Mittel, um für Sänger ungebräuchliche Geräusche zu produzieren: Husten, Hecheln, Hicksen, Lachen, Zischen und Schnalzen mit der Zunge, Räuspern, Blubbern mit den Lippen, kurz, laryngeale und artikulatorische Möglichkeiten werden benutzt, um andere als die konventionellen Resultate zu erzielen.

Sie verlangen vom Sänger auch, verschiedene Formen des Vibrato, also breites oder schnelles Vibrato und auch Non-Vibrato. Sie wollen in gesungenen Passagen nicht nur deutliche und kräftige Töne hören, sondern auch heisere, rauhe, schrille und flackernde Töne. Weiterhin muß der Sänger oft improvisieren und starke, extreme Gefühle zum Ausdruck bringen. Natürlich verlangen die klassischen und romantischen Komponisten auch Gefühlsäußerungen, aber in ihrer Musik werden diese immer durch einen ästhetisch-gehobenen Stimmgebrauch ausgedrückt. Komponisten des 20. Jahrhunderts verlangen oft einen direkten Gefühlsausdruck wie Lachen, Schreien oder Stöhnen.

Es kommt auch vor, daß die Stimme mit elektronischen Mitteln verfremdet wird. Eine der neuesten Möglichkeiten ist das Isolieren eines einzelnen Obertons oder einer Obertonkombination durch spezielles Atmen und Mundgebrauch.

Diese Feststellungen rufen bestimmte Fragen hervor: Ist für diese Art von Stimmproduktionen eine besondere Technik erforderlich und ist diese eventuell notwendige andere Art zu singen schädlich für die Stimme? Um darauf antworten zu können, muß zunächst definiert werden, was „Stimmtechnik" eigentlich ist.

Stimmtechnik ist die Methode, um einen bestimmten Klang zu erzeugen, ein bestimmtes, näher umschriebenes Bemühen, ein erwünschtes Geräusch hervorzubringen. Dabei muß der Stimmapparat so effektiv wie möglich eingesetzt werden, das heißt, nur *die* Muskeln und Muskelgruppen müssen gebraucht werden, die nötig sind. Wenn man verschiedene Gesangsstile, auch außereuropäische, miteinander vergleicht – Jazz, Rock, Oper, indischer Gesang, chinesische Oper u.s.w. – wird man nicht behaupten können, daß es nur *eine* legitime Gesangstechnik gibt. Die Frage ist: Welche Stimmkultur paßt zu uns? Der Stil, den wir in Westeuropa am besten kennen, ist aus der italienischen Opernkultur hervorgegangen. Können wir davon abweichen?

Welchem Klangideal man auch nachstrebt, man wird dabei seiner Stimme nicht schaden dürfen. Das gilt auch für die neuen Techniken. (In der genannten westeuropäischen Stimmkultur kann eine Stimme etwa vierzig Jahre lang gut funktionieren.)

Technik ist nicht nur eine physische Anstrengung, sondern sie hängt auch eng mit den Gefühlen und der psychischen Verfassung des Sängers zusammen. Zur Illustration: es ist schwierig, eine gute Atemtechnik anzuwenden (Beherrschung der Bewegungen des Zwerchfells), wenn man gefühlsmäßig aus dem Gleichgewicht ist (Spannungen in der Magengegend).

Welche Folgen hat dies für einen Sänger, der sich moderne Gesangstechniken aneignen will? Bei der Beantwortung dieser Frage gehen wir von einem Sänger mit einer guten, klassischen Gesangstechnik aus. Die Technik der „normal" gesungenen Teile in den modernen Werken ist natürlich eine gebräuchliche Technik, obwohl der Sänger meistens eine breitere Tessitur gebraucht und wenig echtes Legato singt. Daneben können alle nicht gesungenen Geräusche einschließlich Zähneklappern und Schaudern am besten durch direkte Gefühlsäußerung erzeugt werden. Wenn man ängstlich, verlegen, wütend ist oder einem ganz einfach kalt ist, entstehen die dazu gehörenden Geräusche auf natürliche Weise. Kehlkopf und Zwerchfell können sich automatisch so verhalten, daß der gewünschte Effekt erzielt wird. Um alle diese Geräusche kreativ, mit dem nötigen Volumen und auf interessante Weise hervorbringen zu können, wird man einfach experimentieren und trainieren müssen, wie man das früher bei klassischer Gesangstechnik auch getan hat.

Was das Vibrato betrifft, so ist dies eine Frage der Übung des Bewußtseins auf diesem Gebiet. Meine Meinung ist, daß ein Vibrato nicht von selbst entsteht, sondern daß der Sänger es erzeugt, auch wenn er das meistens nicht bewußt tut. Es ist schwierig, aber wohl möglich, das Vibrato beherrschen zu lernen und nach eigener Wahl mit schnellem Vibrato bzw. ohne Vibrato zu singen. (Vgl. aber S. 96ff.)

Wenn man diese „Techniken" beherrscht, kann keine Rede mehr davon sein, daß dieser Form des Gebrauchs der Stimme schädlicher oder ermüdender für die Stimme ist als „klassisches" Singen oder daß die „klassische" Stimme dadurch schlechter würde. Ein „extra Bonus" der modernen Musik ist noch das Phänomen der „Improvisation". Die Improvisation ist in der klassischen Musik lange Zeit nicht vorhanden gewesen, kehrt aber nun zurück (vgl. JOHN CAGE, *Songbooks*, 1970). Das kann, wenn man ein wenig kreativ ist, enormes vokales Vergnügen bereiten und ein Gefühl der Befreiung erzeugen, durch das man viele stimmliche Beschränkungen, die oft in der Einbildung vorhanden sind, überwinden kann.

Der Sänger und sein Phoniater

Von Willem Kersing

Singen wird manchmal mit dem Betreiben einer Sportart verglichen. In gewissem Sinne kann man das so sagen. Beim Sport werden Leistungen des Körpers oder bestimmter Körperteile verlangt, die den durchschnittlichen Gebrauch unter normalen, alltäglichen Umständen weit übersteigen. Auch beim Singen werden insbesondere an die Stimmfalten Ansprüche gestellt, die im täglichen Leben beinahe niemals vorkommen. Es ist eine feststehende Tatsache, daß die Aktivität der Larynxmuskeln während des normalen Sprechverhaltens gering ist. Erst wenn die Tonhöhe und die Intensität des Gebrauchs der Stimme verändert werden, wie es beim Singen der Fall ist, nimmt die Aktivität in bestimmten Muskelgruppen im Larynxgebiet zu. Insofern kann man von einer physischen Leistung sprechen.

Aber Singen ist mehr; Singen ist vor allem auch eine Gefühlsäußerung des Interpreten, die dadurch hervorgerufen wird, was der Komponist in seinem Werk ausdrücken wollte. Um gut singen zu können, braucht man deshalb nicht nur einen gesunden Körper, sondern auch einen gesunden Geist. Es wird deutlich sein, daß die geringste Störung in dieser Hinsicht zu einer Indisposition führen kann, die das Konzertieren oder einen Liederabend unmöglich macht. Und das gilt sowohl für ein körperliches Unwohlsein als auch für eine emotionale Störung, wobei im Blick auf letztere vor allem an Streßfaktoren gedacht werden muß.

Verglichen mit Sport gibt es indessen noch einen wichtigen Unterschied: Sportler haben ihren Sportarzt, einen anerkannten Facharzt, an den man sich mit allgemeinen und mit typisch auf den Beruf bzw. die jeweilige Sportart bezogenen Problemen wenden kann. Daneben gibt es Sportpsychologen, die die Auswirkungen von Streß auf die sportlichen Leistungen zu verhindern suchen.

Musiker sind leider in Hinsicht auf ärztliche und psychologische Versorgung schlechter gestellt. Das Berufstrauma, das ein Musiker bekommen kann, wird selten erkannt, zu schweigen davon, daß es als notwendig befunden wird, dafür adäquate Hilfe anzubieten. Zu oft wird behauptet, daß Musizieren rein zum Vergnügen geschieht, so daß es undenkbar ist, daß die eine oder andere Störung, die sich spontan einstellt oder als Folge der Berufsausübung, dies unmöglich macht. Glücklicherweise ist in den letzten Jahren zu spüren, daß Ärzte und Therapeuten auf die Prophylaxe und die Behandlung von Berufskrankheiten bei Musikern stärker zu achten beginnen. Mit den Stimmproblemen bei Sängern haben die Phoniater sich schon längere Zeit beschäftigt.

Phoniatrie ist die Wissenschaft von der Prophylaxe, Behandlung und

Erforschung von Stimm-, Sprech- und Sprachstörungen. Die Stimm-
störungen bilden also einen Teil seiner fachlichen Kompetenz. Viele
Phoniater sind zugleich Hals-, Nasen- und Ohrenärzte, so daß sie auch
Kenntnis haben von der Problematik der oberen Luftwege, die oft die
Ursache von Stimmstörungen sein kann. Daneben haben sie so viel
Wissen von anderen Aspekten, die bei solchen Störungen eine Rolle
spielen können, daß sie gut in der Lage sind, ihre Ursachen anzugeben
und sie adäquat zu behandeln.

Welche Störungen können auftreten?

Allgemeine Störungen

Jeder kann krank werden, z. B. eine Grippe bekommen. Wenn von einer
Grippe auch die Stimmfalten nicht oder nicht besonders stark betroffen
sind, so fühlt man sich doch so unwohl, daß man nicht zu guten
sängerischen Leistungen in der Lage ist.

Auch allgemeine, nicht für die Stimme spezifische Krankheiten müssen
bei Sängern genauso behandelt werden wie bei jedem anderen. Es wäre
Unsinn, eine Blinddarmentzündung zu negieren, weil man das Beat-
mungsröhrchen des Anästhesisten fürchtet, das bei der Narkose zwischen
die Stimmfalten gelegt wird. Dabei kann nichts passieren. Gewiß ist es
auch nützlich, vor einem Eingriff unter Narkose dem Anästhesisten
mitzuteilen, daß man Sänger ist. Dasselbe gilt für das Entfernen von
chronisch entzündeten Mandeln oder für das Korrigieren der Nase. Über
die eventuellen Folgen eines solchen Eingriffs auf die Stimme erzählt man
sich die gruselichsten Geschichten. So heißt es, man könne die Resonanz
oder sogar die Stimme verlieren. Das Gegenteil ist offensichtlich wahr.
Wenn sich im Falle chronisch entzündeter Mandeln die allgemeine
Kondition verschlechtert und man dauernd Halsschmerzen hat, ist man
nicht zu guten sängerischen Leistungen in der Lage. Wenn man erkältet
ist, immer eine verstopfte Nase hat und dadurch schlecht schläft, ist
ebenfalls die allgemeine Kondition nicht gut. Eine korrigierende Nasen-
operation, durch die bessere Durchlässigkeit bewirkt wird, kann in einem
solchen Fall Wunder tun.

Trotzdem sind Sänger offenbar schwieriger zu motivieren, bestimmte
Eingriffe vornehmen zu lassen, auch wenn sie den Nutzen theoretisch
wohl einsehen. Oft suchen sie ihr Heil dann in unkonventionellen Formen
der Medizin, die ihnen irgendwann von Freunden oder Bekannten
empfohlen worden sind.

Die primäre Funktion der Stimmfalten besteht darin, die oberen Luftwege gegen eindringende fremde Stoffe zu schützen. Im Lauf der Evolution hat der Mensch dann gelernt, seine Stimmfalten für die Erzeugung von Geräuschen zu benutzen. Die Variation der zu erzeugenden Geräusche hat der Mensch dann kultiviert und strukturiert, wodurch Begriffe wie Tonhöhe, Timbre und Intensität entstanden und zu Kennzeichen des Phänomens „Gesang" wurden.

Es ist also deutlich, daß Gesang in Wirklichkeit nichts anderes ist als das Variieren der Basistöne, so wie der Larynx sie in der Ruhestellung produziert, indem die Muskelaktivität im Kehlkopf und der Luftdruck variiert werden. Um diese Funktionen koordinieren zu können, so daß schließlich ein vom Ausführenden und vom Zuhörer gewünschter Ton entsteht, ist Übung erforderlich. Ohne Übung entstehen fast immer Probleme, die Singen im Endeffekt unmöglich machen können. Berüchtigt sind solche Probleme in der Popmusik, in der eine ganz nett klingende Stimme schon einmal zu schnell kommerziell ausgebeutet werden kann. Aber auch dem seriösen Gesangstudenten bleiben diese Probleme manchmal nicht erspart. Daneben gibt es Larynxprobleme, die nicht für den Sänger spezifisch, aber wohl sehr unangenehm sind, wie z. B. Kehlkopfentzündung.

Es folgt hier eine Aufzählung solcher laryngeale Probleme.

LARINGITIS

Unter Laringitis versteht man eine Entzündung des Kehlkopfes. Tatsächlich bedeutet dies oft, daß hauptsächlich die Stimmfalten entzündet sind, was zu Heiserkeit bei einer Erkältung führen kann. Diese Entzündung, die von Viren oder Bakterien verursacht wird, ist beinahe immer die Folge einer Erkältung oder Halsentzündung, von der dann auch die Stimmfalten betroffen sind. Das sind Symptome, die im Prinzip bei jedem auftreten können. Heiserkeit als Folge einer Erkältung zu vermeiden, ist so gut wie unmöglich, obwohl die Erfahrung lehrt, daß dies bei bestimmten Personen öfter vorkommt als bei anderen.

Entzündungen der Stimmfalten sind bei Sängern zu recht gefürchtet, weil sie das Singen unmöglich machen und dazu zwingen, einen Auftritt abzusagen. Deshalb suchen viele in einem sehr frühen Stadium bereits Hilfe. Die Behandlung eines solchen Infekts, wie intensiv er auch sein mag, kann niemals eine Garantie dafür bieten, daß eine geplante Vorstellung stattfinden kann. Es ist für den Phoniater sehr wichtig, über den Verlauf der Proben und die Daten der Vorstellungen oder Premieren gut informiert zu sein. Wenn die Entzündung nicht zu stark ist, kann in einer gemeinsamen Beratung auch mit den Intendanten verabredet werden, welche Proben wohl noch gesungen werden und welche nicht, so daß die Möglichkeit einer erfolgreichen Vorstellung doch noch gegeben ist. Welche Medikamente man gibt, hängt von der Intensität des Infektes und eventuell damit verbundene Faktoren ab. So kann bei einem Sänger, wenn er auch noch allergische Symptome hat, das Verschreiben eines Anti-Allergicums sehr sinnvoll sein. Andererseits ist es unvermeidlich, wenn es sich um eine bakterielle Entzündung handelt, Antibiotica zu geben. Sehr wichtig ist, daß die Stimme während der Krankheitsphase geschont wird. Absolute Stimmruhe ist selten zu erreichen, beschleunigt aber wohl den Heilungsprozeß (man vergleiche das mit dem Schonen anderer verletzter Körperteile). Erst wenn durch stroboskopische Untersuchung (mit kurzen periodischen Lichtblitzen) erwiesen ist, daß das Schwingungsmuster der Stimmfalten wieder normal ausfällt, kann für die Vorstellung „grünes Licht" gegeben werden.

Stimmfaltenknötchen

Unter Stimmfaltenknötchen versteht man Verdickungen der Stimmfalten. Bei Erwachsenen (fast ausschließlich bei Frauen) befinden sich diese auf dem vorderen Drittel der Stimmfalten, und sie sind immer symmetrisch angelegt. Bei Kindern liegen sie ungefähr auf der Hälfte der Stimmfalten. Sie bestehen, genauer gesagt, aus Verdickungen der Schleimhaut und des darunter gelegenen Bindegewebes; die Form ist meist dreieckig, manchmal oval. Sie berühren sich bei der Stimmbetätigung, wenn die Stimmfalten aufeinander zu bewegt werden. Der übrige Teil der Stimmfalten berührt sich in diesem Fall nicht. (Vgl. unten Stichwort „Heiserkeit" im „Kleinen ABC".)

Stimmfaltenknötchen müssen als ein Symptom für eine „Weigerung" der Stimmfalte in Hinsicht auf die daran gestellten Anforderungen betrachtet werden. Oder einfacher gesagt: Wenn man mit einem ungeübten Larynx schwierige Partien singt, geht es schief. Stimmfaltenknötchen lassen sich dann auch bei Sängern am häufigsten in der Anfangsphase ihrer Ausbildung beobachten. Auch bei ungeübten Sängern (Popmusik) werden sie oft festgestellt, wenn sie Partien singen oder auch Idole nachahmen, ohne daß ihre Stimme dafür hinreichend geschult ist. Wenn während einer Gesangsausbildung Heiserkeit auftritt, wird dann auch immer empfohlen, die Stimmfalten und ihre Funktionen vom Phoniater beurteilen zu lassen, um die hier besprochene Störung auszuschließen. Sollten Knötchen vorhanden sein, dann muß in gemeinsamer Überlegung mit dem Dozenten das Lehrprogramm abgestimmt und nicht selten durch logopädische Behandlung ergänzt werden. Nur dann kann Schlimmeres vermieden und eine Stimme geschult werden, die auf die Dauer gut funktioniert. Chirurgische Entfernung der Stimmfaltenknötchen kann manchmal die einzige Lösung sein, um eine bessere Stimme zu erreichen und aus der Pattstellung zu kommen, in die man trotz Logopädie und Gesangspädagogik geraten ist. Daß mit Chirurgie allein kein dauerhaft gutes Resultat erreicht werden kann, mag deutlich sein. Auch nach der Operation muß die logopädische und gesangspädagogische Hilfe fortgesetzt werden, um den Sänger zu lehren, mit der neuen Stimmsituation umzugehen. Im Fall asymmetrischer Erkrankungen wie bei Zysten oder Polypen auf den Stimmfalten muß immer Mikrochirurgie angewandt werden, wobei man sich stets fragen muß, was die Ursache gewesen sein kann, die zu einer solchen Abweichung geführt hat. In diesen Fällen ist es sicher notwendig, sich sowohl vorher als nachher um die Ursachen zu kümmern.

STIMMFALTENÖDEM

Unter einem Stimmfaltenödem versteht man eine Anhäufung von Flüssigkeit unter der Schleimhautoberfläche der Stimmfalte. Diese Abweichung sieht man oft bei Frauen und ist fast immer die Folge des Rauchens (Reinkens Ödem).

Stimmfaltenödem als Folge verkehrten Stimmgebrauchs kommt sicher auch vor, wird aber in der Welt der klassischen Sänger kaum wahrgenommen. Wenn es jedoch auftritt, muß man die Flüssigkeit chirurgisch vorsichtig entfernen, wobei das darunter liegende Binde- und Muskelgewebe nicht beschädigt werden darf.

STIMMFALTENBLUTUNGEN

Stimmfaltenblutungen entstehen meistens nach lautem Rufen, Husten, Nießen oder Räuspern als eine Blutung unter der Schleimhautoberfläche der Stimmfalte. Das Erzeugen von Tönen ist dann sofort unmöglich, und das hat etlichen Sängern einen gewaltigen Schrecken eingejagt, besonders wenn dies während einer Vorstellung passiert. Die Erfahrung hat gelehrt, daß solche Blutungen bei „gesunden" Stimmfalten selten spontan entstehen. Fast immer sind schon kleinere Abweichungen vorhanden oder vorhanden gewesen, meist in der Form von Knötchen. An dieser Stelle sieht man bei einer Untersuchung der Stimmfalten kleine Knäuel von Blutgefäßen, von denen dann plötzlich eines zerplatzt, wenn die Spannung in den Stimmfalten oder der Luftdruck erhöht werden. Die Schwellung, die dann entsteht, behindert die Schwingungen der Stimmfalten ernstlich und erklärt den sehr schlechten Ton oder sein völliges Aussetzen. Daß Stimmruhe in solchen Fällen absolut notwendig ist, versteht sich. Manchmal helfen entzündungshemmende Mittel, den Heilungsprozeß zu beschleunigen, aber meistens ist es eine Frage von Zeit und Geduld. In einer Reihe von Fällen, sicher wenn ein solches Problem ein zweites Mal vorkommt, muß man überlegen, ob das Knötchen in der

Stimmfalte durch einen mikrochirurgischen Eingriff zu entfernen ist. Eine Wiederaufnahme der Sängerlaufbahn ist erst nach völliger Gesundung möglich, wobei auch dann noch eine ständige Kontrolle notwendig bleibt.

„FÜNF-VOR-ACHT"-PROBLEME

Nicht selten wird ein Phoniater mit Problemen von Sängern unmittelbar vor der Aufführung konfrontiert. Oft sind das dann Premieren, und es läßt sich nicht leugnen, daß Spannungen dabei eine überwiegende Rolle spielen. Manchmal jedoch erscheint ein Sänger auch am folgenden Tag nach einer vernichtenden Kritik, die er in der Zeitung gelesen hat, in der Sprechstunde und klagt über die verschiedensten Störungen. Es ist wichtig, daß der Phoniater über diese Tatsachen gut informiert ist, so daß er die Probleme richtig einzuschätzen vermag.

Wenn sich unmittelbar vor einem Auftritt Beschwerden zeigen, die nicht objektiviert werden können, ist es deutlich, daß Spannungen als Ursache angenommen werden müssen. Es ist gut, dies mit dem Künstler zu besprechen und ihm zu erklären, daß in Wirklichkeit kein Krankheitsbefund vorliegt, eventuell auch anzubieten, am Abend bei der Vorstellung anwesend zu sein, wenn ihn dies beruhigt.

Vom Gebrauch welcher Medikamente auch immer vor der Vorstellung muß abgeraten werden. Viele Künstler haben so ihre eigenen harmlosen Mittel, mit deren Hilfe die Vorstellung besser gelingen soll. Der eine schwört auf Kräutertee, der andere auf ein Gläschen Alkohol. Beruhigungsmittel setzen das kritische Urteilsvermögen herab, so daß eine Vorstellung nach dem eigenen Eindruck ganz gut war, es in Wirklichkeit aber nicht so war. Sogenannte Beta-Blocker, die unkontrolliertes schnelles Herzklopfen vermeiden helfen, verursachen oft zugleich einen trockenen Hals.

Wenn man sich dessen bewußt ist, daß man sich gut und gründlich vorbereitet hat, seine Partie gut kennt und ausgeruht zur Vorstellung erscheint, kann eigentlich nichts schiefgehen. Dann muß man begreifen, daß das Lampenfieber unbegründet ist und nur zur Folge hat, daß die eigene Leistung vermindert wird, während man gerade das nicht will.

Von Peter Pabon

Ohne Luft gibt es keinen Ton. Die Luft ist das Medium, durch das Tonschwingungen übertragen werden. Wenn etwas schwingt, bringt es die Luft in seiner Umgebung auch zum Schwingen. Diese Schwingung bleibt nicht begrenzt auf die Luftschicht der unmittelbaren Umgebung, sondern pflanzt sich immer weiter fort, wie bei den Wellen, die entstehen, wenn man einen Stein ins Wasser wirft. Eine *Tonschwingung* ist eine örtliche Störung des Luftdrucks, die sich im Raum fortpflanzt. Wenn ein Gegenstand zu schwingen beginnt, dann geschieht dies nach einem bestimmten eigenen Schwingungsmuster. Dieses Schwingungsmuster wird durch die umgebende Luft genau so übernommen und weitergegeben. Die Schallwelle, die entsteht, trägt gewissermaßen das bestimmte Schwingungsmuster mit sich durch den Raum. Wenn dieser Schall uns erreicht, dann führt dies bei uns über das Gehör zu einer Wahrnehmung. Unser Gehörorgan zerlegt jedes Geräusch, das ankommt, in eine Anzahl von Basiskomponenten. Unser Gehirn verarbeitet diese Information unmittelbar und sorgt dafür, daß wir das Geräusch erkennen und im Raum um uns lokalisieren.

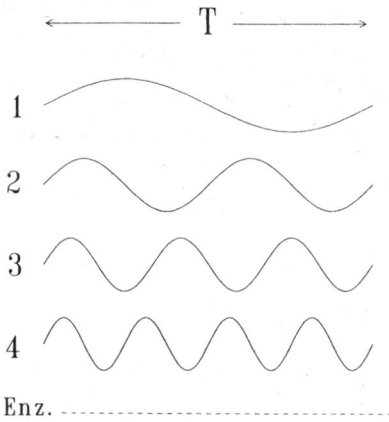

Abb. 52 Die ersten vier Basiskomponenten (Obertöne) einer ganzen Serie, die bei einer Analyse gebraucht wird.

Es ist möglich, eine Schallwelle mit technischen Mitteln aufzuzeichnen und danach auf eine Weise zu zerlegen, die vergleichbar ist mit dem, was das Gehörorgan tut. Dabei wird das Geräusch zunächst aufgenommen. Danach wird es mithilfe einer Berechnung durch den Computer in eine Serie von Basiskomponenten zerlegt. Auf diese Weise ergibt sich sozusagen ein Rezept, in dem steht, wieviel von den verschiedenen Basiskomponenten nötig sind, um das Geräusch erzeugen zu können. Dieses „Rezept" nennt man das *Schallspektrum*. Um ein solches Rezept lesen zu können, muß man wissen, woraus die Basiszutaten bestehen. Die Küche des Schallforschers ist recht begrenzt. Alle Basiskomponenten haben dieselbe Grundform: die einer einfachen Schwingung (Sinus oder reiner Ton).

In Abb. 53 (S. 253) ist zu sehen, daß in jeder Kurve dasselbe Schwingungsmuster jeweils wiederkehrt. Das einzige, was sich ändert, ist die Geschwindigkeit, die der Schwingung eigen ist.

Bei der ersten Komponente tritt nur eine Welle auf, bei der zweiten verläuft die Schwingung doppelt so schnell; es sind in demselben Zeitraum zwei „Perioden" zu sehen. Eine *Periode* ist ein typisches Muster, das sich jeweils wiederholt. Bei der dritten Komponente verläuft die Schwingung dreimal so schnell, und es sind drei Perioden zu sehen usw. Die Anzahl der Wiederholungen innerhalb eines Zeitraums (hier durch den Buchstaben T bezeichnet) wird *Frequenz* genannt. Für die zweite Komponente ist also die Frequenz im Vergleich doppelt so hoch wie für die erste, für die dritte Komponente ist die Frequenz dreimal so hoch usw. Es ist im Prinzip möglich, dies unendlich lange fortzusetzen und immer neue Basiskomponenten zu bilden. Die ersten Basiskomponenten sind in der Regel die wichtigsten. In dem Maß, in dem die Frequenz der Basiskomponenten höher wird, haben diese stets weniger Anteil am Gesamten. Der Punkt, an dem der weitere Aufbau der Reihe aufhört, ergibt sich aus der Erfahrung. Das ist meistens in der Umgebung der Grenze, an dem die Frequenz in die Nähe der höchsten Töne kommt, die das Gehör noch wahrnehmen kann. Die mathematische Methode, die man gebraucht, um eine willkürliche Wellenform in ihre Basiskomponenten zu zerlegen, wird *Fourieranalyse* genannt.

Wenn wir die Basiskomponenten entlang einer horizontalen Linie anordnen, und zwar so, daß ihre Frequenz von links nach rechts höher wird, und wenn wir weiterhin nicht die Komponente selbst, sondern nur die gesamte Stärke jeder Basiskomponente (die Amplitude) als einen vertikalen Ausschlag wiedergeben, entsteht ein sogenanntes *Amplitudenspektrum* (s. Abb. 54).

Die ursprüngliche komplexe Tonschwingung ist sozusagen auseinandergenommen, und es ist genau zu sehen, welche (reinen) Töne notwendig sind, um die gesamte Tonschwingung wieder neu zusammenzusetzen. Es gibt eine deutliche *Relation* zwischen der *Form des Spektrums* und der *Klangfarbe* des Signals. Das Spektrum ist deshalb von großer Wichtigkeit für die Untersuchung des *Timbres* einer Stimme. Wie ein Spektrum

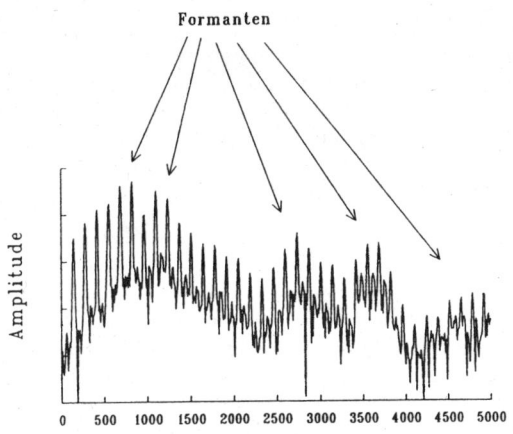

Formanten

Amplitude

0   500   1000   1500   2000   2500   3000   3500   4000   4500   5000

Abb. 54 Amplitudenspektrum eines angehaltenen Vokals „a"

„gelesen" werden muß und in welcher Weise die Merkmale eines Spektrums zusammenhängen, wird im folgenden behandelt.

OBERTÖNE

Im Spektrum ist ein regelmäßiges Linienmuster zu sehen. Diese Linien werden die *Obertöne* genannt. Das Linienmuster deutet an, daß das akustische Signal, das zu diesem Spektrum gehört, periodisch ist. Jeder stimmhafte Laut ist periodisch. Die Schwingungen der Stimmfalten bilden einen periodischen Prozeß, der produzierte Ton enthält deshalb ein sich wiederholendes Schwingungsmuster, und es entsteht ein harmonisches Spektrum, auch Obertonspektrum genannt (Linienmuster).

GRUNDTONE UND OBERTÖNE

In dem Maße, in dem die Stimmfalten schneller schwingen, wird sich das Schwingungsmuster in der Zeit schneller wiederholen. Die Anzahl der Wiederholungen einer Stimmfaltenschwingung in einer Sekunde heißt Grundtonfrequenz. Diese Grundtonfrequenz wird in Hertz (Hz) gemessen und bestimmt die Tonhöhe des Signals. In demselben Maße, in dem die Tonhöhe zunimmt, nimmt auch die Entfernung zwischen den Linien, den Obertönen im Spektrum, zu! Bei einem tiefen Ton liegen die Obertöne dicht beieinander, bei einem hohen Ton ist die Entfernung der Obertöne voneinander im Spektrum groß. In der Position des ersten Obertons kehrt die Entfernung zwischen den Obertönen wieder. Dieser erste Oberton wird auch der *Grundton* genannt und gibt sozusagen die grundlegende Entfernung zwischen den Obertönen und damit die Tonhöhe an. Wir können also aus den Entfernungen zwischen den Obertönen im obigen Spektrum die (Grund-)Tonhöhe ablesen. Der Grundton liegt etwa bei 140 Hz; der zweite Oberton bei 280 Hz, der dritte bei 420 Hz usw.

GRUNDTON UND TIMBRE

Es ist wichtig, sich den Unterschied gut klar zu machen, wie das akustische Signal in der *Zeit* aussieht und wie das *Spektrum* aussieht. Wenn ein akustisches Signal in der *Zeit* periodisch ist, hat es ein regelmäßig sich wiederholendes Schwingungsmuster, eine Periode. Die Geschwindigkeit, mit der dieses Muster sich wiederholt, bestimmt die Grundtonfrequenz. Es macht nichts aus, wie die Form dieses sich wiederholenden Schwingungsmusters aussieht; sobald es sich periodisch wiederholt, sprechen wir von einer Grundtonfrequenz. So kann es zwei periodische Signale geben, deren Wellenmuster ihrer Form nach ganz verschieden voneinander ist, aber nicht ihrer Dauer nach, die also dieselbe Grundtonfrequenz haben.

Die Entfernung zwischen den Obertönen im *Spektrum* wird für beide Signale dieselbe sein. Die Form des Schwingungsmusters innerhalb einer Zeitperiode bestimmt die spektrale Zusammenstellung, das Timbre. Die Höhe der Linien (Obertönen), die Form des Spektrums, wird für beide Signale jedoch ganz verschieden sein.

RESONANZEN

Wie oben bemerkt, muß aus dem Spektrum auch das Timbre, die Klangfarbe der Stimme, abzuleiten sein. Das Timbre ist eigentlich eine sehr allgemeine Umschreibung. Eine Serie von Qualitäten und Merkmalen wird dabei im Ton erkannt. So erkennen wir bestimmte Vokale, die durch *Resonanzen* oder *Formanten* bestimmt werden. Wie entstehen diese Resonanzen? Die Weitergabe der an der *Stimmquelle* (den Stimmfalten) erzeugten Töne im Stimmweg verläuft nicht für alle Tonkomponenten gleich günstig. Der Ton an der Stimmquelle hat eine andere Zusammenstellung als der Ton, der den Mund verläßt; er wird *gefiltert*. Bestimmte Komponenten werden einfach, das heißt stark weitergegeben, und zwar von den sogenannten *Resonanzen*; andere Komponenten verlassen den Mund viel schwächer. Das Spektrum gibt uns die Möglichkeit, genau zu sehen, welche Komponenten stark weitergegeben werden und welche schwach. An den Stellen, an denen der Stimmweg die Komponenten gut weitergibt (den Resonanzen oder Formanten), sind die Obertöne im Spektrum deutlich stärker. Im oben wiedergegebenen Spektrum geschieht dies etwa bei 850 Hz, 1100 Hz, 2750 Hz, 3700 Hz und 4800 Hz. Diese Resonanzen werden je nachdem der erste, zweite, dritte, vierte und fünfte Formant genannt und in der Figur in ihrer Stellung durch eine Linie angezeigt.

Wenn sich die Form des Stimmwegs durch unsere veränderte Artikulation verändert, dann verändert sich die Filterung. Die Frequenzen, auf denen die Resonanzen auftreten, verschieben sich. Vor allem die ersten beiden Resonanzen (Formanten) verschieben sich erheblich. Die Position dieser ersten beiden Formanten im Spektrum ist dann auch in hohem Maß für das Erkennen des Vokals bestimmend. In diesem Spektrum liegen der erste und der zweite Formant sehr dicht beieinander, bei 850 Hz und 1100 Hz, was charakteristisch ist für den Vokal „a". Die *Position* dieser Resonanzen ist unabhängig von der Tonhöhe. Bei einer anderen Tonhöhe verändern sich wohl die Abstände zwischen den Obertönen, aber die Stellen, wo die Amplituden im Spektrum am größten sind, die Positionen der Formanten, die die Farbe des Vokals bestimmen, ändern sich nicht.

Resonanz ist nicht dasselbe wie Resonieren. Bisher ist nur die Position der Resonanzen im Spektrum zur Sprache gekommen, aber nicht ihre Form. Es sind verschiedene Grade möglich in Bezug auf das Maß, in dem die harmonischen Obertöne an der Stelle einer Resonanz über ihre Nachbarn „herausragen". Wenn dies nur sehr wenig ist, entsteht eine recht flach nach unten verlaufende Reihe von Linien ohne charakteristische Form. Auch die Töne, die zu einem solchen flachen Spektrum gehören, geben wenig innere Differenzierung, wenig Klangfarbe zu erkennen. Der Klang ist weniger deutlich erkennbar und auch schwächer. Im umgekehrten Fall, bei sehr starker Resonanz, ist es oft *ein* Oberton oder sind es einige wenige Obertöne, die für das Spektrum charakteristisch sind. Beim Oberton-Singen ist der Unterschied von stark und schwach so groß, daß andere Komponenten zur völligen Bedeutungslosigkeit herabsinken im Vergleich zu der *einen* Komponente, die alles beherrscht. Bei einer guten Stimmproduktion liegt das ideale Gleichgewicht irgendwo in der Mitte. Es ist genügend Farbe nötig, um zu einem gut erkennbaren Klang zu kommen, aber die Filterung darf nicht zu stark sein, weil sonst ein zu sehr begrenzter Klang übrig bleibt.

Mit der Resonanz ist die Stärke des ursprünglichen Signals eng verwoben (das heißt des akustischen Signals, das von den schwingenden Stimmfalten erzeugt wird). Bei einer kräftigen Schwingung der Stimmfalten wird das Spektrum viele Obertöne enthalten. Das bedeutet, daß die Linien ein deutliches Profil haben und bis in hohe Frequenzen hinein (rechts im Spektrum) vorhanden sind. Auch das oben wiedergegebene Spektrum ist das eines kräftig angehaltenen Vokals. Wenn an der Stimmquelle (d. h. die Stimmfalten) ein zu begrenztes Signal erzeugt wird, bleibt wenig Farbe übrig und die Erkennbarkeit wird schwach sein.

Die Stimmquelle wird auch von den Resonanzen beeinflußt, die im Stimmweg auftreten. Ein gutes Zusammenspiel von Stimmquelle und Stimmweg, eine gute gegenseitige Anpassung, ist für eine gute Färbung der Stimme wichtig.

ÜBRIGE MERKMALE

Eine Reihe von Qualitätsmerkmalen der Stimme sind noch nicht besprochen worden. Welche spektralen Merkmale bestimmen für uns die Erkennbarkeit der Stimmregister? Was ändert sich im Spektrum, wenn die Stimmgebung mehr gepreßt ist oder wie ändert sich die Klangfarbe beim Decken der Stimme? Was bestimmt die Tragfähigkeit der Stimme? Wie sieht das Spektrum aus, wenn die Stimme rauh oder heiser klingt?

Von einigen dieser Qualitätsmerkmale ist bekannt, mit welchem Merkmal im Spektrum sie zusammenhängen. Es ist zum Beispiel bekannt, daß das Profil der Obertönen im Spektrum weniger deutlich ist, wenn bei der Stimmproduktion ein stärkeres Rauschen entsteht. Die einzelnen Linien werden gewissermaßen ausgefranzt und etwas eingedrückt. Wir sagen in diesem Fall auch, daß die Obertönen (vor allem bei hohen Frequenzen) von einem bestimmten Augenblick an innerhalb des Spektrums im Rauschen „ertrinken".

Im letzteren Fall ist die Veränderung im Spektrum recht eindeutig sichtbar, aber im allgemeinen ist die Beziehung nicht so klar. Die Merkmale, die einen gepreßten oder gutturalen Ton oder auch einen nasalen Ton ausmachen, sind nicht so eindeutig aus dem Spektrum abzulesen. Aufgrund ihrer engen Verflechtung mit anderen spektralen Merkmalen (z. B. der Grundtonfrequenz) sind sie nicht so leicht für das Auge erkennbar. Auch ein Spektrum sagt nicht alles. Ein Merkmal wie Rauhheit der Stimme ist im Spektrum kaum sichtbar, und es müssen in diesem Fall auch andere Methoden gebraucht werden, um dieses Merkmal in einem akustischen Signal zu messen.

DAS PHONETOGRAMM, DER STIMMBEREICH UND DIE STIMMQUALITÄT

Im bisher Gesagten kommt schon deutlich der Wunsch zum Ausdruck, die Stimmqualität zu messen, zum Beispiel zu sehen, ob eine Stimme sich mit der Zeit verändert, zu untersuchen, wie die Registergrenzen verlaufen oder eine Stimme zu klassifizieren. So etwas wie „*die* Qualität einer Stimme" gibt es eigentlich nicht. Jede Stimme hat eine nicht leicht festzulegende Variation an Klangfarben. Es gibt eine gute Methode, um die große Variation in *einer* Stimme doch zu erfassen: man kann die Stimmqualität in einem *Phonetogramm* aufzeichnen. Ein Phonetogramm ist eine Übersicht des Stimmvolumens im gesamten Stimmbereich (s. Abb. 55).

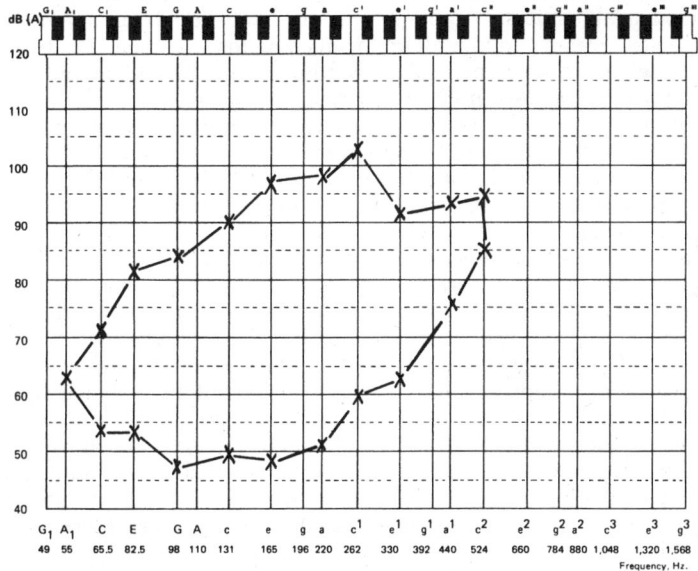

Abb. 55 Phonetogramm einer gesunden Männerstimme

Entlang der horizontalen Achse ist die Frequenz des Grundtons angegeben, entlang der vertikalen Achse die Lautstärke.

In horizontaler Richtung ist die Grundtonfrequenz als Maß für die Tonhöhe angegeben, sowohl in Intervallen (G_1, A_1, C, E, G, A, c, e, g, a usw. bis g^3) als auch in Hertz (49 Hz bis 1586 Hz). In vertikaler Richtung ist die Lautstärke angegeben (in Dezibel, abgekürzt dB) als Maß für den Bereich des Volumens der Stimme. Das Phonetogramm wird aufgenommen, indem ein Ton vorgespielt und dann eine Person gefragt wird, auf denselben Ton den Vokal „a" so leise und so laut wie möglich zu singen. Beide Extremwerte werden mit dem Lautstärkenmesser gemessen und entsprechend notiert; danach geht man zum folgenden Ton über. Die untere Kurve gibt an, wie leise minimal und die obere wie laut maximal auf verschiedenen Tonhöhen Töne produziert werden können. Auf diese Weise entsteht die typische „Eiform" des Phonetogramms. Im Phonetogramm ist bei e^1 in der obere Linie ein deutlicher Knick zu sehen. Hier gelang es diesem Amateursänger nicht mehr, lauter zu singen, weil die

259

Stimme ungefähr auf dieser Tonhöhe das Register wechselt. Merkmale des Registerübergangs sind also im Phonetogramm aufzufinden.

Viele Sänger sind sich dessen bewußt, wie sehr die Qualität der Stimme zusammenhängt mit der Tonhöhe und der Lautstärke. Die Umgrenzung des Phonetogramms bildet deshalb einen guten Rahmen, in dem die Qualität einer Stimme angegeben werden kann. Dies kann mit einem sogenannten *automatischen Phonetographen* geschehen, einem Apparat, der sowohl die Tonhöhe als auch die Lautstärke mißt und die entsprechenden Angaben direkt in einem Phonetogramm auf dem Bildschirm sichtbar macht. Dadurch sieht ein Sänger auf dem Bildschirm, wie hoch und wie laut er singt. Indem er nun die Stimme in Tonhöhe und Lautstärke variiert, kann der Sänger seinen Bereich abtasten und so den Gesamtbereich strukturell erfassen. Außer der Tonhöhe und der Lautstärke mißt der Phonetograph auch die *Qualität* der Stimme und gibt diese im Phonetogramm mithilfe einer Einfärbung auf dem Bildschirm wieder. „Die Qualität" ist ein sehr weiter Begriff. Was wirklich gemessen wird, ist eine Anzahl von Merkmalen des akustischen Signals, die etwas sagen über z. B. die Schärfe, das Gepreßtsein, die Heiserkeit oder Rauhheit der Stimme. Diese Merkmale können einzeln mit einer besonderen Einfärbung wiedergegeben werden, so daß *eine* Stimme unter verschiedenen Aspekten beurteilt werden kann. Die Figur im Text (Abb. 56) zeigt ein automatisch aufgezeichnetes Phonetogramm, in dem mit Hilfe einer schwarzen Einfärbung eines der Merkmale eingetragen ist, nämlich das Merkmal, das etwas über die Schärfe der Stimme sagt.

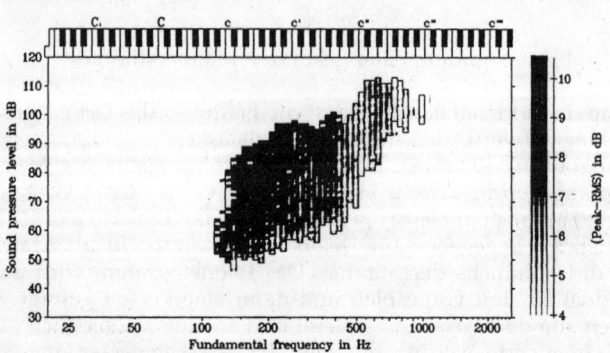

Abb. 56 Automatisch aufgezeichnetes Phonetogramm einer Amateursängerin; die schwarze Einfärbung zeigt die Schärfe der Stimme an.

Die dunkelste Einfärbung des Phonetogramms tritt auf, wenn diese Amateursängerin laut (80–90 dB) und tief (d⁰-g⁽⁰⁾, 150–200 Hz) singt. Dies weist auf sehr scharfe Töne. (Es ist nicht leicht, ein akustisches – objektives

– Kennzeichen in einen allgemein verständlichen wahrnehmungsmäßigen
– subjektiven – Ausdruck zu übersetzen. Hier ist der Ausdruck „scharf"
gewählt worden.) Für diesen Stimmtyp (Mezzo) ist diese Einfärbung
normal. Auch in der Umgebung der tiefsten Töne innerhalb ihres Bereichs
(A–B, etwa 120 Hz) und bei einer geringeren Lautstärke (70 dB, ungefähr
Konversationsniveau) gibt es ein Gebiet, wo die Stimme sehr scharf klingt.
Wenn jemand so tief wie möglich zu kommen versucht, wird die Stimme
meistens sehr knarrend, guttural und scharf. Die größte Kraft hat diese
Sängerin in ihrem Falsett, das bei ihr um a^1 (440 Hz) beginnt und bis a^2 (880
Hz) reicht. Die Schärfe der Stimme ist in diesem ganzen Gebiet gering, wie
an der hellen Farbe im Phonetogramm zu sehen ist.

Diese Beispiele zeigen, wie man mithilfe der automatischen Phonetographie die Möglichkeiten und die Qualität einer Stimme in *einer* Figur
wiedergeben kann. Weil bei der Messung mit dem automatischen Phonetographen alle Daten im Computer gespeichert werden, können im
nachhinein auch andere Merkmale der Stimme sichtbar gemacht werden.

Außer dem genannten Qualitätsmerkmal, das die „Schärfe" der Stimme
angibt, ist es möglich, auch das Gepreßtsein, die Heiserkeit und Rauhheit
im gesamten Stimmbereich abzubilden. Der genannte Phonetograph ist
vor allem entwickelt worden, um stimmliche Abweichungen registrieren
zu können. In Zukunft kann man auch an einen Phonetographen denken,
der akustische Merkmale mißt, die gerade für die Singstimme relevant
sind, wie z. B. ein Merkmal, an dem ein Registerunterschied abgelesen
werden kann. Eine andere Möglichkeit ist das Messen des *Sängerformanten*,
die Prof. W. SEIDNER als Maß für die „Tragfähigkeit" der Stimme angibt.

Eine Möglichkeit, die die automatische Phonetographie für den Sänger
interessant macht, ist die direkte visuelle Rückkoppelung der Merkmale
der Stimme. Mit dem automatischen Phonetographen ist es möglich, jede
Veränderung der Stimme, die während des Singens stattfindet, in eine
„Spur" im Phonetogramm zu übersetzen. Diese Spur zeigt die Bewegung
der Tonhöhen im Zusammenhang mit den Volumenänderungen die dabei
auftreten. Diese direkte visuelle Rückkoppelung ist besonders wichtig,
wenn es darum geht, ein Gebiet der Tonhöhe zu durchqueren, in dem
Registerübergänge auftreten.

Die Stelle, wo ein Registerübergang auftritt, und die Art, in der er
auftritt: allmählich, ausgeglichen oder abrupt, werden von mehreren
Faktoren bestimmt. Sie werden nicht nur von der *Einstellung* der Stimme
bestimmt, das heißt Tonhöhe, Stimmvolumen und Artikulation beim
Singen (zurückzuführen auf die *Stelle* im Phonetogramm), sondern auch
in hohem Maß von der *Richtung,* in der diese Faktoren variiert werden
(im Phonetogram als *Spur* zu sehen). So bringt ein Crescendo im
Übergangsgebiet zweier Register einen anderen Registerübergang mit
sich als ein Descrescendo. Die Art und Weise, in der ein Sänger mit
eventuellen Übergängen in seinem Stimmbereich umgeht, ist im allgemei-

nen sehr intuitiv. Die direkte visuelle Rückkopplung ist ein wichtiges Hilfsmittel, um diesen Vorgang sichtbar und für den Sänger zugänglich zu machen.

Weil mit Hilfe der automatischen Phonetographie Stimmqualität und Register deutlich zu erkennen sind, ist diese Methode für eine objektive Stimmklassifikation sehr brauchbar. Ferner kann mit dieser Methode die Stimme längere Zeit beobachtet werden, und auf diesem Weg kann zum Beispiel die Wirkung eines Stimmtrainings gemessen werden.

Rob Borst

Rob Borst hat sich nach einem abgeschlossenen Studium der französischen Sprache und Literatur an der Universität Leiden ganz der Vokalmusik gewidmet. Er studierte Gesang bei Ank Reinders, wurde als Chordirigent am Königlichen Konservatorium in Den Haag ausgebildet und machte schließlich eine Spezialausbildung „Frühe vokale Musik" am Konservatorium in Brabant. Als Baßsänger ist er Mitglied des sehr spezialisierten und international bekannten Ensembles „Capella Pratensis", das von Rebecca Stewart geleitet wird. Regelmäßig erreichen Rob Borst Einladungen als Gastdirigent von Ensembles für alte Musik in Belgien und Frankreich.

Anne Haenen

Die Mezzosopranistin Anne Haenen machte ihr Examen „mit Auszeichnung" am Konservatorium in Amsterdam; danach studierte sie bei Vera Roszá in London und bei Chloë Owen in New York. Nach ihrem Debut (im Alter von 22 Jahren) in *Circles* von Luciano Bério wurde sie eine vielbegehrte Opern- und Liedsängerin. Besonders bekannt wurde sie durch Interpretationen des Repertoires des 20. Jahrhunderts wie *La voix humaine* von Poulenc und *Pierrot Lunaire* von Schönberg. Neben Liederabenden in vielen großen europäischen und amerikanischen Städten sang sie auch an der Niederländischen Oper. Ferner wirkte sie bei Konzerten unter der Leitung von Pierre Boulez, Colin Davis und Hans Vonk mit.

Anne Haenen ist Dozentin für das Hauptfach Gesang an der Musikhochschule in Enschede, wo sie auch die Opernklasse leitet.

Willem Kersing

Nach seinem Medizinstudium und der Spezialisierung auf Hals-, Nasen- und Ohrenkrankheiten bei Dr. G. A. Sedee am Akademischen Krankenhaus in Utrecht machte Willem Kersing eine weitere Spezialausbildung für Phoniatrie bei Prof. Dr. P. H. Damsté, ebenfalls in Utrecht. 1983 promovierte er über *Die Stimmbandmuskulatur. Eine histologische und histochemische Studie.* Seit 1981 ist er Phoniater am „Medisch Spektrum" in Enschede, wo ihn viele Sänger sowohl der klassischen als auch der Popmusik konsultieren. 1999 wurde er an der Universität Utrecht zum Professor ernannt.

WILLEM KERSING ist Amateurpianist; er begleitet Sänger und auch Instrumentalisten. Er studierte Klavier bei GEORGE VAN RENESSE und TAMÁRA POSPISZYL.

PETER PABON

PETER PABON machte 1982 sein Examen als Biochemiker mit den Nebenfächern Sonologie und Signalverarbeitung. Nachdem er ein Jahr am Forschungsinstitut für Sprache in Utrecht gearbeitet hatte, arbeitete er bis 1991 an der Freien Universität Amsterdam an dem Forschungsprojekt „Objektive Registrierung der Stimmqualität" mit. Seit 1991 doziert er „Digitale Signalverarbeitung und Klangsynthese" an der Abteilung für Sonologie am Königlichen Konservatorium in Den Haag.

Über dieses Thema veröffentlichte er zahlreiche Artikel in internationalen Zeitschriften. Ferner forscht PETER PABON über automatische Phonetographie mit besonderem Schwerpunkt auf der Analyse der Messung der Stimmqualität.

MARIA RONDÈL

Nach dem Abschluß ihres Gesangstudiums am Rotterdamer Konservatorium war MARIA RONDÈL dreizehn Jahre lang Mitglied der Altgruppe des Niederländischen Kammerchors, mit dem sie in der ganzen Welt auftrat. Daneben sang sie in einem von ihr gegründeten kleinen Ensemble für alte Musik. MARIA RONDÈL dozierte früher an den Konservatoria in Leeuwarden und Rotterdam, ist aber jetzt seit einigen Jahren Dozentin an der Musikhochschule Alkmaar und am Sweelinck-Konservatorium in Amsterdam. Sie hat als Schwerpunkt die Ausbildung der Stimme für Popmusik; über diesen Gegenstand gibt sie internationale Workshops, u. a. in San Francisco. Sie war von 1992 bis 1998 Präsidentin des „Verbandes der Gesangslehrer in den Niederlanden".

REBECCA STEWART

REBECCA STEWART studierte Musikwissenschaft, Musikethnologie und Gesang an der Universität von Californien in Los Angeles, wo sie auch promovierte. Seit 1974 konzentriert sie sich auf europäische vokale Traditionen *vor* dem 19. Jahrhundert. Nachdem sie längere Zeit am Königlichen Konservatorium in Den Haag unterrichtet hat, ist sie jetzt

Leiterin der Abteilung „Alte Musik" am Konservatorium in Brabant. Ihre Spezialgebiete sind die Gregorianik, die Notre-Dame-Schule, die Flämische Polyphonie und das frühe italienische, französische und deutsche Barock einschließlich der dafür erforderlichen „Gestik". REBECCA STEWART erhält viele Einladungen als Gastdozentin. Sie ist daneben Dirigentin des international bekannten vokalen Ensembles „Capella Pratensis".

ANK REINDERS

ANK REINDERS wurde in Den Haag geboren. Nach einigen Semestern des Studiums der Französischen Sprache und Literatur an der Universität Leiden widmete sie sich ganz der Gesangskunst. Als Sopran ist sie mehr als 25 Jahre lang in Europa und Amerika in Konzerten und Oratorien aufgetreten. Von 1982 bis 1992 war sie Dozentin für das Hauptfach Gesang an der Musikhochschule in Enschede. Ferner unterrichtet sie in ihrem privaten Studio in Den Haag.

Die Verfasserin gehört zu den Gründungsmitgliedern des „Verbandes der Gesangslehrer in den Niederlanden" und war sechs Jahre lang Vizepräsidentin dieses Verbandes. Und sie ist assoziiertes Mitglied des „Collegium Medicorum Theatri" (COMETS).

Sie hat zahlreiche Artikel über Gesangskunst in internationalen Fachzeitschriften, wie z. B. *The NATS Journal* und *Journal of Research in Singing* veröffentlicht. Häufig wird sie in Deutschland, Österreich, der Schweiz, Portugal, England, den U.S.A. und den Niederlanden eingeladen, auf Kongressen Vorträge und Workshops zu halten.

1993 erschien ihr *Atlas van de Zangkunst*, 2. Auflage 1994, 3. Auflage 1998, 4. Auflage (mit CD) 2001.